REDLINE WIRTSCHAFT
bei ueberreuter

Rudolf Attems
Franz Heimel

Typologie des Managers

Potenziale erkennen und nutzen mit dem Myers-Briggs Type Indicator

REDLINE WIRTSCHAFT
bei ueberreuter

Rudolf Attems / Franz Heimel
Typologie des Managers
Potenziale erkennen und nutzen mit dem Myers-Briggs Type Indicator
Frankfurt/Wien: Redline Wirtschaft bei ueberreuter, 2003
ISBN 3-8323-1020-7

Unsere Web-Adressen:

http://www.redline-wirtschaft.de
http://www.redline-wirtschaft.at

1 2 3 / 2005 2004 2003

Umschlag: INIT, Büro für Gestaltung, Bielefeld
Coverabbildung: getty images, München
Typografie: deleatur:com

Druck: Druckerei Theiss, St. Stefan im Lavanttal
Printed in Austria

Inhaltsverzeichnis

Vorwort zur Neuauflage

Seit der ersten Auflage des Buches sind mehr als zwölf Jahre vergangen. Die Anforderungen in den Unternehmen haben sich in diesen Jahren in die Richtung verstärkt, die wir bereits damals angedeutet haben. Veränderungen von Anforderungen haben meist den Charakter, dass neue hinzukommen, ohne bisherige überflüssig oder unnotwendig zu machen. Das bedeutet, dass mehr denn je unterschiedliche Typen in allen ihren Fähigkeiten gefordert sind und das Verstehen dieser Unterschiede wichtiger ist denn je:

Unternehmensvisionen, die damals gerade in die Managementliteratur Eingang gefunden haben, sind heute eine wichtige Orientierungsgröße in Unternehmen, und Change-Management ist zum Alltag geworden. Diese Anforderungen beinhalten also Phantasie, Zukunftsblick und Denken in Möglichkeiten ebenso wie Systematik, Ordnung – wo sie hilfreich ist – und Hinwendung zur Realität, um den Boden nicht zu verlieren.

Im Zuge der Neuauflage haben wir den Text kritisch durchgesehen und neben sprachlichen Änderungen insbesondere ein Kapitel zum Thema „Umgang mit persönlichen Potenzialen" hinzugefügt sowie den Selbsttest am Ende des Buches grundlegend überarbeitet.

Ursprünglich hatten wir geplant, die zwischenzeitlichen Entwicklungen im Bereich des Managements und der Führung aufzugreifen und in einen Zusammenhang mit der Typologie zu bringen. Wir denken dabei unter anderem an die Differenzierung zwischen „Management" und „Führung" (im Sinne von Leadership). *Der Begriff „Manager", so wie er in diesem Buch verwendet wird, schließt aus Gründen der sprachlichen Vereinfachung nicht nur Frauen und Männer mit ein, sondern vereint auch die bestimmenden Merkmale von Management und Führung.* Die nähere Betrachtung und Ausführung der neueren Entwicklungen hätten jedoch eine fast komplette Neufassung insbesondere der zweiten Hälfte des Buches erfordert.

Nach Durchsicht der überarbeiteten Fassung des Manuskripts sind wir sicher, dass es dem Leser ohne große Schwierigkeiten gelingen wird, bei der Lektüre des Buches die Typenrelevanz in den neuen Managementkonzepten zu erkennen.

Wir bedanken uns bei allen unseren bisherigen Lesern für das positive Feedback und die Empfehlungen, die nun zu einer überarbeiteten Neuauflage des Buches geführt haben. Wir danken auch unseren Trainingsteilnehmern, Klienten und Kollegen, die uns in Gesprächen Rückmeldungen und wichtige Anregungen für die weitere Arbeit mit der Typologie gegeben haben.

Vorwort der ersten Auflage

In diesem Buch stellen wir eine Typologie vor, die prinzipiell für jeden Menschen Gültigkeit hat. Unser Anliegen ist es, diese Typologie speziell für eine Anwendung im Management aufzubereiten. Managementinstrumente, -methoden und -techniken erhalten erst durch den Einsatz durch den Manager ihre Bedeutung und Wirksamkeit. Die Auswahl, ihre Handhabung und die möglichen Resultate werden durch die Persönlichkeit des Managers bestimmt.

Wir stellen in diesem Buch die Persönlichkeit des Managers in den Mittelpunkt und versuchen zu zeigen, wie sie seine Wahrnehmung und sein Denken und damit auch sein Handeln vorausbestimmt. Unterschiede zwischen den Persönlichkeiten führen sehr häufig zu Spannungen und Herabsetzung der Leistungsfähigkeit im Unternehmen. Menschen, die die Ursache für diese Spannungen in den unterschiedlichen Persönlichkeiten erkennen, können die Zusammenarbeit mit Kollegen, Mitarbeitern und Vorgesetzten wesentlich erfolgreicher gestalten.

Wir haben uns bemüht, dieses Buch möglichst neutral in Bezug auf die Beschreibung der verschiedenen Persönlichkeitstypen zu verfassen. Trotzdem ist es wahrscheinlich nicht möglich, persönliche Sichtweisen vollkommen hintanzustellen. So mögen manche der beschriebenen Typen in der einen oder anderen Richtung auch durch unsere Sichtweise – im Schlechten wie im Guten – gefärbt sein. Jedenfalls waren wir uns dieser Problematik während des Schreibens immer bewusst.

Die Typologie ist sehr differenziert und beinhaltet entsprechend viele Persönlichkeitstypen. Diese verschiedenen Typen beschreiben wir ausführlich aus mehreren Perspektiven. Wir empfehlen daher dem Leser, nach der Lektüre der Einführung in die Theorie den Selbsttest (Seite 208) zu bearbeiten und anschließend seinen und ihm ähnliche Typen in den verschiedenen Abschnitten zu studieren. Obwohl dieser Test geeignet ist, eine Orientierung über den eigenen Persönlichkeitstyp zu erhalten, stellt er kein wissenschaftliches Messinstrument dar. (Der original MBTI-Fragebogen ist ein validierter psychologischer Test, der in Seminaren und persönlicher Beratung eingesetzt wird.)

Die zweite Hälfte des Buches beschäftigt sich mit den spezifischen Bereichen des Managers und den Auswirkungen seines Typs auf seinen Führungs- und Problemlösungsstil, sein Verständnis für Strukturen und Prozesse im Unternehmen, die Kultur des Unternehmens und sein Teamverhalten. Mit diesen Kapiteln gewinnen Sie auch neue Perspektiven für die Selbsteinschätzung und Reflexion. Gleichzeitig zeigen sie auch Bereiche individueller Stärken und Schwächen in verschiedenen Situationen.

Wir haben versucht, den verschiedenen Wahrnehmungstypen auch in der Gestaltung des Buches gerecht zu werden. Wie Sie später den Beschreibungen entnehmen werden, gehören wir zu den Typen, die erst unter einem gewissen Termindruck kreativ werden können. Dieser Umstand brachte zusätzliche Hektik in unsere beruflichen und privaten Beziehungen. Wir möchten uns daher bei allen Leidtragenden, besonders bei den Mitarbeitern in unserem Institut, für ihre Geduld und ihren Zuspruch bedanken. Unser Dank gilt auch allen bisherigen MDI-Seminarteilnehmern. Durch die Diskussion mit ihnen haben wir viele Einsichten für die Aufbereitung und Strukturierung dieses Buches gewonnen.

Rudolf Attems (INTP) | Franz Heimel (ENTP)

Einführung

„Sie sind an den Unrichtigen gekommen" sagte er mit geruhsamer Stimme, „ich halte mich nur an die offenbaren Geschehnisse. Ich liebe die Gegenwart, misstraue der Zukunft und hasse die Vergangenheit aus Instinkt."
Ich sagte: „Die offenbaren Geschehnisse, wie Sie sie nennen, sind doch unergründlich wie der Weltenraum. Das ist ihr Wesen. Vor ihnen liegt eine Schuld, ein Gesetz, ein Anlass, jene unentschleierte Kraft, die uns schwindeln macht, wenn wir ihren Hauch verspüren."
(„Fluss ohne Ufer", Hans Henny Jahnn)

Die Möglichkeiten zu sehen, zu denken und zu fühlen sind unendlich zahlreich. Sie entsprechen der Vielfalt des Lebens.

Dieses Buch beschäftigt sich mit den vielfältigen Möglichkeiten, die dem Menschen beim Begreifen seiner „Welt" offen stehen. Es könnten natürlich über diese Vielfalt keine weiteren konkreten Aussagen getroffen werden, würden wir nicht ein Muster, eine Landkarte für dieses „weite Land" anbieten. Diese Landkarte ist die Typologie C. G. Jungs. Mit der Metapher der Landkarte wollen wir gleichzeitig zum Ausdruck bringen, dass dieses Buch nicht Menschen in einige wenige Kategorien einteilen will, eine Gefahr, die ja jede „Typologie" mit sich bringt. Jung selbst hat diese Gefahr sehr bewusst gesehen und darauf hingewiesen, dass seine Typologie nur „die Spitze eines Eisberges" ansprechen kann, unter der sich die unendliche Vielfalt der jeweils einzigartigen Persönlichkeit jedes Menschen erstreckt.

Analyse bedeutet, Schritte vom Allgemeinen zum Besonderen zu machen, indem man Unterscheidungsmerkmale einführt. Eine Typologie über die menschliche Persönlichkeit vollzieht solche Schritte, erklärt aber niemals alle Unterschiede zwischen allen Menschen. Sie muss, gleichgültig wie differenziert die von ihr verwendeten Unterscheidungsmerkmale auch sein mögen, immer auf einer sehr allgemeinen Ebene stehen bleiben. Wollte man alle Besonderheiten eines Menschen aus ihr erklären, käme man zu sehr unzutreffenden Verallgemeinerungen. Das Problem liegt dann aber nicht in der jeweiligen Typologie, sondern in ihrer unpassenden Anwendung.

Auch dieses Buch kann lediglich Orientierungshilfen bieten, sich selbst und andere besser zu verstehen. Dabei beziehen wir uns auf Ihre Tätigkeit als Manager. Vermutlich werden Sie bald feststellen, dass Sie die hier dargebotenen Überlegungen zur Persönlichkeit des Menschen auch in anderen Bereichen Ihres Lebens mit Gewinn für sich und andere verwenden können.

Arbeitet man mit vielen Führungskräften zusammen, kann man die erwähnte „Vielfalt des Lebens" natürlich auch in den Betrieben beobachten. In unserer Arbeit an der Diagnose über die Charakteristika von Managern und Unternehmen zeigten sich jedoch immer wieder bestimmte „Muster", bestimmte Gruppen von Merkmalen, die etwas „Gemeinsames" hatten. Könnte man die Wurzeln, die tiefer liegenden Ursachen bestimmter Denk- und Verhaltensweisen konkreter fassen, wäre dies eine echte Hilfe für Unternehmer und Führungskräfte. Diese Überlegungen veranlassten uns, nach einem solchen Modell Ausschau zu halten bzw. eines zu entwickeln. Während der Beschäftigung mit der einschlägigen Literatur stießen wir auf die Typologie von C. G. Jung und fanden, dass sie genau das beinhaltete, was wir suchten. Einige Erweiterungen wurden bereits vor Jahren in den USA entwickelt. In der Form des MBTI (Myers-Briggs Type Indicator) wird das Konzept der Typologie Jungs schon seit mehr als 20 Jahren sehr erfolgreich in Bereichen des Managements wie auch in anderen Bereichen eingesetzt. Wir kommen im ersten Kapitel darauf zurück.

Warum jedoch gerade diese Typologie?

Was ist im Wesentlichen die Tätigkeit des Managers? Was unterscheidet seine Tätigkeit von beispielsweise der eines „Sachbearbeiters" oder „Spezialisten"?

Es sind vor allem zwei Aspekte: Wahrnehmen und Entscheiden. Bei allen Tätigkeiten des Managers geht es letztlich um Informationsaufnahme, um deren Analyse und um das Treffen von Entscheidungen, die durch ihn und andere umgesetzt werden können und die geeignet sind, einen Beitrag zum Erreichen der Ziele zu leisten.

Anders formuliert kann man diese Fähigkeiten auch folgendermaßen aufschlüsseln:

- **Visionen und Ziele zu entwickeln.**
  Das setzt die Kreativität voraus, in Möglichkeiten denken zu können. Es benötigt eine Vorstellung, wie etwas sein könnte, was erreicht werden könnte.
  Selbst Ziele und Visionen zu haben und zu verfolgen ist auch von ausschlaggebender Bedeutung für die erfolgreiche Führung von Mitarbeitern. Ohne die eigene Überzeugung in Bezug auf die Ziele, ohne die eigene Motivation, sie zu erreichen, ist wirksame Führung von anderen kaum vorstellbar.

- **Informationen und Erfahrungen zu sammeln und zu „organisieren".**
  Manager benützen alle ihnen zur Verfügung stehenden „äußeren und inneren Sinne", um ihre Umwelt zu verstehen. Um sich ein Bild zu machen, was „tatsächlich" ist, fragen sie andere, diskutieren und hören zu, beobachten Entwicklungen und stellen Zusammenhänge her.

- **Gewissheit zu entwickeln und dadurch eine Basis zum Handeln zu schaffen.**
  Manager reflektieren ihre Gedanken, vergleichen bestimmte Tatsachen mit ihren Erfahrungen und ziehen Schlüsse, um das Informationsgewirr zu ordnen und dem Ganzen einen Sinn zu geben. Sie verwerfen einzelne Informationen oder Schlüsse, stellen andere in den Mittelpunkt und schaffen Ordnung dort, wo es vorher keine gab. Dadurch erzeugen sie, meist gemeinsam mit anderen, die Überzeugungen, die eine Grundlage für zielorientiertes Handeln darstellen.

- **Sich und seine Potenziale beständig weiterzuentwickeln.**
  Manager lernen dauernd. Sie überprüfen kritisch das Geschehene, die Auswirkungen ihres Handelns und das anderer und versuchen,

daraus für zukünftige Vorhaben zu lernen. Auch dieser Prozess besteht letztlich im Beobachten, Wahrnehmen und Verarbeiten von Informationen.

Wenn wir Wahrnehmen und Entscheiden also als zentrale Fähigkeiten des Managers betrachten, sollten diese Prozesse genauer analysiert werden. Wie jemand „in die Welt blickt" oder eben nicht blickt, welchen Dingen er Aufmerksamkeit schenkt und welchen nicht, nach welchen Kriterien er Ordnung in der Unordnung schafft, wird sein Verhalten entscheidend beeinflussen.

Mit der hier dargelegten Typologie werden Sie diesen Prozessen im Denken, Fühlen und Handeln des Managers auf den Grund gehen können. Mit den Erkenntnissen daraus ist es möglich, in der gegebenen Vielfalt bestimmte „Positionen" einzugrenzen und zu festigen, um eigene Stärken und Schwächen im Zusammenhang mit verschiedenen Aufgabenstellungen zu entdecken. Sie werden erkennen, warum Ihnen einzelne Tätigkeiten und Vorhaben leichter fallen, warum Sie bestimmte Probleme besser lösen können, weil bestimmte Muster und Präferenzen letztlich Ihre Wahrnehmung und Ihr Entscheidungsverhalten lenken.

Manager arbeiten immer mit anderen Menschen. Zwangsweise kommen dabei unterschiedliche Persönlichkeiten zusammen. Diese Unterschiede sind eine große Chance – werden aber oft als unangenehmes Hindernis erlebt. Wir können „den anderen" nicht verstehen, sehen seine Beweggründe nicht ein und erleben ihn als Hindernis. Unterschiede zwischen Wahrnehmungs- und Entscheidungsstilen sind die häufigsten Kommunikationshindernisse bei der Zusammenarbeit. Das muss nicht so sein. Mit besserer Einsicht in die Natur des anderen können uns gerade unterschiedliche Sichtweisen helfen, die Wirklichkeit umfassender zu begreifen. Die Typologie ermöglicht dieses Verstehen des eigenen Ichs und das des anderen und bildet so eine Grundlage, aus der Vielfalt Nutzen für alle zu ziehen.

Dieser Aspekt ist sowohl bei der Führung von Mitarbeitern wichtig als auch bei der Arbeit in Teams. Der Vorteil der Teamarbeit ist ja gerade (oder sollte es sein), dass durch eine Mehrzahl von Personen eine Vielfalt von Fähigkeiten erreicht wird, die die Qualität der Problemanalyse und

-lösung durch den Effekt der Synergie steigern kann. In der Praxis kann es jedoch schwierig werden, wenn unterschiedlichste Ansätze aufeinander prallen, wie zum Beispiel ein Problem gesehen werden soll, was wirklich wichtig erscheint, was berücksichtigt und was beiseite gelassen werden kann, *welche* Vorgangsweise die Diskussion bestimmen soll. Geht es bei einem bestimmten Problem um die eigentlichen Ziele des Unternehmens, was grundlegende Überlegungen erfordern würde, oder kann man es als ein Alltagsproblem betrachten? Warum sind bestimmte Personen mit gewissen Entscheidungen oder Arbeitsweisen nie zufrieden?

Wenn wir Antworten auf solche und ähnliche Fragen erhalten, kann Teamarbeit und ganz allgemein die Leistungsfähigkeit des Unternehmens entscheidend verbessert werden.

Nicht nur Teams entwickeln eine bestimmte „Arbeitskultur", auch im gesamten Unternehmen kann man eine bestimmte „Kultur" erkennen.

Auch Unternehmen besitzen eine Art „Persönlichkeit" und sind, genau wie ein einzelner Mensch, in bestimmten Situationen sehr erfolgreich und in anderen weniger. Wir werden im Verlauf unserer Überlegungen die Typologie der menschlichen Stile des Wahrnehmens und Entscheidens auf Teams und Unternehmen als Ganzes ausdehnen und zeigen können, wie bestimmte Präferenzen im Denken und Handeln auch größere soziale Einheiten beeinflussen.

Theoretischer Hintergrund

Wie bereits in der Einführung erwähnt, stellen wir in diesem Buch eine Weiterentwicklung der Jungschen Typenlehre dar, die im englischen Sprachraum unter MBTI (Myers-Briggs Type Indicator) bekannt und verbreitet ist. Es ist das Verdienst der beiden Amerikanerinnen Katharine Briggs und Isabel Briggs Myers, durch ihre Arbeit die Jungsche Theorie der allgemeinen Verbreitung zugänglich gemacht zu haben. Der von den beiden entwickelte Fragebogen ermöglicht es jedem Einzelnen, auch ohne therapeutische Analyse seinen eigenen Typus kennen zu lernen.

Die verwendeten Dimensionen dieses Modells lassen sich grundsätzlich in zwei Kategorien teilen: psychische Funktionen (Wahrnehmung und Entscheidung) und Einstellungen (zur Umwelt und zum Leben). Die psychischen Funktionen beschreiben Prozesse, wie sie im Bewusstsein des Menschen ablaufen. Das sind Prozesse der Wahrnehmung – wie

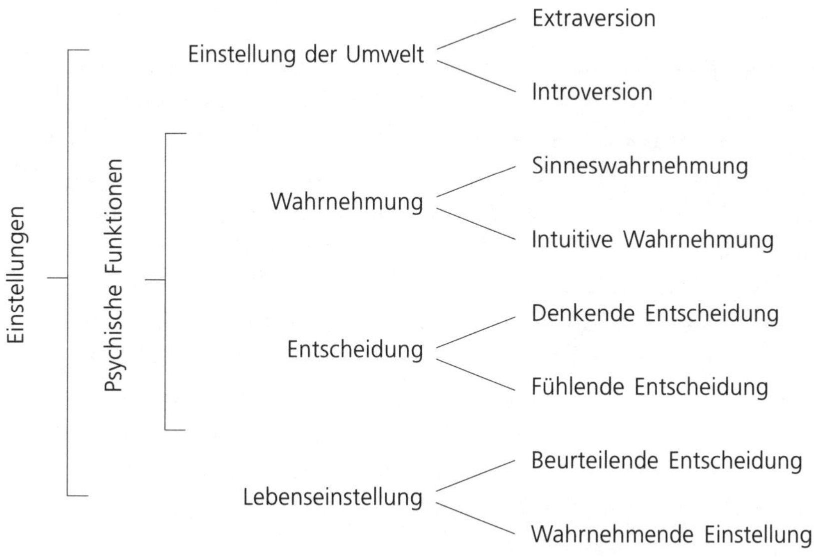

nimmt der Mensch Informationen auf – und Prozesse des Entscheidens – wie kommt der Mensch zu Entscheidungen.

Die Einstellungen beschreiben grundsätzliche Ausrichtungen des Menschen in Bezug auf seine Umwelt und das Leben allgemein. Der Mensch kann sich auf seine Außenwelt hin orientieren oder sich seiner Innenwelt zuwenden. Diese Ausrichtungen beschreiben seine Einstellung zur Umwelt. Wenn es um seine Auseinandersetzung mit dem Leben allgemein geht, kann der Mensch eine offene (= wahrnehmende) Einstellung oder eine vorgefasste (= beurteilende) Einstellung haben.

Sowohl bei den Funktionen Wahrnehmung und Entscheidung als auch bei den Einstellungen zur Umwelt und zum Leben lassen sich jeweils zwei verschiedene Formen unterscheiden. Durch die verschiedenen Kombinationsmöglichkeiten dieser Funktions- und Einstellungsausprägungen erhält man 16 unterschiedliche Typen.

Die Wahrnehmungsfunktion

Diese Funktion beschreibt den psychischen Prozess der Informationsaufnahme. Dieser beinhaltet die Auswahl der Informationen, die Form des Aufnehmens und die Ordnung der gesammelten Information. Dabei lassen sich zwei gegensätzliche Möglichkeiten unterscheiden: die Wahrnehmung durch die fünf Sinne des Menschen und die intuitive Wahrnehmung (gewissermaßen der „sechste Sinn“). Bei der Sinneswahrnehmung erfolgt die Informationsaufnahme durch die fünf Sinnesorgane. Es handelt sich dabei um konkrete Informationen, die direkt aus der Realität bezogen werden. Sie sind jederzeit nachprüfbar und ergeben aneinandergereiht eine vollständige Beschreibung der konkret wahrnehmbaren Tatsachen einer bestimmten Situation.

Die intuitive Wahrnehmung ist eine Form der Informationsaufnahme, die über konkret wahrnehmbare Tatsachen hinausgeht. Die Auswahl der Informationen erfolgt nicht strukturiert, Schritt für Schritt. Die Informationen werden unstrukturiert über den „sechsten Sinn“ bezogen. Diese Form der Wahrnehmung ist indirekt. Sie bezieht Assoziationen und „Zwischen-den-Zeilen-Informationen“ mit ein. Die Intuition wird auch manchmal als „bestimmtes Gefühl“, „Gespür“ oder „aus dem Bauch heraus“ beschrieben. In unserer Wahrnehmung über die Sinne analysieren wir vorhandene Daten und Fakten. Unsere intuitive Wahrnehmung liefert uns Informationen über Möglichkeiten und Sinnzusammenhänge. Gleichzeitig mit der Informationsaufnahme assoziieren wir Erfahrungen und sonstige Eindrücke, die zusammen das aufgenommene Bild ausmachen.

Wenn es um die Beschreibung eines Menschen geht, liefert die Wahrnehmung durch die Sinnesorgane zum Beispiel folgende Informationen: die betreffende Person ist weiblich, ca. 170 cm groß, hat schulterlanges braunes Haar, trägt Brille usw. Die intuitive Wahrnehmung liefert über die gleiche Person vielleicht folgende Informationen: eine schöne, groß gewachsene Frau, die mit beiden Beinen im Leben steht und weiß, was sie will.

Die Entscheidungsfunktion

Dieser psychische Prozess beschreibt den Vorgang, wie Entscheidungen getroffen werden. Auf welchen grundsätzlichen Überzeugungen beruhen die Entscheidungen? Welche Maßstäbe werden angelegt? Hier wird zwischen „Denkenden Entscheidungen“ und „Fühlenden Entscheidungen“ unterschieden.

„Denkende Entscheidungen“ basieren auf dem Grundsatz von Logik, Rationalität, Gleichheit und Konsequenz. Es werden objektive Maßstäbe angelegt (ohne hier näher auf die Diskussion über das tatsächliche Vorhandensein von Objektivität eingehen zu wollen). Diese Entscheidungen folgen einer gemeinhin anerkannten Logik und werden von einem starken Gerechtigkeitsempfinden geprägt.

Fühlende Entscheidungen basieren auf persönlichen Wertesystemen, die dem Menschen zentrale Bedeutung beimessen. Die Maßstäbe, die angelegt werden, sind abhängig von den beteiligten Personen und der Situation. Jede Entscheidung muss in sich schlüssig sein und muss nicht in Übereinstimmung mit früheren oder späteren Entscheidungen stehen.

Die Begriffe werden deshalb mit Großbuchstaben zu Beginn des Wortes geschrieben, um bewusst darauf hinzuweisen, dass Menschen, die Denkende Entscheidungen treffen, natürlich auch fühlen und entsprechend handeln und Menschen, die Fühlende Entscheidungen treffen, natürlich auch denken und entsprechend handeln.

Folgendes Beispiel verdeutlicht vielleicht besser den Unterschied zwischen Denkenden und Fühlenden Entscheidungen. Sie erhalten zu einem bestimmten Anlass Theaterkarten als Geschenk. Sie haben das Stück bereits gesehen und haben wenig Lust, es aus Gefälligkeit nochmals anzusehen. Die Denkende Entscheidung kommt zu dem Schluss, ehrlich zu sein und dem Schenker mitzuteilen, dass man das Stück bereits gesehen hat. Die Fühlende Entscheidung berücksichtigt die mögliche Verletzung des Schenkers und beschließt, sich herzlich für das Geschenk zu bedanken und die Karten an jemanden weiterzugeben, der das Stück noch nicht kennt.

Die Einstellung zur Umwelt

Hier unterscheiden wir zwischen extravertiert und introvertiert. Die Einstellung zur Umwelt und zu anderen ist davon geprägt, wie wir sie sehen und erleben. Bereits bei Kleinstkindern lässt sich unterschiedliches Verhalten in Bezug auf die Umwelt feststellen. Das eine Kind lächelt seine Umgebung an, es greift nach Dingen, untersucht sie und stürzt sich auf jede Erfahrung. Ein anderes Kind zieht sich eher zurück, wenn es ein fremdes Gesicht sieht oder einen Gegenstand in seiner nächsten Umgebung wahrnimmt, den es noch nicht kennt. Das eine Kind fühlt sich in jeder neuen Umgebung sofort wie zu Hause, während das andere Kind längere Zeit braucht, um sich an ein fremdes Zimmer zu gewöhnen.

Das Interesse des einen Kindes ist auf die Außenwelt ausgerichtet, das konkret Anfass- und Erlebbare. Es stellt sich auf seine Umwelt ein und passt sich an. Es ist in seiner Einstellung zur Umwelt extravertiert.

Das andere Kind ist stärker auf sich selbst und das innere Erleben ausgerichtet. Wenn es eine Veränderung in der Außenwelt wahrnimmt, horcht es zuerst in sich hinein, was diese Veränderung auslöst. Es reagiert dann entsprechend wiedererkennend, ängstlich, verärgert usw. Wir bezeichnen diese Einstellung des Kindes als introvertiert.

Die Lebenseinstellung

Die vierte Dimension beschreibt, wie sich der Mensch im Leben verhält und mit seiner Umwelt auseinander setzt. Er kann dem Leben mit Offenheit und einer gewissen Neugier begegnen, immer wieder bereit, Neues zu erfahren und kennen zu lernen. Oder er kann dem Leben mit vorgefassten Vorstellungen und Meinungen gegenüberstehen.

Für die Lebenseinstellung sind auch die Bedürfnisse nach Ordnung, Struktur, Sicherheit und Kontrolle von Bedeutung. Je stärker solche Bedürfnisse ausgeprägt sind, umso weniger offen ist auch die Einstellung zum Leben.

Diese Dimension wurde von Katharine Briggs und Isabel Briggs Myers zu den drei Dimensionen der Jungschen Typologie hinzugefügt. Sie macht die Jungsche Typologie komplexer, aber gleichzeitig auch aussagefähiger. Sie steht nämlich in Beziehung mit der zweiten Dimension (Wahrnehmungsfunktion) und der dritten Dimension (Entscheidungsfunktion). Welche Funktion nach außen gezeigt wird, lässt sich an dieser vierten Dimension erkennen. Begegnet der Mensch seiner Umwelt mit seiner Wahrnehmungsfunktion (Sinneswahrnehmung oder intuitive Wahrnehmung), wirkt er offen und flexibel. Er wirkt überzeugt und eher starr, wenn er seiner Umwelt mit seiner Entscheidungsfunktion (Denkende Entscheidung oder Fühlende Entscheidung) begegnet.

Abkürzungen der Typenbezeichnungen

Nachdem wir nun die vier Dimensionen der Typologie kurz angerissen haben, möchten wir auch die Abkürzungen anführen, die wir im weiteren Verlauf verwenden werden. Jeder Typ wird durch vier Buchstaben beschrieben, die seine Präferenzen in seinen Einstellungen und seinen psychischen Funktionen angeben. Da diese Typologie bereits in mehreren Ländern und vor allem im Managementbereich angewendet wird und diese Bezeichnungen auch in der deutschen Version des MBTI Verwendung finden, haben wir beschlossen, die englischen Buchstabenkürzel beizubehalten. In Klammer finden Sie die englischen Bezeichnungen für die Abkürzungen.

Einstellung zur Umwelt:

E	Extraversion *(Extraversion)*	**I**	Introversion *(Introversion)*

Wahrnehmungsfunktion:

S	Sinneswahrnehmung *(Sensing)*	**N**	Intuitive Wahrnehmung *(iNtuition)*

Entscheidungsfunktion:

T	Denkende Entscheidung *(Thinking)*	**F**	Fühlende Entscheidung *(Feeling)*

Lebenseinstellung:

J	Beurteilende Einstellung *(Judging)*	**P**	Wahrnehmende Einstellung *(Perceiving)*

Durch die Kombination der einzelnen Ausprägungen ergeben sich folgende 16 verschiedene Typen:

ISTJ	ISFJ	INFJ	INTJ
ISTP	ISFP	INFP	INTP
ESTP	ESFP	ENFP	ENTP
ESTJ	ESFJ	ENFJ	ENTJ

Präferenzen

Die Gegensatzpaare jeder Dimension der Typologie (E – I, S – N, T – F, J – P) ergänzen einander. Jeder Mensch besitzt die Fähigkeit, jeweils beide Ausprägungen in seinem Leben anzuwenden. Er macht das jedoch mit unterschiedlicher Präferenz. Die Präferenz in der Anwendung ist vergleichbar mit der Präferenz in der Verwendung unserer Hände. Jeder Mensch ist mit der Präferenz für entweder die rechte oder die linke Hand geboren. Viele Tätigkeiten gelingen einfach leichter, wenn sie mit der bevorzugten Hand ausgeführt werden. Die bevorzugte Verwendung dieser Hand führt in der Folge dazu, dass sie geübter wird und deswegen noch öfter zum Einsatz kommt.

Ebenso kann man sich die Anwendung der Gegensatzpaare in dieser Typologie vorstellen. Sowohl in den Einstellungen als auch in den psychischen Funktionen sind wir mit der Fähigkeit geboren, gegensätzliche Ausprägungen anzuwenden. Mit dieser Fähigkeit ist aber von Geburt an auch eine Präferenz für jeweils eine der beiden Ausprägungen gegeben, die durch die bevorzugte Anwendung noch vertrauter und sicherer wird.

Ebenso wie es möglich ist, Linkshänder zu Rechtshändern umzutrainieren, ist es auch möglich, angeborene Präferenzen in den Einstellungen und psychischen Funktionen durch gezieltes Vorgehen zurückzudrängen. Sobald jedoch eine ungewohnte Situation zu bewältigen ist, tritt die ursprüngliche Präferenz wieder hervor. Wird eine präferierte Funktion oder Einstellung zurückgedrängt, besteht die Gefahr, dass weder die nicht-präferierte noch die präferierte Einstellung oder Funktion sicher angewendet werden kann.

Ein Mensch mit Präferenz für seine N-Funktion, der durch seine Umwelt gezwungen wird, primär seine S-Funktion anzuwenden, wird auf längere Zeit hin unglücklich sein. Er wird gezwungen, sehr genau mit Daten und Zahlen zu arbeiten und jedes Detail zu berücksichtigen. Auch nach Jahren werden ihm immer wieder Fehler unterlaufen, die nicht passiert wären, wenn seine präferierte Funktion die S-Funktion wäre. Gleichzeitig wird er immer wieder auch intuitiv wahrnehmen, aber nicht sicher sein, ob er sich auf sein Gefühl verlassen kann. So wird er nie die Stärken seiner N-Funktion voll nützen und auch nie seine S-Funktion so weit trainieren können, dass er sich mit der präferierten S-Funktion anderer Menschen messen könnte.

Durch die Erfahrung in der Anwendung können wir die präferierten Funktionen und Einstellungen bewusst einsetzen. Die nicht-präferierten Funktionen und Einstellungen stellen sich überraschend ein und sind nicht steuerbar. Daher vertrauen wir ihnen eigentlich nicht. Ein S-Typ, der nach eingehender Analyse der vorhandenen Daten zu einem Schluss kommt, vertraut seinem Gespür, das ihm einen anderen Schluss nahe legt, wahrscheinlich nicht. Dem gegenüber steht der N-Typ, der sich nicht in seinem Gespür beeinflussen lässt, auch wenn die Tatsachen dagegen sprechen.

Die Entwicklung der Präferenzen

Bereits in frühen Jahren lassen sich beim Kind Präferenzen in die eine oder andere Richtung erkennen. Für welche Präferenz sich das Kind entscheidet, ist ihm zum Teil angeboren, zum Teil wird die Entscheidung von der Erziehung geprägt. Die Präferenzen wirken wie Weggabelungen in der menschlichen Entwicklung. Sie bestimmen, in welchen von zwei kontrastierenden Wesenszügen ein Kind hineinwächst. Die Art der Fähigkeiten, die ein Mensch entwickelt, ist durch die jeweiligen Präferenzen vorgezeichnet. In welchem Ausmaß diese Fähigkeiten entwickelt werden, wird dann von der Energie und dem Ehrgeiz des Einzelnen bestimmt.

Beim Baby kann man bisweilen schon sehr klar eine extravertierte oder introvertierte Einstellung feststellen (siehe Beispiel bei Einstellung zur Umwelt). Wird das Kind in dieser Veranlagung unterstützt, so wird es diese Einstellung immer häufiger anwenden und die entsprechenden Verhaltensausprägungen annehmen. Wird das Kind bestraft, wenn es seine präferierte Einstellung zeigt, so wird es allmählich ein konträres Verhalten entwickeln. Es wird lernen, die nicht-präferierte Einstellung zu zeigen, wann immer es verlangt wird.

Trotzdem wird diese Einstellung im Laufe der Zeit nicht zur präferierten Einstellung. Die „Umlernphase" ist von Unsicherheit und Ängsten geprägt. In neuen Situationen wird dieser Mensch trotz jahrelanger „Umerziehung" spontan auf seine ursprünglich bevorzugte Einstellung zurückgreifen.

Alle vier psychischen Prozesse (S – N, T – F) stehen dem Menschen von Geburt an zur Verfügung. Aber bereits in den ersten Lebensjahren entwickelt er eine Vorliebe für einen dieser vier Prozesse. Diese Vorliebe entwickelt sich durch eine angeborene Neigung und den Einfluss der Umwelt in den ersten Lebensjahren. Das Kind wendet diesen psychischen Prozess am häufigsten an und gewinnt auf diese Weise Erfahrung in der Anwendung.

Durch diese unbewusste Entscheidung in der frühen Kindheit setzen bei vergleichbaren Kindern unterschiedliche Entwicklungsverläufe ein.

Das Kind mit einer S-Präferenz beobachtet seine Umgebung sehr genau. Es merkt sich Details und ist sehr sensibel für Reize, die auf seine Sinneswahrnehmung einwirken. Das Kind mit einer N-Präferenz nimmt Stimmungen auf, die es spürt. Es reagiert sensibel darauf, in welcher Gemütsverfassung sich die Menschen in seiner Umgebung befinden. Das Kind mit einer T-Präferenz neigt mehr dazu, seine Meinung zu äußern, als Fragen zu stellen. Mit seiner kindlichen Logik gelangt es zu Schlüssen, die es seiner Umwelt immer wieder mitteilt. Das Kind mit einer F-Präferenz kommentiert Ereignisse mit sehr persönlichen Stellungnahmen. Es drückt seine Gefühle aus und bezieht sich auch auf die Situation anderer Menschen. Die Grundlagen für den Persönlichkeitstypus werden bereits bei der Geburt und in den ersten Kindheitsjahren gelegt. In dieser Zeit beginnt das Kind, seinen von allen vier psychischen Prozessen am meisten präferierten zu entwickeln. Dieser Prozess, der den drei anderen gegenüber bevorzugt wird, wird „Dominante Funktion" oder „Hauptfunktion" genannt.

Die Hauptfunktion

Die Hauptfunktion ist der psychische Prozess, der in der menschlichen Entwicklung als erster ausgebildet wird (S, N, T oder F). Sie erfüllt die

Rolle einer steuernden Kraft in unserem Leben. Sie bestimmt die Grundzüge unseres Verhaltens. Alle anderen psychischen Prozesse sind der Hauptfunktion untergeordnet. Unabhängig davon, welcher psychische Prozess die Hauptfunktion bildet, kann sich die Hauptfunktion mit E- oder I-Einstellung verbinden.

Bei einem Menschen mit E-Einstellung wirkt die Hauptfunktion nach außen. Das heißt, er setzt sie im Umgang mit der Außenwelt ein. Beim extravertierten Menschen prägt die Hauptfunktion nicht nur die persönliche Entwicklung, sondern sie ist auch bestimmend dafür, wie er mit der Außenwelt umgeht.

Anders verhält es sich beim introvertierten Menschen. Seine Hauptfunktion ist nach innen gerichtet, das heißt, sie ist bestimmend für die Auseinandersetzung mit sich selbst. Man kann aufgrund seines Verhaltens nach außen nur indirekt auf die Hauptfunktion schließen.

Die Hilfsfunktion

Die Hilfsfunktion ist der zweite psychische Prozess, der im Laufe der menschlichen Entwicklung ausgebildet wird. Ist die Hauptfunktion eine wahrnehmende Funktion (S oder N), dann muss die Hilfsfunktion eine Entscheidungsfunktion (T oder F) sein. (Die Haupt- und die Hilfsfunktion finden wir immer an zweiter und dritter Stelle der vier Buchstaben der Typenbeschreibung.)

Die Hilfsfunktion dient als Unterstützung der Hauptfunktion. Ist die Hauptfunktion nach außen gerichtet, dann wirkt die Hilfsfunktion nach innen und umgekehrt.

Nehmen wir als Beispiel einen NT-Typ. Wenn wir davon ausgehen, dass er extravertiert und seine Hauptfunktion die intuitive Wahrnehmung N ist, dann ist seine intuitive Wahrnehmung nach außen auf seine Umwelt ausgerichtet. Er geht sehr offen auf seine Umwelt zu und nimmt beständig durch seinen „sechsten“ Sinn Informationen über die Umwelt auf. Im Gespräch mit anderen Menschen entwickelt er Ideen, er beobachtet Menschen und weiß bereits nach kurzer Zeit sehr viel über sie. Seine Hilfsfunktion, die Denkende Entscheidung, setzt er hauptsächlich dann ein, wenn er allein ist und die gewonnenen Informationen auswertet.

Handelt es sich allerdings um einen introvertierten NT-Typ, zeigt er ein grundsätzlich anderes Verhalten. Seine Hauptfunktion, die intuitive Wahrnehmung, ist nach innen gerichtet. Er entwickelt seine Ideen, wenn er allein ist und „in sich hineinhört". Seine Informationen bezieht er lieber aus Büchern als aus Gesprächen mit anderen Menschen. Seinen Mitmenschen gegenüber tritt er bestimmt auf, und er wirkt wie ein Mensch, der sich seine Meinung über die meisten Dinge im Leben bereits gebildet hat. Es kann durchaus vorkommen, dass er Veränderungen in seiner Umwelt oder verschiedene Stimmungen nicht bemerkt.

Die 16 Typen und ihre Hauptfunktion:

I**S**TJ	I**S**FJ	I**N**FJ	I**N**TJ
IS**T**P	IS**F**P	IN**F**P	IN**T**P
E**S**TP	E**S**FP	E**N**FP	E**N**TP
ES**T**J	ES**F**J	EN**F**J	EN**T**J

(Der fettgedruckte Buchstabe bezeichnet die Hauptfunktion.)

Bei der Beschreibung der Dimension „Lebenseinstellung" haben wir bereits darauf hingewiesen, dass diese mit der Wahrnehmungsfunktion und der Entscheidungsfunktion in Beziehung steht. Die J-Einstellung drückt aus, dass der betreffende Mensch seiner Umwelt mit fixen Vorstellungen und Meinungen entgegentritt. Anders ausgedrückt heißt das, dass er der Welt mit seiner Entscheidungsfunktion (T oder F) begegnet.

Die P-Einstellung drückt aus, dass der betreffende Mensch sehr offen, wahrnehmend seiner Umwelt begegnet. Das heißt, er zeigt seine Wahrnehmungsfunktion (S oder N) nach außen.

In der Buchstabenkombination der Typenbeschreibung weisen die Buchstaben an der vierten Stelle (...J oder ...P) darauf hin, ob die Wahrnehmungsfunktion (S oder N) oder die Entscheidungsfunktion (T oder F) im Umgang mit der Außenwelt angewendet werden.

Zwei Beispiele sollen diese vielleicht verwirrende Beschreibung verdeutlichen:

ENFP Der vierte Buchstabe „P“ weist darauf hin, dass die Wahrnehmungsfunktion (N) in der Außenwelt angewendet wird. Da es sich um einen extravertierten Typen (E) handelt, ist N gleichzeitig auch seine Hauptfunktion. Die Hilfsfunktion, die nach innen gerichtet ist, muss die Entscheidungsfunktion (F) sein.

INFP Der vierte Buchstabe „P“ deutet darauf hin, dass die Wahrnehmungsfunktion (N) nach außen gerichtet ist. Da es sich um einen introvertierten Typen (I) handelt, kann es sich bei N nicht um seine Hauptfunktion handeln, da die Hauptfunktion beim I-Typen immer nach innen gerichtet sein muss. N ist daher die Hilfsfunktion und F die Hauptfunktion.

Die Unterscheidung ist primär für das Verständnis der menschlichen Entwicklung und die theoretische Ableitung der Typologie von Bedeutung. Die praktische Erkenntnis, die man daraus ziehen kann, ist, dass die extravertierten Menschen ihre Hauptfunktion nach außen hin zeigen, während die introvertierten Typen ihre Hilfsfunktion nach außen hin zeigen. Die Hauptfunktion ist der psychische Prozess, den der Mensch als erstes entwickelt und am besten im Griff hat. Das bedeutet, sehr vereinfacht ausgedrückt, dass sich der extravertierte Mensch seiner Umwelt mit seiner „besten Seite“ und der introvertierte sich nur mit seiner „zweitbesten Seite“ präsentiert.

Die Dritte Funktion

Die Dritte Funktion wird auch Tertiäre Funktion genannt. Sie bezeichnet einen der beiden nicht präferierten psychischen Prozesse.

Die Dritte Funktion ist der konträre psychische Prozess zur Hilfsfunktion. Ist die Hilfsfunktion die intuitive Wahrnehmung (N), dann ist die Sinneswahrnehmung (S) die Dritte Funktion. Ist die Hilfsfunktion die Denkende Entscheidung (T), so ist die Fühlende Entscheidung (F) die Dritte Funktion.

Die Dritte Funktion scheint in der Buchstabenkombination der Typenbezeichnung nicht auf. Sie kann nur dann ermittelt werden, wenn Haupt- und Hilfsfunktion bekannt sind.

Die Inferiore Funktion

Die vierte Funktion wird in der Jungschen Terminologie auch die Inferiore Funktion genannt. Inferior deshalb, weil sie den psychischen Prozess beschreibt, der unserem bewussten Einsatz am weitesten entzogen ist. Die Inferiore Funktion ist die Funktion, mit der wir am wenigsten Erfahrung haben, die sich unserem Bewusstsein am stärksten entzieht. Die Inferiore Funktion ist immer der Hauptfunktion entgegengesetzt.

Sie ist in unserem „Schatten" angesiedelt. Jung bezeichnet den Teil unserer Persönlichkeit, der am wenigsten unserem Ich-Ideal entspricht, den Schatten. Er ist der Teil unserer Persönlichkeit, der unterdrückt und verdrängt wird. In ihm befinden sich Persönlichkeitsmerkmale, die uns unangenehm sind. Es handelt sich dabei um Gefühle, Wünsche, Bedürfnisse und Antriebe, die wir uns selbst nicht zugestehen. Der Schatten kann durchaus auch positive Anteile oder Aspekte von Eigenschaften enthalten, die unser Entwicklungspotenzial darstellen. Wenn wir an unserem Schatten arbeiten, das heißt diese Persönlichkeitsmerkmale kennen lernen und sie in unser Bewusstsein integrieren, dann beginnen wir auch den bewussten Zugang zu unserer Inferioren Funktion zu finden. Bis dahin tritt sie überraschend und unvermittelt auf, meist dann, wenn wir sie am wenigsten erwarten. Sie ist für uns nicht kontrollier- und steuerbar.

Die Integration der Präferenzen

Eine ausführliche Darstellung der Jungschen Theorie zur Entwicklung der Persönlichkeit würde sicherlich den Rahmen dieses Buches sprengen. In diesem Abschnitt möchten wir lediglich die Grundaussagen zusammenfassen. Es scheint uns wichtig, diesen Aspekt anzusprechen, weil er für das Verständnis des Hintergrundes der Typologie hilfreich sein kann. Die Typologie berücksichtigt sehr wohl die Entwicklung in der Persönlichkeit jedes Menschen, wenn sie auch durch die Einordnung in sechzehn verschiedene Typen auf den ersten Blick deterministisch und statisch wirkt.

Jung vertritt die Ansicht, dass die menschliche Persönlichkeit angeborene und anerzogene Anteile in sich vereinigt. Gewisse Prädispositionen sind bereits bei der Geburt vorhanden, die durch die Erziehung entweder verstärkt oder zurückgedrängt werden können. Das neugeborene Kind hat alle vier der von Jung festgestellten psychischen Prozesse zur Verfügung. Es wendet auch alle Prozesse an. Dies geschieht jedoch unbewusst und lässt sich nicht steuern. Etwa ab dem sechsten Lebensjahr beginnt das Kind, seine Hauptfunktion bewusst anzuwenden und zu entwickeln. Es hat seine Präferenz für einen der vier psychischen Prozesse entdeckt und beginnt diesen nun verstärkt einzusetzen.

Etwa ab dem zwölften Lebensjahr fängt das Kind allmählich an, sich der Entwicklung seiner Hilfsfunktion zuzuwenden. Das extravertierte Kind, dessen Hauptfunktion nach außen gerichtet ist, wird sich in dieser Zeit mehr mit sich selbst beschäftigen und zurückziehen. Das introvertierte Kind, dessen Hauptfunktion nach innen gerichtet ist, interessiert sich in dieser Zeit mehr für die Umwelt und experimentiert im Umgang mit seinen Mitmenschen. Die Phase der Entwicklung der Hilfsfunktion fällt zeitlich zusammen mit der Pubertät. Die Ablösung vom Elternhaus bewirkt auch eine verstärkte Auseinandersetzung mit dem eigenen Ich.

Nach erfolgter Abnabelung von den Eltern und der Etablierung des eigenen Lebens kann die Entwicklung der Dritten Funktion einsetzen. Diese Funktion ist bereits zum Teil im Schatten, dem unbewussten Teil der Persönlichkeit, angesiedelt. Die Entwicklung der Dritten Funktion ist nur dann möglich, wenn der Mensch auch bereit ist, sich den unbewussten Anteilen seiner Persönlichkeit zu nähern. Das bedeutet, sich das eigene Verhalten bewusst vor Augen zu führen und zu überlegen, warum man sich in gewissen Situationen in einer bestimmten Art und Weise verhält; warum manche Themen Emotionen hervorrufen, die rational nicht erklärbar sind; ob gewisse Verhaltens- und Reaktionsmuster, die man sich im Laufe der Zeit angeeignet hat, nach wie vor adäquat sind; ob die Werte, auf denen das Handeln aufgebaut ist, dazu geeignet sind, ein sinnerfülltes Leben zu ermöglichen. Der Zugang zum eigenen Unbewussten ist sehr individuell und nicht vom Lebensalter abhängig.

Sobald der Mensch in das „gesetztere Alter" kommt, eröffnet sich grundsätzlich die Möglichkeit für die Entwicklung der Inferioren Funktion. Dafür ist eine noch gründlichere Auseinandersetzung mit den Seiten der eigenen Persönlichkeit erforderlich, die bisher zu kurz gekommen sind. Das sind die Aspekte, deren Vorhandensein er vielleicht schon selbst vermutet, aber noch verdrängt hat. Wenn jedoch der Karrieredruck nachlässt und auch familiär keine größeren Herausforderungen anstehen, ist Energie und Zeit vorhanden, sich mit dem Selbst und dem, was man bisher vernachlässigt hat, auseinander zu setzen.

Die Auseinandersetzung mit der Inferioren Funktion kann neue Möglichkeiten eröffnen. Jung vergleicht das Erkennen der Inferioren Funktion mit dem Öffnen einer Tür ins Unbewusste, als Brücke zu Träumen, in denen der Schatten und andere Archetypen erkannt und bewusst gemacht werden können.

Den Prozess der Selbsterkenntnis, der Integration von bewussten und unbewussten Persönlichkeitsanteilen, nennt Jung die Individuation. Ziel des Lebens ist der Ausgleich von Gegensätzen, die Integration aller unserer psychischen Prozesse und Einstellungen. Der individuierte Mensch ist der, der alle psychischen Prozesse entsprechend der Sinnhaftigkeit und Notwendigkeit situativ einsetzen kann. Der individuierte Mensch kann also nicht nur mit seinen präferierten Funktionen und Einstellungen bewusst gut umgehen, sondern auch mit den nicht-präferierten. Der individuierte Mensch entspricht dem Archetypus des Weisen. Er ist abgeklärt, glücklich und hegt keine Ambitionen. Er kennt die Fülle des Lebens und des eigenen Selbst.

Voraussetzungen für die Individuation sind die gute Entwicklung der präferierten Funktionen und Einstellungen und in der Folge die Auseinandersetzung mit den nicht-präferierten Funktionen und Einstellungen und den Persönlichkeitsanteilen, die dem Bild des eigenen Ichs nicht entsprechen.

Es ist nicht erstrebenswert, einen Ausgleich der Präferenzen oder nur marginale Präferenz für die eine oder andere Funktion anzustreben. Vielmehr ist die Entwicklung der nicht-präferierten Funktionen nur dann möglich, wenn die natürlichen Präferenzen klar und eindeutig sind.

Umgang mit persönlichen Potenzialen

Wenn man die Entwicklungen der letzten 20 Jahre näher betrachtet, kann man feststellen, dass in der Managementliteratur der Persönlichkeit des Managers, seinen Eigenschaften und Fähigkeiten zunehmend mehr Beachtung gewidmet wird. Die rasanten technologischen Entwicklungen und die Erkenntnis der Endlichkeit des Wachstums haben dazu geführt, dass dem menschlichen Faktor im Wirtschaftsleben eine höhere Bedeutung beigemessen wird. Rationalisierungsmaßnahmen, Effizienzsteigerungen und Wettbewerbsvorteile können kaum mehr durch „zusätzliche Technik", sondern primär durch das Know-how, die Kreativität, das Engagement und die effektive Zusammenarbeit der am Prozess beteiligten Menschen realisiert werden.

Dementsprechend wird der Mensch in der zeitgemäßen Betriebswirtschaftslehre nicht mehr als Kostenfaktor gesehen, sondern als Besitzer von Humankapital, das er dem Unternehmen für dessen Wertschöpfung zur Verfügung stellt. Aus dieser veränderten Betrachtungsweise ergeben sich natürlich eine Reihe von Auswirkungen für die Führung und die Gestaltung der Personalentwicklung. Obwohl diese Aspekte sehr spannend sind, möchten wir an dieser Stelle nicht näher darauf eingehen, sondern uns auf den Menschen bzw. den Manager in diesem Kontext konzentrieren und vor allem darauf, wie er sich und seine Fähigkeiten am besten einbringen und nutzen kann.

Persönlichkeit und Karriere

Die wirtschaftlichen und gesellschaftlichen Entwicklungen seit den neunziger Jahren haben auch dazu geführt, dass der Wettbewerb auf dem Arbeitsmarkt härter geworden ist und jeder Einzelne für sich Wettbewerbsvorteile sucht. Absolventen von höheren Schulen und Universitäten stellen fest, dass sie der erfolgreiche Abschluss noch nicht von anderen abhebt und ihnen automatisch den Traumjob beschert. Zusätzliche Ausbildungen und Arbeitserfahrungen sind ebenso erforderlich wie die Fähigkeit, sich gut zu präsentieren und durch sein Auftreten zu überzeugen. Stellenanzeigen vermitteln darüber hinaus den Eindruck, dass für jede zu besetzende Position ein Allround-Genie gesucht wird, das neben jugendlichem Ehrgeiz und Elan bereits über langjährige Erfahrungen in unterschiedlichsten Bereichen verfügt.

Der „ideale Manager" verfügt demnach über profunde Fachkompetenz in einem oder vielleicht auch mehreren Bereichen und ist gleichzeitig ein Generalist. Er erkennt rasch komplexe Zusammenhänge, entscheidet und handelt ohne zu zögern und ist dabei sattelfest im Detail und geht kein unbedachtes Risiko ein. Er kann gut mit Leuten umgehen, ist einfühlsam und trotzdem durchsetzungsstark. Er überzeugt die Betroffenen, wenn es um Veränderungen geht, und zeigt Führungsstärke. Er respektiert die Werte der Unternehmenskultur, er ist ein Teamplayer, der im Sinne des Ganzen handelt und bereit ist, bei Bedarf seinen Führungsanspruch zurückzunehmen.

Die Vielfalt der kommunizierten Anforderungen kann bisweilen überwältigend wirken, vor allem, wenn zum Teil konträre Fähigkeiten gefordert werden. Je nach persönlicher Disposition gehen Menschen damit sehr unterschiedlich um. Generell konnten wir bei der Anwendung der Typologie im Managementbereich feststellen, dass die Präferenzen tendenziell weniger deutlich ausgeprägt sind als in anderen Gruppen. Manager, aber auch Nachwuchskräfte, zeigen häufig ein unklares Präferenzprofil. Niedrige Präferenzwerte bedeuten jedoch nicht, dass sich die betreffende Person bereits in einem ausgeglichenen und reifen Persönlichkeitszustand befindet, sondern dass die natürlichen Präferenzen nicht zur Ausprägung gelangt sind bzw. wieder zurückgedrängt wurden. Wie bereits im vorangegangenen Kapitel „Die Integration der Präferenzen" angeführt wurde, ist die Voraussetzung für eine persönliche Entwicklung im Sinne der Individuation die deutliche Herausbildung von Haupt- und Hilfsfunktion. Die Entwicklung der Dritten und Inferioren Funktion kann erst dann erfolgen, wenn die Hilfsfunktion stark ausgeprägt ist, das heißt optimal durch das Bewusstsein gesteuert werden kann.

Gerade vor dem Hintergrund der vielfältigen und oft widersprüchlichen Anforderungen an Manager, erscheint die geringe Ausprägung von

Präferenzen zunächst verlockend. Es könnte ja sein, dass eine Person je nach Situation unterschiedlich handelt und sich dadurch flexibel auf unterschiedliche Gegebenheiten einstellt. Diese Fähigkeit der situativen Flexibilität kann aber nur in einem Zustand der inneren Stärke und Ausgeglichenheit erreicht werden und nicht durch den inneren Druck zur Anpassung und kurzfristigen Nutzenmaximierung.

Andererseits sind stark ausgeprägte Präferenzwerte keine Garantie dafür, dass die Dritte und Inferiore Funktion auch tatsächlich zur Entfaltung kommen. Das unreflektierte Ausleben der natürlichen Präferenzen führt dazu, dass sie sich im Verhalten entsprechend festigen. Ohne kritische Selbstreflexion bleiben sie der bewussten Steuerung entzogen.

Die persönliche Entwicklung und die damit verbundene Nutzung der persönlichen Potenziale ist somit kein Prozess, der automatisch abläuft und ab einem bestimmten Alter seine Früchte trägt. Persönliche Entwicklung ist das Resultat einer kritischen Auseinandersetzung mit sich selbst und dem Lernen aus dem Feedback, das man aus seinem Umfeld erhält.

Die Typologie stellt eine Möglichkeit dar, um persönliche Einstellungen, Herangehens- und Verhaltensweisen systematisch zu analysieren und Vorteile und mögliche Gefahren darin zu erkennen. Die Ergebnisse des Fragebogens (oder auch des Selbsttests im hinteren Teil des Buches) liefern trotz psychometrischer Qualitätskriterien kein objektives Bild der Persönlichkeit, sondern eine Form des Selbstbilds. Der Fragebogen kann daher die Wahrnehmung auf bestimmte Aspekte lenken, er kann aber nicht das Feedback über die Wirkung und die Adäquatheit des eigenen Verhaltens in unterschiedlichen Situationen ersetzen.

Angepasstes Verhalten

Wie in den nachfolgenden Kapiteln über Unternehmenskultur und Teamarbeit noch näher ausgeführt wird, sind alle Mitarbeiter im Unternehmen Teil eines größeren Systems. Dieses System entwickelt ebenfalls eine Identität, die ähnlich der menschlichen Persönlichkeit bestimmte Charakteristika aufweist, und es übt einen gewissen Anpassungsdruck auf alle Systemmitglieder aus. Es handelt sich dabei um eine Wechselbeziehung zwischen dem System und den dazugehörenden Individuen, wobei die Möglichkeit zur Einflussnahme auch durch die spezifische Rolle im System mitbestimmt wird.

Inwieweit der Einzelne tatsächlich gestaltend Einfluss nimmt, hängt nicht zuletzt auch davon ab, wie sicher er sich seiner selbst ist. Das heißt, Voraussetzung für den Gestaltungswillen sind eine positive Selbstsicht und Vertrauen in die eigenen Fähigkeiten. Obwohl es diesbezüglich sicherlich eine gewisse stärker oder schwächer ausgeprägte Grunddisposition gibt, können beide Faktoren durch positives Feedback aus dem Umfeld verstärkt oder aber auch durch negative Rückmeldungen und Sanktionen abgeschwächt werden.

Im Laufe der Entwicklung sind Familie und Schule die prägenden Umwelteinflüsse, die später durch das Unternehmensumfeld überlagert werden. Je wichtiger das berufliche Umfeld im persönlichen Wertesystem ist, desto stärker prägt es auch Einstellungen und Verhalten. Die Sorge um den eigenen Arbeitsplatz kann daher dazu führen, dass subjektiv ein stärkerer Druck zur Anpassung verspürt wird. Anpassung ist hier in einem über das im sozialen Kontakt üblichen Maß hinaus gemeint. Es beinhaltet das Zurückdrängen der eigenen persönlichen Präferenzen (im Sinne der Typologie) und die Übernahme von Verhaltensweisen, die nicht den natürlichen Präferenzen entsprechen. Diese Prozesse verlaufen im überwiegenden Maße unbewusst, das heißt, sie sind nicht das Ergebnis bewusster Verhaltenssteuerung.

Dass es sich um eine unbewusste Verhaltensanpassung handelt, ist bisweilen auch daran zu erkennen, dass sich der Betreffende häufiger unausgeglichen fühlt und insgesamt ein latentes Gefühl der Unzufriedenheit verspürt. Die innere Antriebskraft ist eingeschränkt, und es braucht immer wieder Überwindung, um sich anstehender Themen anzunehmen. Es werden vorwiegend die Rückmeldungen aufgenommen, die für das angepasste Verhalten sprechen. Abweichendes Feedback wird eher ausgeblendet oder anders interpretiert.

In der Wirkung auf andere lässt sich das angepasste Verhalten daran erkennen, dass der Betreffende nicht authentisch wirkt. Die Nuancen können diesbezüglich sehr unterschiedlich sein, von „Schauspieler“ bis „nicht ganz im Gleichgewicht“. Jedenfalls gelingt es nicht, auf sein Gegenüber überzeugend zu wirken. Nicht zuletzt liegt es auch daran, dass das Verhalten nicht immer stimmig erlebt wird bzw. nicht immer abschätzbar ist. Manager mit angepasstem Verhalten werden für ihre Mitarbeiter nicht „greifbar“. Sie beziehen zu wichtigen Themen nicht Stellung, sie halten Distanz auf der persönlichen Ebene und meiden Situationen, in denen sie mit Kritik (im Sinne von persönlichem Feedback) zu rechnen haben.

Ihr Ziel ist es, ihre Position im Unternehmen zu halten und nach Möglichkeit durch eine positive Karriereentwicklung weiter zu stärken. Sie meiden die Auseinandersetzung mit sich selbst, aus Angst davor, nicht den Erwartungen und Anforderungen zu entsprechen.

Unangepasstes Verhalten

Das unangepasste Verhalten wurzelt häufig in vermeintlich starkem Selbstvertrauen und starker Selbstsicherheit. Die persönlichen Präferenzen werden positiv bewertet und mit Überzeugung ausgelebt. Die eigenen Stärken werden auch als objektive Stärken gesehen, während eventuell daraus resultierende Schwächen relativiert werden. Menschen mit anderen Präferenzen und Verhaltensausprägungen werden – zumindest nach innen hin – abgewertet. Dahinter steckt auch, dass das jeweils andere als Bedrohung des eigenen Selbstverständnisses und der eigenen Identität erlebt wird.

Ein Mensch mit unangepasstem Verhalten wirkt in seinem Auftreten überzeugend, da er ja seine natürlichen Präferenzen leben kann und sich darin Sicherheit erworben hat. Er hat von seiner Umwelt positive Resonanz erfahren und fühlt sich in seinem Verhalten bestätigt. Er handelt vielfach aus innerer Überzeugung, ohne zu hinterfragen, inwieweit andere Vorgehensweisen möglicherweise zielführender sein könnten. Insofern basiert dieses Verhalten nicht auf Reflexion und besserer Einsicht.

Unangepasstes Verhalten wird gerade im Management immer wieder positiv konnotiert. Häufig werden damit innere Überzeugung, Gestaltungswille und Durchsetzungsstärke in Verbindung gebracht. Solche Manager sind für ihre Mitarbeiter und Kollegen greifbar, weil sie deutlich zum Ausdruck bringen, wofür sie stehen. Gleichzeitig zeigen sie wenig Verständnis für Mitarbeiter und Kollegen, die anders sind. Sie umgeben sich am liebsten mit ähnlichen Typen und zeigen sich wenig tolerant, wenn sie mit anderen Werthaltungen oder Verhaltensweisen konfrontiert werden.

In der Zusammensetzung von Teams lassen sie sich von den persönlichen Präferenzen leiten und achten weniger auf eine ausgewogene Zusammensetzung. Es kann daher durchaus geschehen, dass wichtige Aspekte unberücksichtigt bleiben bzw. wichtige unternehmerische Funktionen nicht wahrgenommen werden. Für das wirtschaftliche Überleben ist aber zum Beispiel kaufmännische Vorsicht ebenso wichtig wie unternehmerische Vision.

Sehr oft liegt das Ziel von Menschen mit unangepasstem Verhalten in der uneingeschränkten Selbstverwirklichung. Die Auseinandersetzung mit sich selbst fällt schwer, weil dadurch persönliche Überzeugungen in Frage gestellt werden und es zu einem gewissen Kontrollverlust kommen könnte.

Reflektiertes Verhalten

Selbstreflexion ist dann möglich, wenn ein gewisses Maß an Selbstvertrauen und innerer Sicherheit vorhanden ist. Bezogen auf die Typologie bedeutet das, dass die natürlichen Präferenzen über einen bestimmten Zeitraum und in unterschiedlichen Situationen gelebt werden konnten und dass sie auch den persönlichen Wert- und Zielvorstellungen entsprechen. (In der Auswertung des Fragebogens erkennt man diese Ausgangssituation an deutlich ausgeprägten Präferenzwerten.)

Die Selbstreflexion beinhaltet die Auseinandersetzung mit der „Bedrohung“ durch die jeweiligen konträren Präferenzen. Spontane Verhaltensmuster werden in unterschiedlichen Situationen daraufhin untersucht, ob sie adäquat sind und zu einem bestmöglichen Ergebnis führen. Feedback wird aktiv eingeholt und dient als Orientierung für mögliche Verhaltensanpassungen in der Zukunft.

Die Selbstreflexion führt jedoch nicht zwingend zu Veränderungen im Verhalten. Bestimmte Verhaltensweisen mögen persönlich so wichtig sein, dass auch etwaige Nachteile hingenommen werden. Andere

Verhaltensaspekte mögen persönlich derartig schwierig erreichbar erscheinen, dass die dafür erforderliche Energie nicht gerechtfertigt erscheint. Wie auch immer das Ergebnis der Selbstreflexion sein mag, wichtig ist, dass das daraus resultierende Verhalten durch bewusste Steuerung zustande kommt und nicht von unbewussten Emotionen geleitet wird.

Wenn die kritische Selbstreflexion in bestimmten Fällen zu keiner Verhaltensänderung führt, so kann es vorkommen, dass der Betreffende auf andere Weise sicherstellt, dass von ihm nicht präferierte Aspekte zum Tragen kommen. Aus der Überzeugung heraus, dass es für die Erreichung von optimalen Ergebnissen die Ergänzung konträrer Verhaltensausprägungen braucht, können unterschiedliche Persönlichkeitstypen sowohl im privaten als auch im beruflichen Umfeld bestimmte Funktionen übernehmen.

Manager mit reflektiertem Verhalten sind sich bewusst, dass sie in ihrem Umfeld die Ergänzung durch andere Typen fördern müssen. Sie bauen Teams auf, die die Stärken unterschiedlicher Typen optimal in sich vereinen. Sie sorgen für Vielfalt in ihrem Einflussbereich, ohne deshalb ihre persönlichen Präferenzen zu verleugnen oder gering zu schätzen. Sie wirken ausgeglichen und authentisch, und ihr Verhalten ist der Situation angemessen. Ihr Handlungsantrieb wirkt wohl dosiert. Sie verfolgen ihre Ziele mit Engagement und der erforderlichen Distanz, um im Bedarfsfall Anpassungen in der Vorgehensweise vornehmen zu können.

Die Stärke des reflektierten Verhaltens liegt in der Lernfähigkeit und in der bewussten Verhaltenssteuerung. Es handelt sich dabei nicht zwingend um Menschen, die in ihrem Individuationsprozess bereits weit fortgeschritten sind. Reflektiertes Verhalten erfordert nicht unbedingt die Integration der gegensätzlichen Präferenzen, aber es ermöglicht, aus unbewussten Verhaltensmustern auszusteigen und seine Verhaltensbandbreite zu erweitern.

Konkrete Schritte zur Potenzialentwicklung

Es gibt eine Vielzahl von Ansätzen, um sein persönliches Entwicklungspotenzial zu diagnostizieren und darauf aufbauend weiterzuentwickeln.

Die Typologie ist ein Modell, das Persönlichkeitsmerkmale und Verhaltensausprägungen einander wertneutral gegenüberstellt und in ihren Stärken und Entwicklungsfeldern beschreibt. Der erste Schritt zur persönlichen Potenzialentwicklung besteht darin, eine Bestandsaufnahme bezogen auf den eigenen Persönlichkeitstyp vorzunehmen. Die relative Stärke der einzelnen Präferenzen gibt einen Hinweis darauf, wie stark diese Präferenz ausgeprägt ist, das heißt, mit welcher Wahrscheinlichkeit gewisse Verhaltensweisen eintreten.

Wenn die entsprechende Typbeschreibung mit der eigenen Selbsteinschätzung übereinstimmt, ist daraus ein gewisses Maß an Selbstkenntnis abzuleiten. Wenn einzelne Aspekte fremd erscheinen oder für Sie in der Form vielleicht nicht zutreffend erscheinen, holen Sie Feedback ein. Stellen Sie dabei offene Fragen (zum Beispiel: „Wie erlebst du mich in einer bestimmten Situation X?“, „Wie wirke ich auf dich, wenn …?“, „Woran erkennst du, dass ich …?“), und widerstehen Sie der Versuchung, Erklärungen abzugeben, warum Sie gerade in der Situation X nicht anders handeln konnten.

Wenn die gesamte Typbeschreibung für Sie nicht passt, dann lesen Sie in andere Beschreibungen hinein und überprüfen Sie, ob Sie sich in dem einen oder anderen benachbarten Typ wiederfinden. Falls das auch nicht klappt, geben Sie die Typbeschreibungen an jemanden, der Sie gut kennt, mit der Bitte, die Beschreibung auszuwählen, die Sie am treffendsten charakterisiert.

Wenn Sie sich in mehreren unterschiedlichen Typbeschreibungen wiederfinden, ist das ein Hinweis dafür, dass Sie Ihre Präferenzen nicht klar entwickelt haben. Das heißt, Sie verhalten sich in vergleichbaren Situationen durchaus unterschiedlich, immer wieder auch abhängig von der persönlichen Disposition und von vorhandenen Stressfaktoren. Ihr Verhalten neigt dann dazu, von spontanen Emotionen geleitet zu sein. Da das Verhalten nicht der bewussten Steuerung unterliegt, ist es nur schwer möglich, Ihre vorhandenen Stärken gezielt einzusetzen und die sich darbietenden Möglichkeiten in Ihrem Sinne zu nutzen.

Beobachten Sie in diesem Fall, wie Sie auf unterschiedliche Situationen reagieren und welche Faktoren Ihre unterschiedlichen Verhaltensweisen auslösen. Suchen Sie nach Gemeinsamkeiten und etwaigen Mustern, und hinterfragen Sie das Zustandekommen dieser Muster. Beobachten Sie Ihr Verhalten in ähnlichen Situationen sehr aufmerksam, und überprüfen Sie, ob es konsistent ist. Verhalten Sie sich unterschiedlich, dann untersuchen Sie mögliche Einflussfaktoren oder Umweltkonstellationen.

Wenn Sie bei sich selbst spontane Reaktionen bemerken, die darauf abzielen, Ihre gesamte Verhaltensbandbreite jederzeit nach Lust und Laune ausleben zu wollen, stellen Sie sich am besten die Frage, welchen Nutzen Sie persönlich durch eine bewusste Verhaltenssteuerung erzielen könnten und wie viel Sie bereit sind, dafür zu investieren. Es geht darum, in solchen Situationen reflektiert vorzugehen, und nicht darum, spontane Verhaltensweisen, die in natürlichen Präferenzen wurzeln, zu verdrängen. Sie sollen nicht bestehende Verhaltensweisen „ausmerzen“, sondern durch die Integration neuer Verhaltensweisen Ihr Verhaltensrepertoire ausbauen.

Bestimmungsfaktoren in der Potenzialeinschätzung

In der Vielfalt der Zugänge und Konzepte zu diesem Thema kristallisieren sich im Wesentlichen vier Schwerpunktbereiche heraus:

- personale Kompetenz,
- soziale Kompetenz,
- Methodenkompetenz,
- Fachkompetenz.

Personale Kompetenz

Die Personale Kompetenz umfasst sämtliche Fähigkeiten, die zu einem reifen Umgang mit der eigenen Person beitragen.

- Basis dafür ist die *Selbstwahrnehmung*, das heißt die Verarbeitung der Reize, die aus dem eigenen Körper und der Umwelt kommen, und der dadurch entstehenden Empfindungen.
- *Selbsteinsicht* und *Selbstbild* sind mentale Konstrukte, die die Möglichkeiten und Grenzen in der Lebensführung bestimmen, Stärken und Schwächen definieren und auch das Wunschbild der eigenen Person beinhalten.

- *Selbstbewusstsein* ist das Wissen um den eigenen Wert, die persönlichen Fähigkeiten und die eigene Macht. Es ermöglicht die Abgrenzung von anderen Personen. Je nachdem, wie das Selbstbewusstsein profiliert ist, kann es unterschiedliche Ausprägungsformen annehmen. In einer gesunden und reifen Form äußert es sich als *Selbstvertrauen,* als Vertrauen in die eigene Leistungskraft, in deren bewusste und unbewusste Anteile.
- Das *Selbstwertgefühl* ist das Ergebnis der Selbsteinschätzung und vermittelt ein eher positives oder eher negatives Werturteil über die eigene Person und ihre Leistungsfähigkeit.
- Darüber hinaus beinhaltet das Konzept der Personalen Kompetenz auch die Einstellung zu den eigenen Emotionen und die Einstellung zum eigenen Körper.

Die eben beschriebenen Bestimmungsfaktoren für die Personale Kompetenz erscheinen wahrscheinlich eher theoretisch und abstrakt. Sie unterliegen nicht der direkten bewussten Steuerung, und sie werden auch nach außen nicht als solche sichtbar. Es gibt jedoch eine Reihe von Verhaltensmerkmalen, aus denen man Ableitungen treffen kann, zum Beispiel persönliches Auftreten, Belastbarkeit, Umgang mit Stress, Umgang mit Misserfolg, Umgang mit Unsicherheit usw.

Die Personale Kompetenz ist die Basis für die Entwicklung der Sozialen Kompetenz. Gröbere Defizite in der Personalen Kompetenz stellen grundsätzliche Einschränkungen für die persönliche Potenzialentwicklung dar.

Die Dimensionen der Typologie beziehen sich als solche nicht auf Aspekte der Personalen Kompetenz. Aufgrund seines Persönlichkeitstyps kann man daher nicht feststellen, wie weit man in der Entwicklung seiner Personalen Kompetenz gelangt ist. Die Stärke der Ausprägung der einzelnen Präferenzen, vor allem vor dem Hintergrund des Lebensalters betrachtet, ermöglicht diesbezügliche Aussagen. Da solche Aussagen jedoch bereits eher in den therapeutischen Bereich gehen, bedarf es dafür einer differenzierteren Form der Analyse, die mittels weiterführender Fragebogen vorgenommen werden kann. Die Form der Typbestimmung im Unternehmenskontext erlaubt nur allgemeine Aussagen über die Personale Kompetenz eines Menschen.

Soziale Kompetenz

Unter Sozialer Kompetenz versteht man die Fähigkeit, mit Menschen (unabhängig von gesellschaftlicher Schicht und Geschlecht) angemessen umgehen zu können. Im Sinne des Konzepts der Emotionalen Intelligenz geht es auch darum, nicht nur für seine eigenen Emotionen und Bedürfnisse offen zu sein, sondern sich auch auf die emotionale Befindlichkeit seines Gegenübers einzustellen.

Soziale Kompetenz bedeutet häufig den konstruktiven Umgang mit Widersprüchen und den Ausgleich unterschiedlicher Interessen. Es geht um die Gestaltung von Spannungsfeldern wie: eigene Interessen versus Bedürfnisse anderer, wollen versus müssen, Anpassung versus Selbstbehauptung, Zielerreichung versus Einfühlung etc.

Soziale Kompetenz hat im Anforderungsprofil für Vorgesetzte beträchtlich an Bedeutung gewonnen. Die wirtschaftlichen, technologischen und gesellschaftlichen Entwicklungen haben dazu geführt, dass Manager Mitarbeiter für ihre Ziele gewinnen müssen und nicht mehr über Anweisungen führen können. Die Komplexität der Aufgaben und Themen erfordert die Zusammenarbeit von vielen Menschen mit unterschiedlichem Know-how. Eindimensionale Lösungen erweisen sich als unzureichend. Nur in seltenen Fällen sind eindeutige Lösungen möglich, und viele Entscheidungen müssen trotz Unsicherheit getroffen werden.

Konfliktmanagement ist eine der zentralen Fähigkeiten und Voraussetzung für den Erfolg. Selbstbewusstsein und Sensibilität für andere sind wichtige Grundlagen dafür. Erfolgreiches Konfliktmanagement berücksichtigt immer sowohl die Sachebene als auch die emotionale Ebene. Ein Konflikt kann erst dann als gelöst betrachtet werden, wenn alle Konfliktpartner die Lösung akzeptieren. Emotionale Vorbehalte sind ein Anzeichen dafür, dass der Konflikt zu einem späteren Zeitpunkt wieder aufbrechen kann.

Soziale Kompetenz kann dann gut entwickelt werden, wenn die Personale Kompetenz ausreichend vorhanden ist (Selbstbewusstsein, Selbstvertrauen, positives Selbstwertgefühl, Zugang zu den eigenen Emotionen). Im Gegensatz zur Personalen Kompetenz kann die Soziale Kompetenz trainiert werden. Es sind vor allem vorbildhafte Handlungen und die Reflexion konkreter Erfahrungen mit dem Aufzeigen alternativer

Handlungsmöglichkeiten, die zur positiven Entwicklung der sozialen Kompetenz beitragen.

Die 16 MBTI-Typen gehen zum Teil unterschiedlich an soziale Situationen heran. Die Einstellung zur Umwelt und die Lebenseinstellung sind Prädispositionen, die die Form der Kontaktaufnahme und die Art der Kontaktgestaltung beeinflussen. Extravertierte haben zum Beispiel einen anderen Zugang zu Teamarbeit als Introvertierte. Manche Typen bewältigen bestimmte Situationen daher leichter, weil eine natürliche Präferenz dafür vorhanden ist. Dennoch wäre es unzulässig festzustellen, dass Soziale Kompetenz anhand eines Typprofils feststellbar sei. *Die Typologie trifft keine Aussagen darüber, was jemand aus seinen Anlagen und Präferenzen macht.*

Methodenkompetenz

Methodenkompetenz ermöglicht den optimalen Einsatz der vorhandenen persönlichen Ressourcen. Mitarbeiter kennen unterschiedliche Methoden und können diese auch anwenden, um sich selbst und ihren Arbeitsplatz zu organisieren und die an sie gestellten Aufgaben im Umgang mit Sachen, Personen, Gruppen und Organisationseinheiten optimal zu lösen. Logisch-analytisches Denken, systematische Planung, Organisationsfähigkeit, bereichsübergreifendes Denken, strategisches Denken, Beachtung von Details sind einige der Fähigkeiten, die die Methodenkompetenz ausmachen.

Die Methodenkompetenz vereinigt sowohl persönliche Anlagen und Dispositionen als auch erlerntes Wissen. Bestimmte Aspekte – wie der Umgang mit Zeit und Planung oder die Liebe zum Detail oder der Umgang mit Strukturen – sind das Ergebnis von persönlichen Präferenzen und lassen sich nur bedingt „erlernen". Planungsmethoden, Organisationssysteme und Strukturierungsmodelle sind erlernbare Techniken, die die Umsetzung der Methodenkompetenz unterstützen.

Inwieweit die Methodenkompetenz tatsächlich entfaltet werden kann, ist von der Entwicklung der Personalen Kompetenz abhängig. Selbstvertrauen und Selbstwertgefühl beeinflussen wesentlich die subjektiv wahrgenommene Kompetenz in der Lösung von Aufgaben und

Problemen. Das objektiv vorhandene Methodenwissen bestimmt nur zum Teil die Wirkung, die erzielt wird.

Aufgrund der Präferenzen in der Typologie lassen sich gewisse Stärken und auch Entwicklungsbereiche im Bereich der Methodenkompetenz erkennen. Vor allem in diesem Bereich spielen die in der Typologie erfassten psychischen Prozesses – Wahrnehmung und Entscheidung – eine wichtige Rolle. Die Wahrnehmung bestimmt, „ob die Probleme richtig gelöst oder ob die richtigen Probleme gelöst werden". Aspekte der Vision und der strategischen Betrachtungsweise finden hier ebenso ihren Niederschlag wie die eingehende Analyse und die systematische Datenerfassung.

Die Typologie beschreibt Präferenzen in der Wahrnehmung und im Entscheidungsprozess, sie trifft keine Aussagen darüber, wie kompetent jemand erlernte Methoden einsetzen kann. Aufgrund des Persönlichkeitstyps lassen sich jedoch darüber Aussagen treffen, in welchem grundsätzlichen Aufgabenbereich und -umfeld jemand seine Stärken besser nutzen kann.

Fachkompetenz

Die Fachkompetenz verbindet fachliches Know-how und die Fähigkeit, dieses situationsadäquat zur Lösung von fachlichen Aufgaben- und Problemstellungen einsetzen zu können. Ähnlich wie bei der Methodenkompetenz handelt es sich auch dabei um eine Kombination von grundsätzlicher persönlicher Neigung und angelerntem Wissen. Während die persönliche Neigung vermutlich geringeren Einfluss auf die tatsächliche Fachkompetenz hat, sind es die Aspekte der Personalen Kompetenz, die die Effektivität und den erfolgreichen Einsatz der Fachkompetenz ausmachen. Die subjektiv wahrgenommene Kompetenz beeinflusst wesentlich das Ergebnis der fachlichen Tätigkeit und die Wirkung, die bei anderen erzielt wird.

Die Berufswahl bzw. die Richtung der fachlichen Ausbildung ist das Ergebnis vieler Einflussfaktoren, die über persönliche Präferenzen hinausgehen. Wie sehr jemand sein fachliches Wissen entwickeln kann, hängt aber nicht zuletzt auch von seiner kognitiven Intelligenz ab. Diese Dimension wird in der Typologie nicht erfasst.

Empirische Untersuchungen in den USA, aber auch in anderen Ländern, erlauben Aussagen darüber, mit welcher Wahrscheinlichkeit ein bestimmter Typ eine bestimmte Ausbildung bzw. eine bestimmte berufliche Tätigkeit anstrebt. Aufgrund der Merkmale des Berufsbildes lassen sich in einer überwiegenden Mehrzahl der Fälle tatsächlich Korrelationen zwischen Persönlichkeitstyp und Karrierewahl herstellen. Da die fachliche Tätigkeit in einem Unternehmen auch durch andere Faktoren wie Unternehmensgröße, -kultur, Branche, Entwicklungsphase des Unternehmens und der Organisationsstruktur bestimmt wird und allgemeine wirtschaftliche Faktoren ebenfalls eine Rolle spielen, sollen solche Korrelationen zwischen Persönlichkeitstyp und Karriere den eigenen Entscheidungsfreiraum nicht einengen.

Das Potenzial zur Weiterentwicklung der Fachkompetenz liegt nicht nur in der intellektuellen Kapazität, sondern auch im inneren Antrieb und im persönlichen Anspruch begründet.

Mut zum eigenen Typ

In Zeiten von Unsicherheit und Veränderung suchen Menschen Orientierungspunkte, seien es klare Definitionen von „gut“ und „schlecht“, „richtig“ und „falsch“ oder grundsätzliche Handlungsanleitungen. Nicht zuletzt repräsentieren Persönlichkeitstypologien den Wunsch des Menschen, die Komplexität der menschlichen Persönlichkeit überschaubar und handhabbar zu machen. Je einfacher das Modell ist, desto rascher kann man daraus Handlungsanweisungen ableiten.

Ein Kritikpunkt, der in Bezug auf die MBTI-Typologie immer wieder vorgebracht wird, ist die Komplexität des Modells und die Tiefe der dahinter liegenden Theorie. Je näher man sich mit der Typologie beschäftigt, desto differenzierter erscheinen die einzelnen Typen in ihren Ausprägungen, in ihrer Entwicklung und in ihren Potenzialen. Es erscheint auch nur auf der Oberfläche einfach möglich zu sein, die Leistungsfähigkeit von Teams und Organisationen durch den „richtigen Typenmix“ zu maximieren. Diese Utopie des „Social Engineering“ wird weder der Komplexität der beteiligten Persönlichkeiten gerecht noch berücksichtigt sie die Führungsverantwortung und die Möglichkeiten der kreativen Gestaltung durch den verantwortlichen Manager.

Die Sehnsucht nach Sicherheit und Berechenbarkeit im Management lässt immer wieder neue „Rezeptsammlungen“ entstehen. Sie definieren, wie der erfolgreiche Manager sein soll, welche Fähigkeiten und Qualitäten er aufweist und wie er am besten und wirkungsvollsten seine Ziele erreichen kann. Viele dieser Definitionen sind das Ergebnis von Befragungen und Ex-post-Betrachtungen. Da wir dazu neigen, für alle unsere Handlungen eine Begründung zu suchen, können wir im Nachhinein meist sehr gut darlegen, warum gewisse Dinge erfolgreich waren und was dafür erforderlich war. Meistens gibt es aber mehrere Wege, die zum Ziel führen, und eine erfolgreiche Methode schließt nicht aus, dass es noch weitere zielführende gibt.

Wenn also gewisse Persönlichkeitstypen erfolgreich ihren Weg gemacht haben, heißt das nicht, dass man nur dann erfolgreich sein kann, wenn man sämtliche Eigenschaften und Verhaltensweisen dieses Typs kopiert. Erfolg liegt in der eigenen Person begründet. Selbstbewusstsein, ein positives Selbstbild, Selbstvertrauen und ein positives Selbstwertgefühl lassen jeden einzelnen der 16 MBTI-Typen seine Potenziale ausschöpfen und erfolgreich seine Ziele erreichen.

Verhaltensausprägungen der Funktionen und Einstellungen

In diesem Kapitel möchten wir auf die vier Dimensionen der Typologie näher eingehen und die charakteristischen Merkmale „der einzelnen Buchstaben“ ausführlicher behandeln. In dieser reinen Form, wie die Merkmale der einzelnen Buchstaben hier beschrieben werden, treten sie in der Realität nicht auf. Die Kombination der Buchstaben kann das eine oder andere Charakteristikum zurückdrängen oder in einer leicht veränderten Form zum Ausdruck bringen.

In der Abfolge der Beschreibungen orientieren wir uns an der Reihung der Buchstaben in der Typenabkürzung: Einstellung zur Umwelt, Wahrnehmungsfunktion, Entscheidungsfunktion, Lebenseinstellung.

Die Einstellung zur Umwelt (E – I)

Die Einstellung zur Umwelt beschreibt die präferierte Ausrichtung des Menschen, ob nach außen auf die Welt der Menschen und Dinge oder nach innen auf die Welt der Ideen. Sie weist auch darauf hin, ob der Mensch seine Lebensenergie aus dem Austausch mit seiner Umwelt bezieht oder aus sich selbst heraus schöpft. Durch die Gegenüberstellung möchten wir die verschiedenen Verhaltensausprägungen, die durch die jeweilige Einstellung entstehen, beschreiben.

E	I
nach außen gerichtet	nach innen gerichtet
viele Beziehungen	geringe Anzahl von Beziehungen
Interessenbreite	Interessentiefe
Austausch von Gedanken, Ideen, Meinungen usw.	Konzentration auf Gedanken und Ideen
Entwicklung von Ideen im Gespräch	Ideen ins Gespräch einbringen

lebhaft	nachdenklich
extensiv	intensiv
Menschen und Dinge	Konzepte, Ideen
Welt verändern	Welt verstehen

Die Abgrenzung zwischen Extraversion und Introversion fällt nicht immer leicht, weil beide Begriffe auch in der Umgangssprache häufig verwendet werden und anders besetzt sind. (Um eine klarere gedankliche Abgrenzung zu ermöglichen, verwenden wir häufiger nur den entsprechenden Buchstaben.)

Die Frage nach der Quelle der Lebensenergie eignet sich sehr gut, um eine eindeutigere Trennung vorzunehmen. Der E-Manager bezieht seine Energie aus dem Austausch mit anderen. Er findet Gespräche und Diskussionen anregend. Sie helfen ihm, Ideen zu generieren und weiterzuentwickeln. Es kann sehr leicht geschehen, dass ein E-Manager zu einer Veranstaltung geht mit dem Vorsatz, nicht lange zu bleiben, weil er müde ist. Er mischt sich unter die Leute, unterhält sich mit diesem und jenem, und die Müdigkeit scheint verflogen zu sein. Nicht selten kommt es vor, dass er dann einer das letzten ist, der die Veranstaltung verlässt.

Der I-Manager bezieht seine Energie aus sich heraus. Er braucht Zeit mit und für sich selbst, um seine Eindrücke zu verarbeiten und Neues zu entwickeln. Der Austausch mit anderen kostet ihn Energie und laugt ihn aus. Er zieht es daher vor, den Kontakt auf einige wenige Menschen zu reduzieren. Der I-Manager meidet größere Ansammlungen von Menschen und zieht sich auch so bald als möglich zurück.

Der E-Typ fällt bereits in der Schule auf. Stellt der Lehrer eine Frage, ist er derjenige, der bereits aufzeigt, bevor die Frage noch ausformuliert ist. Wenn er die Antwort geben soll, redet er zunächst einmal herum. Er beginnt erst nachzudenken, wenn er bereits zu sprechen begonnen hat.

Der I-Typ wird als Schüler meist benachteiligt. Er hört die Frage und überlegt genau, bevor er sich zu Wort meldet. In der Zwischenzeit wird aber wahrscheinlich schon ein E-Schüler um die Antwort gefragt, oder

der E-Schüler hat sie hinausgerufen, ohne aufzuzeigen. Der I-Schüler leidet dann meist unter dem Vorwurf, nicht mitzuarbeiten.

Der E-Manager braucht die Auseinandersetzung mit anderen und liebt den Reiz des Neuen. Er ist leicht gelangweilt und wendet sich dann anderen Dingen und neuen Projekten zu. In der Auswahl seiner Interessen und Projekte lässt er sich von der Meinung anderer leiten.

Der I-Manager kann sich in ein Thema vertiefen, ohne dass es ihm langweilig wird. Er geht in die Tiefe und lässt sich von der Umwelt weder in der Auswahl seiner Interessen noch in der Intensität der Auseinandersetzung damit beeinflussen. Er widmet sich so lange einer Sache, bis er sie für abgeschlossen erachtet.

Der E-Manager schenkt seine Aufmerksamkeit Menschen und Dingen und dem Austausch mit ihnen. Entwickelt er eine Idee, dann ist eine der ersten Überlegungen, wie er andere Menschen mit einbeziehen kann bzw. wie er sie für andere Menschen nutzbar machen kann.

Der I-Manager lebt in seiner inneren Welt der Ideen und Konzepte. Hat er eine Idee durchgedacht, so ist sie für ihn abgeschlossen. Er setzt diese Idee erst um, wenn das im Sinne der Sache oder seiner eigenen Person ist.

E- und I-Verhalten lässt sich auch sehr gut am Arbeitsplatz beobachten:

E	I
liebt Betriebsamkeit und Abwechslung	konzentriert sich gerne in Ruhe
ist meist schneller, liebt keine komplizierten Abläufe	arbeitet sorgfältig im Detail, hält nichts von großen Reden
wird bei langwierigen Aufgaben leicht ungeduldig	es macht ihm nichts aus, längere Zeit an einem Projekt zu arbeiten
interessiert sich für die Ergebnisse seiner Arbeit, will sie erledigt wissen und will wissen, wie andere ihre Arbeit erledigen	interessiert sich für die großen Zusammenhänge seiner Arbeit

Unterbrechungen in der Arbeit (Telefon, Besuche) machen ihm meist nichts aus	lässt sich in der Arbeit nur ungern stören
handelt häufig schnell, manchmal unüberlegt	denkt gerne lange nach, bevor er handelt, denkt auch oft, ohne zu handeln
hat gerne Menschen um sich	arbeitet gerne allein
gut geeignet, um Beziehungen aufrechtzuerhalten	vergisst häufig Namen und Gesichter

Betritt man eine Abteilung in einem Unternehmen, dann erkennt man eine E-Einstellung bereits daran, dass die Türen zu den einzelnen Büros offen stehen oder es sich um ein Großraumbüro handelt. Der E-Manager ist nicht gerne vom Geschehen ausgeschlossen. Er hält daher Verbindungskanäle zur Außenwelt offen. Der I-Manager lässt sich in seiner Arbeit nicht gerne stören. Soweit es möglich ist, baut er Barrieren zwischen sich und der Außenwelt auf (Türen, Telefonumschaltung usw.). Unangemeldete Besucher sind ihm lästig. Der E-Manager weiß über die meisten Dinge im Unternehmen Bescheid. Sein dichtes Beziehungs- und Kommunikationsnetz versorgt ihn mit Informationen. Sehr viele Informationen holt er auch auf informellem Weg ein. Der I-Manager ist derjenige, „der alles immer als letzter erfährt". Das stört ihn aber nur dann, wenn er der Meinung ist, dass er in einer für seine Arbeit wichtigen Angelegenheit früher hätte informiert werden müssen. Kantinentratsch amüsiert ihn manchmal, er vergisst ihn aber gleich wieder.

Der I-Manager hat Probleme, sich Namen und Gesichter zu merken. Das ist ein Ausdruck seiner starken Bezogenheit auf die innere Welt. Die Themen, mit denen er sich beschäftigt, sind tendenziell grundsätzlicher Natur, und er geht den Dingen auf den Grund. Sein Anspruch besteht darin, der Sache an sich gerecht zu werden und ein möglichst hohes Maß an Erkenntnis zu gewinnen. Er vertieft sich auch gerne in theoretische und abstrakte Fragestellungen.

Dem E-Manager ist es ein Anliegen, etwas zu bewirken. Wenn er sich mit Themen auseinander setzt, dann immer mit dem Anspruch, daraus einen praktischen Nutzen (für sich selbst oder andere) zu ziehen. Seine Vorgehensweise ist direkt und auf konkrete Ergebnisse ausgerichtet.

Der E-Manager stellt Leute einander vor. Er kennt sehr viele und er weiß auch über ihren Hintergrund Bescheid. Ist ihm ein Name entfallen, ist er bemüht, darüber hinwegzutäuschen. Das Nichterinnern von Namen und Gesichtern stellt für ihn eine Geringschätzung der betreffenden Person dar.

Das Leben des E-Managers verläuft schnell. Sobald etwas entschieden ist, sollte es auch schon umgesetzt sein. Er genießt es zwar, Dinge in einem größeren Kreis ausführlich zu diskutieren, seine Meinung einzubringen und andere Meinungen zu hören. Er verliert aber die Lust und das Interesse, wenn sich ein Projekt über einen längeren Zeitraum hinzieht.

Der I-Manager nimmt sich Zeit, Dinge durchzudenken und zu erarbeiten. Er lässt sich nur ungern unter Druck setzen. Er wird ungeduldig, wenn über eine Angelegenheit zu viel und zu lange gesprochen wird. Er verzichtet manchmal darauf, seine Meinung einzubringen, um die Diskussion dadurch nicht noch mehr in die Länge zu ziehen.

Der E-Manager ist für jede Abwechslung in seiner Tätigkeit dankbar. Auch wenn er gerade konzentriert arbeitet, nimmt er nach dem ersten Läuten das Telefon ab. Es könnte sich ja um eine interessante Neuigkeit handeln. Das Telefon nicht abzunehmen, bereitet dem E-Manager größtes Unbehagen.

Dem I-Manager fällt es nicht schwer, das Telefon längere Zeit läuten zu lassen oder gar nicht abzunehmen. Wer immer auch anrufen mag, es bedeutet ein Eindringen in seine persönliche Sphäre und eine Unterbrechung seiner momentanen Tätigkeit. Es kann auch sein, dass er so in seine Arbeit vertieft ist, dass er das Läuten nicht hört.

Der E-Manager arbeitet besser und schneller, wenn er Problemlösungen gemeinsam mit anderen entwickeln kann. Ist der E-Manager gezwungen, etwas allein zu entwickeln, wird er immer Gründe und Gelegenheiten finden, mit anderen Kontakt aufzunehmen. Und sei es, dass er zum Telefon greift, einen Freund anruft und mit ihm über das Fußballspiel am Vorabend redet. Alleine arbeiten kostet dem E-Manager mehr Energie und Zeit als die Arbeit im Team.

Der I-Manager arbeitet am besten allein. Dabei kann er seine Ideen entwickeln und ausführen, ohne ständig unter Druck zu sein, sich mitteilen zu müssen. Soll er gemeinsam im Team an einem Projekt arbeiten, kann es durchaus sein, dass er bereits im Voraus allein eine Lösung entwickelt hat, nur um die Zeit im Team abzukürzen. Die Kommunikation mit den anderen beschränkt sich auf den knappen Austausch relevanter Informationen.

Die Wahrnehmungsfunktion (S – N)

Die Informationsaufnahme bildet den Ausgangspunkt für unsere Entscheidungen und unser Handeln. Ohne Information können wir keine Entscheidungen treffen. Gleichzeitig bestimmt die Auswahl der Informationen den Inhalt unserer Entscheidungen.

Der Prozess der Informationsaufnahme des Menschen kann in zwei verschiedenen Formen ablaufen: durch Sinneswahrnehmung oder durch intuitive Wahrnehmung. Die Gegenüberstellung beschreibt allgemeine Charakteristika dieser beiden Formen der Wahrnehmung:

S	N
fünf Sinne	sechster Sinn
sequentiell	assoziativ
tatsachenorientiert	möglichkeitenorientiert
umsetzungsorientiert	ideengenerierend
praktisch	theoretisch, abstrakt
Details	Zusammenhänge
spezifisch	allgemein
Realität	Phantasie
Faktensammlung	Inspiration

Die Redensart „Den Wald vor lauter Bäumen nicht sehen“ verdeutlicht sehr gut den Prozess der Wahrnehmung des S-Manager. Im Vordergrund der Betrachtung stehen die Einzelteile. Erst wenn alle Einzelteile erfasst sind, wird daraus das gesamte Bild.

Der N-Manager sieht zunächst den „Wald“ und erst in einem nächsten Schritt die einzelnen „Bäume“. Es kann auch sein, dass der N-Manager einzelne „Bäume“ nicht sieht, ebenso wie es sein kann, dass der S-Manager nie den gesamten „Wald“ erkennt.

Der S-Manager interpretiert Informationen wörtlich. Er gibt Informationen auch sehr spezifisch und exakt weiter. Der N-Manager versteht Informationen eher bildhaft. Er kann mit einer Metapher oft mehr anfangen als mit der konkreten Beschreibung einer Situation. Er gibt daher Information eher bildhaft und unspezifisch weiter.

Fragen Sie einen S-Manager nach der Uhrzeit, wird er Ihnen „8.23 Uhr“ antworten. Für den N-Manager ist es zur gleichen Zeit kurz vor halb neun.

S-Manager und N-Manager unterscheiden sich voneinander wesentlich in ihrem Zeit-Bezug. Der S-Manager lebt in der Gegenwart. Fakten und Zahlen werden auf ihre Relevanz für das Hier und Jetzt untersucht. Der S-Manager genießt den Augenblick und kümmert sich um Angelegenheiten in der Zukunft, wenn es so weit ist. Der N-Manager lebt eher in der Zukunft. Informationen dienen als Wegbereiter für die Zukunft. Der Genuss des Augenblicks wird zugunsten eines noch größeren Genusses in der Zukunft hintangestellt.

Wenn es um die Entwicklung von Neuem geht, steht für den S-Manager die Frage „Ist es durchführbar?“ im Vordergrund. Da der S-Manager eher umsetzungsorientiert ist, konzentriert er sich bei der Informationssammlung auch stärker auf diesen Aspekt. Der N-Manager orientiert sich eher an der Frage „Ist es denkbar?“. Der S-Manager läuft Gefahr, Möglichkeiten zu früh auszuklammern, während der N-Manager vielleicht erst zu spät erkennt, dass die Machbarkeit seiner gedachten Möglichkeiten nicht gegeben ist. Der S-Manager kann manchmal mit beiden Beinen zu fest am Boden der Realität stehen, während der N-Manager möglicherweise zu hoch über den Wolken fliegt. Ausgehend von diesen allgemeinen Betrachtungen über die Unterschiede zwischen dem S-Manager und dem N-Manager möchten wir auch auf die unterschiedlichen Verhaltensweisen am Arbeitsplatz eingehen.

S	N
arbeitet meist sehr genau	nimmt sich nicht gerne Zeit für Genauigkeit
irrt sich selten mit Fakten	nimmt es mit Fakten nicht so genau
zeigt ein ausgeglichenes Leistungsniveau und hat eine genaue Vorstellung vom Zeitaufwand einer Arbeit	arbeitet in Energieschüben, zeigt Leistungsschwankungen
kommt meist schrittweise zu Schlussfolgerungen	kommt rasch zu Schlussfolgerungen
bevorzugt Probleme, die mit bewährten Methoden gelöst werden können	löst gerne neue Probleme
schätzt eingeführte Arbeitsabläufe	tut nicht gerne immer das gleiche
stellt sich nicht gerne auf neue Arbeitsmethoden ein	hat mehr Freude am Erlernen einer neuen Methode als an ihrer Anwendung
ist geduldig in der Routinearbeit	ist ungeduldig in der Routinearbeit
verliert Geduld bei komplexen Problemen	beschäftigt sich gerne mit komplexen Problemen
glaubt nur, was beweisbar ist	lässt auch Irrationales gelten

Im Berufsleben erkennt man den S-Manager daran, dass er alles genau wissen möchte. Wenn er eine Situation analysiert, ist er nicht zufrieden, bevor er alle Einzelheiten erfasst hat. Wenn er einen Auftrag übernimmt, muss er vorher alle relevanten und bekannten Fakten wissen. Aussagen wie „das werde ich Ihnen noch rechtzeitig mitteilen" verunsichern ihn und belasten ihn in der Ausführung des Auftrages.

Analysiert ein N-Manager eine Situation, glaubt er, sie bereits erkannt zu haben, sobald er die Rahmenbedingungen kennt und ein Gefühl dafür entwickelt hat. Die Situation nimmt für ihn Gestalt an, ohne dass er noch weitere Detailinformationen sammeln müsste. Übernimmt ein N-Manager einen Auftrag, so reicht es für ihn, das Ziel zu kennen. Er wird sich an die Ausführung machen und vielleicht im Zuge dessen weitere Informationen verlangen.

Der S-Manager schätzt Routinearbeit. Er kann sich dabei entspannen und fühlt sich wohl. Dabei arbeitet er nach einer bewährten Methode, die er nur ungern verändert. Seinen Arbeitsablauf gestaltet er systematisch: eins nach dem anderen. Mehrere Dinge zugleich macht er nur selten, und dann ungern.

Der N-Manager hasst Routinearbeit. Sie kostet ihn viel Kraft und laugt ihn aus. Es schleichen sich auch Fehler ein. Ist er gezwungen, Routinetätigkeiten auszuführen, so experimentiert er mit neuen Methoden, mit denen die gleiche Arbeit in kürzerer Zeit bewältigbar ist. Im Arbeitsablauf folgt der N-Manager seinen Inspirationen. So kann es vorkommen, dass er, während er mit einer Aufgabe beschäftigt ist, eine andere in Angriff nimmt. „Multi-Tasking“ wurde wahrscheinlich von extravertierten N-Managern „erfunden“.

Der S-Manager vertraut in der Arbeit auf seine Erfahrung. Er beschäftigt sich am liebsten mit Dingen und Aufgaben, die er aufgrund seiner Erfahrung kompetent lösen kann. Aufgabenstellungen, die für ihn neu sind, verunsichern ihn.

Der N-Manager geht mit einer gewissen Neugier an neue Aufgabenstellungen heran. Die Lösung der Aufgabe sucht er weniger in seiner Erfahrung als vielmehr in der Natur der Aufgabe. Je herausfordernder und komplexer eine Aufgabe, umso lieber ist sie ihm.

Der S-Manager ist sehr präzise, wenn er Informationen weitergibt. Man kann davon ausgehen, dass die genannten Fakten stimmen. In der Beantwortung einer Frage hält er sich ziemlich genau an den Wortlaut, manchmal nimmt er eine Frage wörtlicher, als sie gemeint war.

Der N-Manager nimmt es mit den Fakten weniger genau. Entweder er verwendet Zusätze wie „ungefähr“, „zirka“, „rund“, oder er lässt sich überhaupt nicht auf konkrete Zahlen ein. Es kann sein, dass eine

Frage bei ihm Überlegungen auslöst, die nur am Rande mit dem Thema zu tun haben. Anstatt auf den Kern der Frage einzugehen, spricht er dann wahrscheinlich über den Inhalt seiner Überlegungen.

Der S-Manager muss am Arbeitsplatz oft mit dem Vorwurf leben, dass er Dinge viel zu genau nimmt. Er würde Vorschriften zu wörtlich interpretieren und keinen Spaß verstehen.

Dem N-Manager wird nachgesagt, dass er ernsthafte Angelegenheiten zu leicht nimmt und sich über faktische Gegebenheiten hinwegsetzt. Er könne sich nicht auf das Wesentliche beschränken und sei zu ungenau im Umgang mit Daten und Zahlen.

Die Entscheidungsfunktion (T – F)

Ist die Informationssammlung abgeschlossen, müssen die Informationen bewertet werden, um eine Entscheidung treffen zu können. Die Gewichtung der Informationen weist bereits auf eine der zwei möglichen Formen des Entscheidungsprozesses hin, T-Entscheidungen und F-Entscheidungen.

Zuerst möchten wir die beiden Formen des Entscheidungsprozesses wieder allgemein gegenüberstellen:

T	F
objektiv	subjektiv
Regeln und Gesetze	Umstände
gerecht	angemessen, adäquat
Unterschiede	Gemeinsamkeit
Durchsetzung	Akzeptanz
Kritik	Wertschätzung
Grundsätze	soziale Werte
allgemein gültig	situativ
abstrakt	konkret
sachlich	persönlich
Klärung	Harmonie

T-Entscheidungen sind klar nachvollziehbar. Sie folgen einem durch Regeln und Gesetze klar vorgegebenen Weg und sind unabhängig von Personen, Situationen und Umständen. Gerechtigkeit und Fairness bestimmen das Ergebnis der Entscheidung. Ausnahmen vom Grundsatz würden zu unfairen Benachteiligungen anderer führen. T-Entscheidungen werden mit einer Bestimmtheit getroffen, die nachträgliche Verhandlungen von Beginn an aussichtslos erscheinen lassen.

F-Entscheidungen orientieren sich sehr stark an sozialen Werten und gesellschaftlichen, kulturellen Normen. Wichtige Bestimmungsfaktoren sind die betroffenen Personen und die jeweiligen Umstände. „Jede Situation erfordert eine ihr entsprechende Entscheidung." Von Dritten sind solche Entscheidungen nur dann nachvollziehbar, wenn alle relevanten Einflussfaktoren bekannt sind. F-Entscheidungen sind dann endgültig, wenn sie von den Betroffenen als angemessen empfunden werden. Solange es bei den Betroffenen noch Widerstände gibt, sind die Entscheidungen noch verhandelbar.

Leitmotiv bei T-Entscheidungen ist Gerechtigkeit. T-Manager nehmen dafür auch den Vorwurf auf sich, unpersönlich und unmenschlich zu sein. Sie treffen Entscheidungen ohne Rücksicht auf die Situation der Betroffenen und ohne Rücksicht auf die weitere Entwicklung ihrer Beziehung zu diesen Menschen. Sie erwarten von den anderen, dass sie Verständnis für die Motive ihres Handelns haben.

Das Bedürfnis nach Harmonie bestimmt die F-Entscheidungen. F-Manager versuchen, die beste Entscheidung für alle Beteiligten zu treffen. Dass die aktuelle Entscheidung anderen Überlegungen bzw. einer anderen Logik folgt als vorhergehende, ist für sie nicht wesentlich und stellt keine Einschränkung dar. Wichtig ist, dass sie von den Betroffenen akzeptiert und mitgetragen wird.

Die Distanz zur konkreten Situation ermöglicht es dem T-Manager, Situationen und Prozesse klar zu erkennen und aufzuzeigen. Wir finden ihn daher oft in der Rolle des Kritikers und des Mahners, der Fehlentwicklungen aufzeigt. Er stellt auch Dinge in Frage, die in gesellschaftlichen und religiösen Wertesystemen einen wichtigen Platz einnehmen, wenn er sie als unlogisch und inkonsequent erachtet.

Der F-Manager weiß immer relativ gut Bescheid, was in gewissen Situationen angebracht ist und was nicht. Er verfügt über ein gutes Einfühlungsvermögen bezogen auf Menschen und Situationen. Er sorgt sich um das Wohlergehen seiner Mitmenschen. Er ist loyal und gibt seine Unterstützung, wenn sich ein Vorhaben mit seinem Wertesystem vereinbaren lässt. Er lässt sich auf Mitmenschen und Situationen ein und liefert bereitwillig seinen Beitrag.

Am Arbeitsplatz zeigen diese verschiedenen Entscheidungsformen folgende Ausprägungen:

T	F
analysiert und ordnet gern	nimmt Dinge, wie sie sind
spricht Meinungsverschiedenheiten direkt an	legt großen Wert auf Harmonie
ist in seiner Arbeitsfähigkeit beeinträchtigt, wenn Dinge unklar oder unausgesprochen sind	Streit am Arbeitsplatz kann seine Leistung beeinträchtigen
entscheidet meist unpersönlich, oft ohne die Wünsche anderer zu berücksichtigen	lässt sich in Entscheidungen oft von eigenen oder anderer Leute Vorlieben und Wünschen leiten
kann Leute tadeln und wenn nötig entlassen	verabscheut es, jemandem Unangenehmes sagen zu müssen
braucht faire Behandlung	braucht Anerkennung und Lob
ist oft unnachgiebig	ist oft einfühlend und verständnisvoll
wirkt oft verletzend, ohne es zu merken	erweist anderen gerne Gefälligkeiten, auch in unwichtigen Dingen
zeigt Emotionen meist nicht und kann mit Gefühlen anderer schlecht umgehen	ist sich der Gefühle anderer meist bewusst und berücksichtigt sie auch

„Unser Chef ist hart, aber gerecht." Dieser Ausspruch deutet darauf hin, dass es sich dabei um einen T-Vorgesetzten handelt.

Persönliche Umstände und Probleme seiner Mitarbeiter nimmt der T-Manager zwar zur Kenntnis, berücksichtigt diese aber nur selten, wenn es um die Erfüllung eines Auftrages geht. Jeder Mitarbeiter muss die Leistung erbringen, die sein Verantwortungsbereich vorsieht. Ist ein Mitarbeiter vorübergehend nicht in der Lage, diese Leistung zu erbringen, dann sollte er von seinem Recht auf Krankenstand oder Urlaub Gebrauch machen. Im Sinne der Fairness muss jeder die Leistung erbringen, für die er bezahlt wird.

Der F-Manager kümmert sich um das Wohlergehen seiner Mitarbeiter. Er nimmt auch Anteil an Angelegenheiten, die außerhalb des beruflichen Umfeldes liegen. Er ist verständnisvoll, wenn persönliche Umstände einen Mitarbeiter daran hindern, hundertprozentige Leistung zu erbringen. Falls erforderlich werden auch Verantwortungsbereiche neu definiert, um den Bedürfnissen und Präferenzen einzelner Mitarbeiter zu entsprechen. Jeder Mitarbeiter wird als Individuum gesehen, mit individuellen Besonderheiten und Bedürfnissen. Das erfordert individuelle Behandlung jedes Mitarbeiters.

Der T-Manager ist als Vorgesetzter eher sparsam mit Lob und Anerkennung. Er erwartet eine gute Leistung. Wenn diese erbracht wird, ist das für ihn selbstverständlich und nicht weiter erwähnenswert. Fehler zeigt er unbarmherzig auf, nicht nur bei Mitarbeitern, sondern auch bei sich selbst. Wenn es um eigene Fehler geht, legt er noch strengere Maßstäbe an.

Da der F-Manager selbst Lob und Anerkennung braucht, ist er auch eher bereit, den Einsatz seiner Mitarbeiter zu honorieren. Er lobt lieber einmal zu viel als einmal zu wenig. Er erscheint daher auch menschlich und verständnisvoll. Dieses Verhältnis kann aber auch dazu führen, dass Lob aus seinem Mund geringeren Stellenwert bekommt. Sein Verständnis und seine Anteilnahme können Mitarbeiter auch dazu verleiten, ihre Probleme in der Erfüllung ihrer Aufgaben zu seinen zu machen. Da es vor allem dem extravertierten F-Manager schwer fällt, sich von anderen und deren Bedürfnissen abzugrenzen, läuft er Gefahr, manipuliert zu werden.

Die Stärke des T-Managers liegt in seiner klaren, analytischen Fähigkeit, zu Schlussfolgerungen zu kommen. Effiziente Abläufe festzulegen, Grundsätze in der Geschäftsgebarung zu definieren und Vereinbarungen mit Bestimmtheit zu vertreten gehören zu seinen natürlichen Fähigkeiten.

Wenn es darum geht, Entscheidungen an Mitarbeiter weiterzugeben, zeigen sich die Stärken des F-Managers. Er versteht es, auf jeden Einzelnen einzugehen und seine Unterstützung zu erhalten. Er hat auch eine gute Einschätzung dafür, welche Entscheidungen gerade noch durchsetzbar sind und welche nicht.

Lebenseinstellung (J – P)

Die Lebenseinstellung beschreibt, wie sich der Mensch mit seiner Umwelt auseinander setzt und ob ihm Struktur und Kontrolle wichtig ist. Die Merkmale dieser zwei Formen der Lebenseinstellung finden Sie zuerst in der Gegenüberstellung und dann durch Beispiele illustriert:

J	P
abgeschlossen	offen
entscheiden	abwarten
geregelt	flexibel
Kontrolle	Anpassung
geplant	spontan
Struktur	Prozess
definitiv	provisorisch
nachvollziehbare Ordnung	situative Ordnung
Grenzen	Freiheit
Fristen	Absichtserklärungen

Der J-Manager begegnet seiner Umwelt mit seiner Entscheidungsfunktion (T – F). Das heißt, er verbringt relativ kurze Zeit in der Phase der Informationssammlung und setzt sehr rasch seine Entscheidungsfunktion ein. Anders ausgedrückt, er begegnet seiner Umwelt weniger mit Fragen als mit Antworten.

Der P-Manager begegnet seiner Umwelt mit seiner Wahrnehmungsfunktion (S – N). Er bleibt sehr lange in der Phase der Informationssammlung und verwendet seine Entscheidungsfunktion erst spät, falls überhaupt. Er stellt eher Fragen, als dass er Antworten gibt, und antwortet auch auf Fragen gerne mit Gegenfragen.

Der J-Manager hat ein sehr klares Bild von der Welt und der Wirklichkeit. Wenn er mit Neuem konfrontiert wird, versucht er, das in sein Weltbild einzuordnen. Daraus ergibt sich ein „Entweder-oder-Denken". Entweder das Neue passt in das Weltbild, oder es passt nicht. Andere Möglichkeiten bedürfen einer eingehenden Prüfung.

Der P-Manager begegnet seiner Welt offen. Sein Weltbild hat Raum für neue Erkenntnisse und Veränderungen. Er ist in seiner Sicht der Welt flexibel. Er vertritt eher das „Sowohl-als-auch-Denken".

Alles ist möglich in dieser Welt. Es gibt auch Platz für Widersprüche.

Der J-Manager legt großen Wert auf Struktur und Ordnung. Das bezieht sich auf alle Bereiche seines Lebens. Er plant und strukturiert seinen Tagesablauf. Er hält Ordnung in seinen Aufzeichnungen und Ablagen, und er ist pünktlich.

Der P-Manager fühlt sich durch Struktur und Ordnung in seiner Freiheit eingeschränkt. Er hat zwar im Laufe seiner beruflichen Entwicklung wahrscheinlich gelernt, sich einem gewissen Ordnungssystem zu fügen, findet aber immer wieder Freiräume, die er gerne nutzt. Er bevorzugt das Unvorhergesehene gegenüber dem Geplanten.

Der J-Manager kann sehr starr und unflexibel in seiner Lebenseinstellung wirken. (Ordnungs-)Grundsätze sind für ihn sehr wichtig, und er orientiert sich auch danach. Er sagt ganz klar und direkt, was er für richtig und falsch erachtet. Was er sich vornimmt, das führt er auch durch. Er schließt eine Sache ab, bevor er sich der nächsten annimmt.

Der P-Manager kann den Eindruck erwecken, kein besonderes Ziel zu verfolgen. Er lässt sich gerne von seinen Vorhaben ablenken und ist sehr anpassungsfähig in seiner Lebensgestaltung. Sein Antrieb ist, Neues kennen zu lernen und seinen Horizont zu erweitern. Für ihn gilt der Leitspruch „Regeln sind da, um gebrochen zu werden". Er bildet sich seine Meinung immer wieder neu und hat Schwierigkeiten, einen bestimmten Standpunkt ausschließlich zu vertreten.

Die Unterschiede in der Lebenseinstellung zeigen auch unterschiedliches Verhalten am Arbeitsplatz:

J	P
leistet am meisten, wenn er seine Arbeit planen und nach Plan durchführen kann	kann sich veränderten Situationen gut anpassen
legt Wert auf Erledigung und Beendigung seiner Arbeit	es macht ihm nichts aus, etwas nicht endgültig fixiert zu haben
neigt dazu, Entscheidungen zu rasch zu treffen	kann sich manchmal zu Entscheidungen nicht durchringen
schätzt es nicht, ein Projekt, das er in Arbeit hat, wegen eines dringenderen zurückzustellen	beginnt mit zu vielen Projekten auf einmal und findet es schwierig, sie fertig zu stellen
sieht manchmal die Notwendigkeit für Veränderungen nicht	neigt dazu, Unangenehmes aufzuschieben
will zu Beginn einer Arbeit nur das unmittelbar Notwendige erfahren	möchte über seine Arbeit alles wissen, bevor er damit beginnt
gibt sich meist zufrieden, sobald er zu einem Urteil über eine Person oder eine Situation gekommen ist	ist meist neugierig und freut sich über jede zusätzliche Information
bevorzugt es, Kontrolle über Dinge und Abläufe zu haben	lässt Dinge auf sich zukommen

Kontrolle ist ein wesentliches Thema in der Dimension der Lebenseinstellung. Für den J-Manager ist Kontrolle über sein eigenes Leben, aber auch über seine Umwelt ein wichtiges Anliegen. In einem beständigen Soll-Ist-Vergleich zeigt er Abweichungen auf und versucht, die Ordnung wiederherzustellen. Er nimmt klar Stellung, wenn Dinge nicht in sein Weltbild passen, und er gibt überall dort Unterstützung, wo er es im Sinne seines Weltbildes für wichtig und notwendig erachtet.

Für den P-Manager ist Kontrolle insofern ein wichtiges Thema, als dass er sich nicht gerne kontrollieren bzw. einschränken lässt, weder von sich selbst noch von anderen. Starre Handlungsanweisungen und Strukturen empfindet er als Zwang und wehrt sich gegen deren Durchsetzung. Er macht sich Lücken im System zunutze und versucht auch, auf informellem Weg die Regeln zu umgehen.

Vielfach kann man schon mit einem Blick erkennen, ob man sich im Büro eines J-Managers oder eines P-Managers befindet. Das Büro des J-Managers ist meistens aufgeräumt. Alle Dinge befinden sich auf dem Platz, wo sie hingehören. Am Schreibtisch befinden sich nur die Unterlagen, die zu diesem Zeitpunkt bearbeitet werden. Die Ablage ist gut organisiert, und auch von Außenstehenden ist das System nachvollziehbar.

Das Büro des P-Managers vermittelt den Eindruck, als ob gerade eine Übersiedlung im Gange sei. Dass der P-Manager gleichzeitig an verschiedenen Projekten arbeitet, lässt sich unschwer an seinem Schreibtisch erkennen. Das Ordnungsprinzip seiner Ablage ist nur ihm und vielleicht seinen engsten Mitarbeitern bekannt. Manchmal steht auch er fassungslos und ratlos vor seiner Ablage, ohne zu wissen, wo er zu suchen beginnen soll.

Der J-Manager neigt zu einem ausgewogenen, kontinuierlichen Arbeitsstil. Fristen und Termine sind eingeplant, und die Arbeit ist dementsprechend aufgeteilt. Da J-Manager Überraschungen nicht schätzen, überraschen auch sie andere nicht durch plötzlich auftretende Hektik oder Phasen der Lethargie.

Der Arbeitsstil des P-Managers ist gekennzeichnet von hyperaktiven und dann wieder zurückgelehnten Phasen. Der P-Manager arbeitet am besten unter Zeit- und Termindruck. In solchen Zeiten kann er zu Höchstleistungen auflaufen. Er schiebt Aufgaben bis zur letzten Minute hinaus, weil er noch auf zusätzliche Erkenntnisse und Informationen vertraut. Eine Aufgabe vor dem Endtermin fertig zu stellen ließe beim P-Manager das Gefühl aufkommen, etwas übersehen oder vergessen zu haben.

Der J-Manager sieht sich eher dem Vorwurf ausgesetzt, Entscheidungen zu schnell getroffen zu haben. Hätte er noch etwas zugewartet, dann hätte er auch noch eine neue Entwicklung berücksichtigen können.

Den P-Manager hingegen trifft immer wieder der Vorwurf, dass er Entscheidungen nicht getroffen hat, sondern dass die Umstände stattdessen entschieden hätten.

Gemeinsamkeiten und Unterschiede

Nach den ersten einführenden Kapiteln stellt sich mancher Leser sicherlich die Frage, wie er mit dieser Theorie und dem Wissen über seine eigenen Präferenzen umgehen kann. Ein Aspekt dieser Frage, nämlich die persönliche Entwicklung, wurde bereits behandelt. Individuation, die Integration der gegensätzlichen psychischen Prozesse und Einstellungen, ist das Ziel der persönlichen Entwicklung.

Ein weiterer Aspekt ist das Zusammenspiel unterschiedlicher Typen, sei es nun im Privatleben oder im beruflichen Kontext. Die ursprüngliche Anziehung zu anderen Menschen liegt sehr oft in der Gegensätzlichkeit begründet. Der Gegensatz beinhaltet, dass das Gegenüber seine Stärken in den Bereichen hat, die der Betrachter bei sich selbst als Schwächen erlebt, und umgekehrt. Die Anziehung ist umso größer, je erstrebenswerter die Stärke des anderen erscheint. Aus dieser Spannung heraus können intensive, symbiotische Beziehungen entstehen. Gleichzeitig können diese Beziehungen sehr fordernd sein, weil die Stärke des einen die Schwäche des anderen darstellt.

Nehmen wir als Beispiel den extravertierten und intuitiven Verkäufer und seinen introvertierten, faktenorientierten Technikerkollegen. Der Techniker ist wahrscheinlich von der Persönlichkeit seines Kollegen fasziniert. Er ist erfolgreich, bewegt sich sicher im Umfeld anderer Führungskräfte und Unternehmer, verfügt über ein breites Netzwerk an Kontakten, ist visionär in seinen Ansichten und kann andere mit seinen Ideen und Vorhaben begeistern. Er selbst sieht sich daneben vielleicht als unauffällig, unsicher in seinem Kommunikationsverhalten und in seiner Sicht der Dinge zu realistisch und technisch. Durch die enge Zusammenarbeit mit seinem Kollegen eignet er sich Erfahrungen im Kundenkontakt an, erhält so wichtige Anregungen für seine Arbeit und erweitert seine Perspektive. Gleichzeitig ist er für seinen Verkäuferkollegen unverzichtbar. Er bereitet Themen auf, liefert die erforderlichen Fakten und Zahlen und kümmert sich um andere Aspekte der Umsetzung, die ansonsten vernachlässigt würden. In der Ergänzung der beiden Persönlichkeiten liegt auch das Konfliktpotenzial. Der Techniker wird sich wahrscheinlich des Öfteren darüber beklagen, dass er von seinem Verkäuferkollegen keine klaren Informationen und Instruktionen bekommt, dass dieser sich nicht darum kümmert, wie schwierig manche Ideen umzusetzen sind und dass er wichtigen Themen viel zu wenig Zeit widmet. Andererseits ärgert sich wahrscheinlich der Verkäufer, wenn der Techniker immer nur auf Probleme hinweist, das berühmte Haar in der Suppe findet oder im Kundenkontakt nicht gewandt genug ist. Diese Beziehung kann dann langfristig erfolgreich sein, wenn beide die Vorteile und den Nutzen des anderen erkennen und das jeweilige Verhalten nicht als böswillig und destruktiv auf sich selbst beziehen. Im beruflichen Kontext fällt das wahrscheinlich noch leichter als in einer privaten Beziehung.

Wenn es um die Auswahl von Mitarbeitern geht, besteht häufig der Wunsch, so wenig Risiko wie möglich einzugehen. Da man sich selbst ja am besten kennt, müssten solche Mitarbeiter am besten zu führen sein, die der eigenen Persönlichkeit ähnlich sind. Persönlichkeitsunterschiede werden vielfach als Risiko gesehen. Der persönliche Gleichklang zwischen Vorgesetztem und Mitarbeiter birgt die Gefahr, dass sich die beiden in ihren Stärken bestätigen und damit in ihrer persönlichen Entwicklung behindern. Vor allem der Mitarbeiter, der fast ausschließlich Bestätigung in seinen Stärken erhält und nicht ermuntert wird, auch nicht-präferierte Anteile zu entwickeln, erhält dadurch ein verzerrtes Selbstbild, das für seine weitere Karriere wahrscheinlich hinderlich sein wird.

Betrachtet man die Eigenschaften der einzelnen Typen näher, so kann man feststellen, dass es Typen gibt, die zu der einen Form von Beziehung neigen, während andere zur anderen Form tendieren.

- Der J-Typ ist bemüht, alles im Griff zu haben und keine unliebsamen Überraschungen zu erleben. Auf Experimente lässt er sich nur dann ein, wenn er das Ergebnis in etwa absehen kann. Die Beziehung zu einem gegensätzlichen Typ fordert ihn immer wieder heraus. Es können in dieser Beziehung Entwicklungen eintreten, die nicht vorhersehbar und vorweg steuerbar sind. Er neigt daher eher dazu, Beziehungen mit ähnlichen Typen einzugehen.

(Ähnlich heißt im Rahmen der Typologie, dass drei der vier Buchstaben übereinstimmen.)

- Der P-Typ ist interessiert, Neues kennen zu lernen. Er lässt sich gerne auf Experimente ein, deren Ausgang ungewiss ist. Er genießt die Dynamik der Entwicklung. Auch in Beziehungen ist seine Aufmerksamkeit auf deren Entwicklung gerichtet und nicht darauf, einen bestimmten Zustand herbeizuführen. Er braucht den Reiz der Gegensätze in Beziehungen. Die Beziehung zu einem ähnlichen Typ birgt für ihn die Gefahr der Langeweile.

Die Auswahl von Mitarbeitern ist jedoch keine rein persönliche Entscheidung, sondern eine Entscheidung, die auch die Interessen des Unternehmens zu berücksichtigen hat. Persönliche Stärken und Schwächen des Mitarbeiters sollten daher nicht nur aus der menschlichen Perspektive des Vorgesetzten gesehen werden, sondern auch im Hinblick darauf, welche Fähigkeiten in der zu besetzenden Position erforderlich sind.

In den Kurzprofilen der einzelnen Typen im Anhang des Buches haben wir versucht, Fähigkeiten, Vorlieben, Stärken und Schwächen in einer übersichtlichen Form darzustellen, die es ermöglicht zu überprüfen, ob die Stärken eines Persönlichkeitstyps den Anforderungen einer gewissen Position entsprechen. Diese Übereinstimmung von persönlichen Stärken und Anforderungen eines beruflichen Aufgabenbereiches sehen wir nicht als Einschränkung auf einen oder ein paar wenige Typen. Vielmehr betrachten wir diese Entsprechung als Möglichkeit, im Mitarbeiter vorhandenes Potenzial besser zu nützen, zur Leistungsmotivation des Mitarbeiters beizutragen und die bestmöglichen Ergebnisse für das Unternehmen zu erzielen.

Ebenso halten wir es mit den Ergebnissen von Studien, die den einzelnen Typen bestimmte Karriereentscheidungen und Karriereverläufe zuordnen. Obwohl aufgrund der Theorie nahe liegt, dass Berufsentscheidungen auch durch den Persönlichkeitstypus beeinflusst sind, scheinen für uns auch andere Einflussfaktoren (vor allem externe) von Wichtigkeit zu sein. Die Komplexität von Karriereentscheidungen bzw. Stellenbesetzungen sollte daher unseres Erachtens nicht auf die Dimension des MBTI-Persönlichkeitstypus reduziert werden.

Anforderungen an Mitarbeiter werden nicht nur von Vorgesetzten und der Art der Aufgabe gestellt, sondern auch durch die Zusammenarbeit innerhalb der Abteilung, der Gruppe oder des Teams. Nicht immer sind die fachlich qualifiziertesten Mitarbeiter diejenigen, die der Gruppe helfen, das vorhandene Leistungspotenzial auszuschöpfen. In der Zusammenarbeit ist es erforderlich, dass jeder seinen Beitrag, seine speziellen Fähigkeiten in die Gruppe einbringt. Je vielfältiger die in der Gruppe vorhandenen Fähigkeiten sind, desto größer ist das Reservoir, aus dem geschöpft werden kann. Wenn alle Gruppenmitglieder ähnlich sind und ähnliche Fähigkeiten haben, bestätigen sie sich laufend selbst in ihren Aussagen und Annahmen, ohne zu neuen Ergebnissen zu kommen. Übertrieben ausgedrückt handelt es sich in diesem Fall um eine Gruppeneinzelarbeit. (Auf Gemeinsamkeiten und Unterschiede von Typen in Gruppen gehen wir näher im Kapitel „Typologie und Teamarbeit" ab Seite 193 ein.)

Da jeder Typ neben seinen Stärken auch gewisse Schwächen hat, braucht er die Ergänzung durch sein „Gegenstück", um eine „runde" Leistung erbringen zu können. Die folgende kurze Gegenüberstellung soll solche möglichen Ergänzungen exemplarisch aufzeigen.

N-Typen brauchen S-Typen:	**S-Typen brauchen N-Typen:**
um alle relevanten Fakten aufzuzeigen	um neue Möglichkeiten aufzuzeigen
um Erfahrungen einzubringen	um neue Sichtweisen einzubringen
um das Kleingedruckte in Verträgen zu lesen	um die Zeichen von Veränderungen zu erkennen
um anstehende Probleme zu orten	um sich auf die Zukunft einzustellen
um Geduld zu haben	um Enthusiasmus zu haben
um realistisch an Schwierigkeiten heranzugehen	um Schwierigkeiten als Herausforderung zu sehen

um sie an den Genuss des Augenblicks zu erinnern	um das Positive in der Zukunft aufzuzeigen
um Standards zu etablieren	um zuversichtlich an unbekannte Situationen heranzugehen

F-Typen brauchen T-Typen:	**T-Typen brauchen F-Typen:**
um zu analysieren	um zu überreden
um Unterschiede deutlich zu machen	um zu integrieren
um klare Verhältnisse zu schaffen	um zu versöhnen
um Fehler vorherzusehen	um Reaktionen anderer vorherzusehen
um Missstände aufzuzeigen	um für Unterstützung zu sorgen
um eine Linie durchzuziehen	um zu vermitteln
um zu berechnen	um zu verkaufen
um gegen Widerstand anzukämpfen	um Anerkennung auszusprechen

Wenn Sie diese kurze und unvollständige Gegenüberstellung betrachten, bemerken Sie vielleicht das eine oder andere, das Sie für sich in Anspruch nehmen können bzw. Verhaltensweisen, die Sie Konzentration oder Überwindung kosten. Da jeder die Gegensätze in sich vereint, kann er sicherlich bis zu einem gewissen Grad gegensätzliche Fähigkeiten einbringen. Punktuell ist das wahrscheinlich gut möglich, vor allem dann, wenn die Situation danach verlangt. Auf Dauer und ohne das offensichtliche Erfordernis der Situation bleibt jeder seinem präferierten Verhaltensmuster treu.

Die Frage nach Gemeinsamkeiten und Unterschieden kann, aufbauend auf C. G. Jung, nur in Verbindung mit der Gesamtheit beantwortet werden. Alle Unterschiede und Gegensätze fügen sich zu einer Gesamtheit zusammen. Diese Gesamtheit kann das Individuum, Beziehungen, Organisationen oder die Welt betreffen. Das Ziel ist die Integration der Gegensätze, um aus der Gesamtheit schöpfen zu können.

Typologie und Führung

Zentrale Aspekte in der Tätigkeit des Managers sind die Informationsaufnahme und das Treffen von Entscheidungen. Die unterschiedlichen Formen des Wahrnehmens und Entscheidens haben wir bereits in den vorigen Kapiteln beschrieben. Betrachtet man die verschiedenen Kombinationen der Wahrnehmungsfunktion (S oder N) und der Entscheidungsfunktion (T oder F), so lassen sich bereits Grundmuster im Verhalten des Managers ableiten. Wir versuchen nun in einem ersten Schritt, diese Grundmuster aus der Perspektive der Mitarbeiterführung zu beschreiben.

Diese Verhaltensgrundmuster können weiter differenziert werden, wenn sie mit der Einstellung zur Umwelt (E oder I) und der Lebenseinstellung (J oder P) in Verbindung gebracht werden. Im Anschluss an die Ausführungen über die Grundmuster finden Sie die Differenzierung des Führungsverhaltens den 16 Persönlichkeitstypen entsprechend.

Wie bereits in den vorangegangenen Kapiteln festgestellt, sind unsere natürlichen Präferenzen zum Teil durch anerzogene bzw. erlernte Verhaltensweisen überlagert. Eine der nachfolgenden Beschreibungen mag daher im überwiegenden Ausmaß auf Sie zutreffen, in einzelnen Aspekten aber doch nicht Ihr Verhalten beschreiben. Achten Sie daher eher auf die generelle Linie der Beschreibung und überprüfen Sie, ob diese zutrifft. Kaum jemand zeigt alle Verhaltensweisen, die ein bestimmter Typus in sich vereint.

Der ST-Manager

Der ST-Manager ist in seiner Informationsaufnahme auf Fakten und Tatsachen ausgerichtet. Er verlässt sich auf das, was er sieht und greifen kann bzw. auf Informationen, die nach- und beweisbar sind. Er ist sehr gewissenhaft und registriert auch Kleinigkeiten und Details. Seine Entscheidungen trifft er nach logisch-rationalen Kriterien. Gerechtigkeit und Konsequenz leiten ihn in seinem Entscheidungsverhalten.

Der ST-Manager steht mit beiden Beinen im Leben. Er ist praxisorientiert. Frühere Erfahrungen dienen ihm als Richtlinie und Basis für Entscheidungen. Diesen Erfahrungen vertraut er mehr als neuen theoretischen Erkenntnissen. Planung spielt eine wichtige Rolle im Leben des ST-Managers. Er plant gut und gerne, vor allem sehr detailliert. Es gefällt ihm, wenn die Planung exakt funktioniert und er Dinge auf seiner Liste abhaken kann.

Der ST-Manager „lebt in der Gegenwart". Er erledigt die Dinge, die anstehen, und lässt Zukünftiges auf sich zukommen. Entsprechend seinen Erfahrungen aus der Vergangenheit löst er die Angelegenheiten der Gegenwart. Mehr oder weniger unbewusst geht er davon aus, dass die Zukunft nur etwas anderes, aber nichts Neues bringen kann. Daher ist Planung für ihn auch so wichtig. Unabsehbare, neuartige Ereignisse irritieren und verunsichern ihn. Dieser Verunsicherung versucht der ST-Manager durch Regeln und Richtlinien vorzubeugen. Fühlt er sich bedroht, beruft er sich auf diese Regeln. („Es kann nicht sein, was nicht sein darf.")

Pflichtbewusstsein zählt zu den hervorstechenden Eigenschaften des ST-Managers. Fühlt er sich für eine Aufgabe verantwortlich und zuständig, dann stellt er sich selbst zur Gänze in die Erfüllung dieser Aufgabe. Im Sinne der Sache ist er auch bereit, Hindernisse und Widrigkeiten auf sich zu nehmen. Er arbeitet fleißig und hart. Wenn es erforderlich ist, macht er Überstunden. Einen Großteil seiner Arbeitszeit verbringt er damit, seine Verpflichtungen und Verantwortlichkeiten zu erfüllen. Er sieht seine Aufgabe als wesentlich für die Erhaltung des Unternehmens, auch dann, wenn andere die Bedeutung seines Aufgabenbereiches minder erachten. Persönliche Kränkungen nimmt er im Sinne der Erfüllung seiner Verantwortlichkeit für die Sache hin.

Die Bemühungen des ST-Managers gelten der Rationalisierung und Vereinheitlichung von Routineabläufen. Seine Wahrnehmungsfähigkeit für Details ermöglicht ihm, Abläufe in die kleinsten Bestandteile zu zerlegen und in eine Ordnung zu bringen. Gerne unterstützt er diese Ordnung durch Formulare und Checklisten.

Klarheit ist dem ST-Manager ein großes Bedürfnis. Diese Klarheit schafft er in seinem Arbeitsbereich und erwartet sie auch vom Unternehmen bzw. seinen Vorgesetzten. Hierarchische Über- und Unterordnungen, Zielvorgaben, Berichtswesen, Kontrolle usw. müssen eindeutig formuliert und ausgeführt werden. Dieser Wunsch nach Klarheit und Nachvollziehbarkeit bezieht sich auch auf getroffene Entscheidungen. Sein persönlicher Maßstab gilt für andere ebenso. Er neigt zu schriftlichen Mitteilungen, damit er diese gegebenenfalls zu seiner eigenen Absicherung verwenden kann.

Der ST-Manager bevorzugt einen geregelten Tagesablauf. Er erledigt eine Sache nach der anderen und schätzt es nicht, an mehreren Dingen gleichzeitig arbeiten zu müssen. Stehen zur gleichen Zeit mehrere wichtige Dinge an, ist er eher dazu geneigt, sie nach ihrer Dringlichkeit und weniger entsprechend ihrer Bedeutsamkeit zu erledigen. Meist ist dem ST-Manager der Ablauf von Angelegenheiten ein größeres Anliegen als die Erzielung von Ergebnissen. Das ist darauf zurückzuführen, dass sein Interesse primär in der Gegenwart liegt und weniger in der Zukunft. So kann es geschehen, dass der ST-Manager Zeit mit der Erfüllung von Ablaufvorschriften (objektiver oder subjektiver Natur) zu Lasten der Erzielung besserer Ergebnisse verbringt.

Es besteht die Gefahr, dass der ST-Manager zum Wachstum von Bürokratie im Unternehmen beiträgt. In der Standardisierung und Überbetonung der Bedeutung von Abläufen kann es geschehen, dass er das Ziel aus den Augen verliert. Rigidität und Einschränkung des Leistungspotenzials des Unternehmens können die Folge dieses Verhaltens sein.

Ebenso wie der ST-Manager seine Arbeit plant, achtet er auch darauf, dass er in seiner Freizeit einen Ausgleich und Erholung findet. Sein Anteil der Sinneswahrnehmung verlangt nach Aktivitäten, die seine Sinne ansprechen bzw. ihn sich selbst spüren lassen. Dabei kann es sich um gutes Essen und guten Wein ebenso handeln wie um sportliche Leistungen oder Meditation.

Der ST-Manager und Mitarbeiterführung

Der ST-Manager schätzt seine eigenen Eigenschaften bei Mitarbeitern am meisten: Pflichtbewusstsein, Fleiß, Ordentlichkeit, Respekt für die Hierarchie, logisch-rationales Denken und Handeln, Verlässlichkeit usw. Diese Ansprüche vermittelt er seinen Mitarbeitern direkt, aber auch indirekt. Er sagt sehr klar, was er von seinen Mitarbeitern erwartet und unterstreicht seine Vorstellungen durch entsprechendes Verhalten.

Mitarbeiter werden für ihre Arbeit bezahlt. Untätiges Herumsitzen oder das Überziehen von Pausenzeiten wird sanktioniert. Ob bestimmte Tätigkeiten zu einem bestimmten Zeitpunkt sinnvoll sind oder nicht, steht nicht zur Diskussion. Verhalten, das den Regeln entspricht bzw. das Verhalten des ST-Managers widerspiegelt, wird belohnt. Die Belohnung erfolgt selten verbal und vor anderen, sondern vielmehr durch größeres Vertrauen in den Mitarbeiter, Gehaltserhöhungen, Beförderungen etc.

ST-Manager werden oft als harte, aber gerechte Vorgesetzte bezeichnet. Sie setzen großes Engagement voraus. Wird die erwartete Leistung nicht erbracht, so teilen sie das dem Mitarbeiter auch unumwunden mit. Gleichzeitig sind ST-Manager in ihrem Führungsverhalten klar abschätzbar. Die Mitarbeiter kennen die Anforderungen und die Konsequenzen, wenn sie diesen nicht entsprechen. Der Standard des ST-Managers gilt für alle Mitarbeiter gleichermaßen. Der ST-Manager macht keine Ausnahmen, auch wenn die Umstände für die Begünstigung einzelner Mitarbeiter sprechen würden.

ST-Manager und Konflikt

Konflikte sind für den ST-Manager Teil des Lebens. Ist er von der Sache und der Richtigkeit seines Handelns überzeugt, ist er bereit, dafür einzutreten und Konflikte einzugehen. Der ST-Manager ist ein harter Konfliktpartner. Er unterstützt seine Argumentation mit Tatsachen und Zahlen. Sein S-Anteil befähigt ihn, bisherige Ereignisse, Entwicklungen und Stellungnahmen detailliert wiedergeben zu können. Er kann daher seinen Gegner mit einer Fülle von „Wahrheitsbeweisen" förmlich zuschütten. Er wird nicht vergessen, auch die kleinste Kleinigkeit, die für seine Position spricht, anzuführen.

Wenn eine Meinungsverschiedenheit entsteht, wird der ST-Manager zunächst einmal seinen Gegner um Beweise fragen, die diesen zu seiner Behauptung führen. Der ST-Manager wird kaum jemals „grundsätzliche" bzw. theoretisch-abstrakte Auseinandersetzungen führen. Er fühlt sich sicherer, wenn es um Konkretes geht. Ist der Gegner nicht in der

Lage, seine Position durch überprüfbare Beispiele zu untermauern, wird sich der ST-Manager weigern, sich weiter mit der Angelegenheit zu beschäftigen.

Auf der konkreten Ebene wird es schwer sein, die Position des ST-Managers anzugreifen. Auf dieser Ebene fühlt er sich sicher. Wenn sich keine Einigung herbeiführen lässt, wird sich der ST-Manager auf gewisse Regeln berufen: Sei es, dass die Angelegenheit nicht im Kompetenzbereich des Konfliktpartners liegt, dass es an jemandem anderen liegt, den Konflikt zu lösen, oder dass er aufgrund seiner Position das Recht hat, in dieser Angelegenheit zu entscheiden, wer Recht hat.

Konflikte treten im Umfeld des ST-Managers oft dann auf, wenn es sich um Regeln oder Abläufe der Fristen handelt; das heißt, wenn Mitarbeiter, Kollegen, Lieferanten oder auch Kunden gegen solche verstoßen. Eine andere Konfliktquelle können auch Veränderungen sein, die Bisheriges in Frage stellen und vielleicht grundsätzlich verändern.

Der ST-Manager und Mitarbeiter-Coaching

Der ST-Manager als Coach sieht seine Verantwortung darin, den Mitarbeiter zu einem pflichtbewussten Teil des Unternehmensganzen zu entwickeln. Er trennt für sich zwischen „Emotion“ und „Sache“. Die Beziehung, die er zum Mitarbeiter aufbaut, wird von der Sache und der Wahrnehmung von Verantwortung getragen. Der ST-Manager vermeidet es, eine persönliche Beziehung bzw. Bindung aufzubauen, um den Mitarbeiter nicht zu bevorzugen oder ihm einen falschen Eindruck zu vermitteln.

Der persönliche Entwicklungsaspekt des Mitarbeiters ist dem ST-Manager weniger wichtig als die Entwicklung zur Erfüllung des Anforderungsprofils der jeweiligen Position. Er wird ihn daher nach und nach in die einzelnen Aufgaben bzw. Verantwortlichkeiten einführen und immer wieder überprüfen, ob er den geplanten Anforderungen entspricht. Als Gegenleistung für seine Bemühungen erwartet der ST-Manager ein Verhalten, das den Anforderungen und Erwartungen entspricht.

Er kann ungeduldig werden, wenn die Fortschritte des Mitarbeiters nicht seinen Vorstellungen entsprechen. Dann wird er wahrscheinlich einen früheren Mitarbeiter als Beispiel anführen, der diesen Anforderungen sehr wohl entsprochen hat.

Der ST-Manager und Zeitmanagement

Der ST-Manager erlebt Zeit als einen gegebenen Freiraum, den es zu gestalten gilt. Wie bereits öfters erwähnt, ist Zeit etwas Gegenwärtiges oder Vergangenes. Der ST-Manager konzentriert sich auf die Zeit, die er hier und jetzt zur Verfügung hat, nicht auf die Zeit, die er später zu gestalten hat.

Obwohl der ST-Manager für die Zukunft „vorbaut", indem er längerfristige Verpflichtungen (Kauf statt Leasing, solide lang anhaltende Qualität usw.) eingeht, liegt der Schwerpunkt in der kurz- und mittelfristigen Planung. Die Optimierung seines Zeiteinsatzes erfolgt unter kurzfristigerer Perspektive.

Der ST-Manager plant gerne, auch schriftlich. Die Planung erfolgt nach dem Motto „eins nach dem anderen". Dadurch kann es oft zu Schwierigkeiten in der Prioritätensetzung und der Effektivität kommen. Vor allem ist das dann der Fall, wenn er mehrere Projekte gleichzeitig zu betreuen hat. Zeitliche Überschneidungen mehrerer Projekte können nämlich auch zu einem Mangel an Klarheit und Übersichtlichkeit führen.

Der ST-Manager arbeitet gut und gerne mit Zeitplanungssystemen und Projektmanagement-Instrumenten. Sie geben ihm Möglichkeit und Raum, seine Planung übersichtlich und detailliert auszuführen. Er kann bereits erledigte Aufgaben abhaken und erhält dadurch die notwendige Rückbestätigung für seine Arbeitsleistung.

Der ESTP-Manager

Außenorientierung kennzeichnet das Verhalten des ESTP-Managers. Seine Außenorientierung lässt ihn als aufgeschlossenen Menschen erscheinen. Dieser Eindruck wird dadurch verstärkt, dass er seine S-Funktion nach außen zeigt. Die nach außen gerichtete S-Funktion macht ihn zu einer „neugierigen" Person, die sich für alles interessiert, was um sie herum geschieht. ESTP-Managern entgehen nur wenige Dinge in ihrer Umgebung, seien sie noch so klein und unbedeutend.

Der ESTP-Manager ist beständig auf der Suche nach Informationen. Seine wahrnehmende Lebenseinstellung (P) macht es ihm schwer, Entscheidungen zu treffen. Bevor er Entscheidungen trifft, holt er so viele

Informationen und Meinungen ein wie möglich. Auf andere kann er daher sehr unentschlossen wirken. Als relevante Informationen akzeptiert er nur solche, die überprüfbar oder wenigstens einleuchtend sind. Wenn er eine Entscheidung getroffen hat, kann man sicher sein, dass sie gut fundiert, nachvollziehbar und logisch ist. Der ESTP-Manager kann zig Gründe anführen, um eine bestimmte Entscheidung plausibel zu machen.

Der ESTP-Manager ist gerne unter Menschen und scheut sich nicht, auf andere zuzugehen. Der Umgang mit Menschen stimuliert ihn, weil er dadurch seine Ideen besser entwickeln und überprüfen kann. Einen großen Teil seiner Arbeitszeit verbringt er im Gespräch mit anderen. Überraschende Telefonanrufe oder Besuche sieht er eher als Gelegenheit, seinen Informationsstand zu erhöhen, denn als Störung.

Der ESTP-Manager gönnt sich auch gerne eine Abwechslung. Er liebt das Risiko und sucht den Ausgleich in Extremsportarten oder in anderen Aktivitäten, die er so weit wie möglich auskostet.

Unter den sechzehn Typen ist der ESTP-Manager wahrscheinlich der beste Krisenmanager. Seine außenorientierte Wahrnehmungsfunktion versorgt ihn mit einer Fülle von Informationen über das Unternehmen, die Situation und wie es dazu gekommen ist. Er ist sehr gerne bereit, diese Informationen anzunehmen, und er überprüft sie. ST-Typen sind im Allgemeinen sehr handlungs- und umsetzungsorientiert mit Liebe zum Detail. Der Drang zu handeln und umzusetzen kompensiert in Gefahrensituationen die häufige Schwäche des ESTP-Managers, Entscheidungen zu treffen. In Krisensituationen ist der ESTP-Manager der Macher, der mit starker Hand zugreift und dabei genau weiß, was getan werden muss.

Aus dieser Stärke ergibt sich auch die Gefahr, dass der ESTPManager Krisensituationen sucht, um diese erfolgreich bewältigen zu können. Der starke Drang zu handeln kann den ESTP-Manager dazu führen, dass er mehr oder weniger bewusst Krisensituationen herbeiführt, damit er sich selbst beweisen kann.

Der ISTJ-Manager

Das Wesen des ISTJ-Managers wird durch seine Innenorientierung und die Betonung seiner Entscheidungsfunktion charakterisiert. Aufgrund seiner Innenorientierung kann der ISTJ-Manager verschlossen und unzugänglich wirken. Wenn es um sein Fachgebiet oder ein anderes Thema seines speziellen Interesses geht, kann er aus sich herausgehen. Der J-Anteil verstärkt das Bedürfnis des ST-Typs nach Sicherheit, Regeln, Klarheit und Ordnung.

Der ISTJ-Manager kann extrem pflichtbewusst sein. Er steht zu seinem Wort wie kein anderer Typ. Eingegangene Verpflichtungen und getroffene Vereinbarungen sind für ihn zentrale Orientierungsrichtlinien. Gleichgültig wie schwierig die Lösung einer Aufgabe ist, wenn der ISTJ-Manager die Verantwortung dafür übernommen hat, wird er nicht aufgeben, bis er die Aufgabe vollendet hat. Während sich andere durch Netzwerke Informationen und vielleicht auch Karriereschritte sichern, setzt der ISTJ-Manager auf die Ergebnisse seiner eigenen Arbeit und seinen Fleiß. Er blickt dann vielleicht manchmal neidvoll auf Kollegen, die scheinbar ohne überdurchschnittlichen Arbeitseinsatz befördert werden.

Der ISTJ-Manager folgt einem ihm eigenen Ehren-Kodex. An diesem Kodex hält er fest, auch wenn sich seine Umwelt an anderen Werten und Richtlinien orientiert. Ist er von der Richtigkeit seines Handelns überzeugt, ist es kaum möglich, ihn davon abzubringen. Er ist noch eher dazu bereit, anderes Handeln von seiner Umwelt zu akzeptieren, als sein Verhalten zu verändern.

Kontrolle ist für den ISTJ-Manager wichtig. Er versucht, Kontrolle über sich, über seinen Körper und über andere auszuüben. Der ISTJ-Manager ist immer bemüht, sein Ideal zu erreichen, auch wenn er dafür Opfer bringen muss. Er kann dabei seine körperliche Gesundheit gefährden, in der Überzeugung, seinen Körper „unter Kontrolle zu haben“. Je nach Position und Kompetenzen versucht er auch mehr oder weniger offensichtlich Kontrolle über Mitarbeiter und Kollegen auszuüben. Kann er dies nicht direkt, findet er noch immer wieder Mittel und Wege, Angelegenheiten in seinem Sinne zu beeinflussen. Den ISTJ-Manager findet man sehr oft im Rechnungswesen von Unternehmen. Hier kann er seine Stärken wie Genauigkeit, logisch-rationales Denken, Kostenbewusstsein usw. zum Wohle des Unternehmens einbringen. In Bereichen, wo es um die Erhaltung der Lebensfähigkeit des Unternehmens geht, kann er durch seine Stärken Sicherheit geben.

Im Umgang mit Mitarbeitern kann es für den ISTJ-Manager dann Probleme geben, wenn seine Vorstellungen und die seiner Mitarbeiter nicht vereinbar sind. Es kann ihm manchmal am nötigen Feingefühl mangeln. In Konfliktsituationen wird er unter Berufung auf seine hierarchische Stellung seine Ansicht durchsetzen. Im Laufe der Zeit wird er allen Mitarbeitern klarmachen, dass er es „ist, der die Regeln aufstellt und Entscheidungen trifft“. Bevor der ISTJ-Manager Entscheidungen trifft, kommt es auch oft vor, dass er bei Kollegen und Mitarbeitern Meinungen einholt. Aber auch in diesen Fällen trifft er die Entscheidung selbst und nicht gemeinsam mit anderen.

Der ISTP-Manager

Innenorientierung und eine wahrnehmende Lebenseinstellung sind die besonderen Merkmale des ISTP-Managers. Die wahrnehmende Lebenseinstellung lässt den ISTP-Manager zugänglicher und offener wirken als den ISTJ-Manager. Die wahrnehmende Lebenseinstellung, das heißt offen zu sein für Einflüsse von außen, kann manchmal so stark ausgeprägt sein, dass der ISTP-Manager ähnlich wie der ESTP-Manager wirkt.

Kennt man den ISTP-Manager länger, erkennt man doch seine Innenorientierung. Diese äußert sich in einer Reihe von Grundsätzen, die durchaus mit denen der Umwelt im Gegensatz stehen können. Ähnlich wie der ISTJ-Manager kann auch der ISTP-Manager gegen den Strom schwimmen. Im Gegensatz dazu schafft das der ESTP-Manager nur für kurze Zeit.

Obwohl der ISTP-Manager gut auf andere eingehen kann, bevorzugt er Aufgaben, an denen er allein arbeiten kann. Er fügt sich leichter in ein Team ein als der ISTJ-Manager und ist kompromissbereiter. Trotzdem verlässt er sich lieber auf sich selbst und seine Fähigkeiten als auf das Team. Er ist ein „Einzelkämpfer“, der es versteht, diese Tatsache bei Bedarf zu tarnen.

Ähnlich wie der ESTP-Manager hat auch der ISTP-Manager Schwierigkeiten, Entscheidungen zu treffen. Da er weniger darüber spricht, zeigt es sich vielleicht nicht ganz so offensichtlich. Wichtige Entscheidungen trifft der ISTP-Manager für sich allein und behält sie so lange wie möglich für sich.

Obwohl der ISTP-Manager tendenziell pünktlich und ordentlich ist, kann es vorkommen, dass er in eine Sache so vertieft ist, dass er andere Aufgaben oder Termine vergisst bzw. übersieht. Störungen von außen versucht er so weit als möglich auszuschalten (Umleiten des Telefons, geschlossene Türe usw.) Störungen, die er während seiner Arbeit zulässt, kommen eher aus ihm selbst heraus. Er sieht zum Beispiel ein Buch, das ihn interessiert, blättert Zeitschriften durch oder notiert Ideen, die ihm gerade eingefallen sind. Entsprechend seinem S-Anteil sucht der ISTP-Manager die sinnliche Stimulation, die er dann lieber alleine oder im kleinen Kreis von nahe stehenden Personen genießt.

Auch der ISTP-Manager eignet sich gut als Krisenmanager. Realitätssinn und sein Bedürfnis, Ideen umzusetzen und selbst Hand anzulegen, befähigen ihn gerade in Krisensituationen zu außerordentlichen Leistungen. Schwierigkeiten können dann auftreten, wenn er die Situation zu sehr aus seiner Sicht sieht und andere Standpunkte nicht mit einbezieht. Auch beim ISTP-Manager besteht die Gefahr, dass er im Krisenmanagement die größere Herausforderung für sich sieht und daher Krisensituationen sucht.

Der ESTJ-Manager

Außenorientierung gemeinsam mit einer beurteilenden Lebenseinstellung kennzeichnen den ESTJ-Manager. Der ESTJ-Manager ist gerne mit Menschen zusammen und gibt dabei oft das Thema der Unterhaltung bzw. die Gesprächsatmosphäre vor. Je stärker das J in seinem Typ ausgeprägt ist, umso mehr wirkt er bestimmend in seinem Umgang mit Menschen.

ESTJ-Manager haben ein starkes Bedürfnis, mit ihrer Umwelt in Kontakt zu treten und dabei ihre Meinungen und Ansichten zum Ausdruck zu bringen. In Diskussionen kann man sie daran erkennen, dass sie häufiger als andere sprechen und in ihren Beiträgen Stellungnahmen zu Vorrednern abgeben, ein Thema „aus der Praxis-Sicht" erläutern und Aussagen durch Zahlen verstärken bzw. widerlegen. Sie geben auch gerne Zwischenbemerkungen ab, die sich auf die Glaubwürdigkeit von Aussagen des Redners beziehen.

Wenn von effizienten Menschen gesprochen wird, sind damit meist ESTJ-Manager gemeint. Ihre Stärke liegt in der Strukturierung und Rationalisierung von Abläufen. Verfügbare Hilfsmittel werden eingesetzt, um die Effizienz zu steigern. Wenn es um Rationalisierung geht, sind sie am neuesten Stand aller verfügbaren Möglichkeiten, und sie wissen auch sehr schnell, wo und wie diese Möglichkeiten am besten realisiert werden können.

Der ESTJ-Manager ist ein Organisationstalent. Er schafft es, Ordnung in ein unübersichtliches Projekt zu bringen und Aufgaben zu verteilen. Abläufe werden transparent strukturiert und Termine werden eingehalten. Die Planung geht bis in das kleinste Detail, das auch in der Umsetzung berücksichtigt wird. Der ESTJ-Manager gehört zu den pünktlichsten Menschen, und er erwartet auch von allen anderen, pünktlich zu sein. Unpünktlichkeit betrachtet er als Verstoß gegen die Regeln und als ineffiziente Verschwendung von Arbeitszeit. Ebenso sind ihm lange und vielleicht auch „theoretische" Diskussionen zuwider. Jedermann kann dann seine Ungeduld zu spüren bekommen. Anderseits nimmt er gerne für sich ausführliche Redezeit in Anspruch, wenn es ihm darum geht, gemeinsame Standards festzulegen und Prozesse zu definieren.

Der oft zitierte „Machertyp" entspricht in dieser Typologie dem ESTJ-Manager. Er ist es, der Dinge in Bewegung bringt und selbst anpackt, um schneller voranzukommen. Er ist in seinem Verhalten selbstbestimmt und ebenso wie dem ISTJ-Manager ist auch dem ESTJ-Manager Kontrolle sehr wichtig. Er versucht, alles im Griff zu haben, um nicht von unerwarteten Ereignissen überrascht zu werden. Geschieht es trotzdem, wird er alles tun, um die „alte Ordnung" wiederherzustellen. Die Gefahr im Verhalten des ESTJ-Managers besteht darin, dass er bereits handeln möchte, wenn möglicherweise noch wichtige Informationen fehlen und entsprechende Abstimmungen ausstehen.

Der SF-Manager

Ebenso wie der ST-Manager ist auch der SF-Manager in seiner Informationsaufnahme auf Tatsachen und Fakten ausgerichtet. Er konzentriert sich auf das, was er mit seinen Sinnesorganen wahrnehmen kann, und sucht nach Informationen, die beweisbar und überprüfbar sind. In seinen Entscheidungen lässt er sich von seinen persönlichen Wertvorstellungen leiten. Während der T-Typ Gerechtigkeit als gleiches Recht für alle interpretiert, bedeutet Gerechtigkeit für den F-Typ der Situation und der betroffenen Person angemessene Anwendung von Regeln und Gesetzen.

Menschen haben große Bedeutung im Leben des SF-Managers. Ohne sie wäre das Leben für ihn nicht lebenswert. Auch wenn er nicht immer den engen Kontakt sucht, ist seine Handlungsmotivation doch der Mensch. Der SF-Manager sorgt sich um das Wohlergehen seiner Mitarbeiter. Er ist hilfsbereit und versucht, seinen Mitarbeitern Schwierigkeiten aus dem Weg zu räumen, wo immer es ihm möglich ist. Er begegnet seinen Mitarbeitern, Kollegen, Lieferanten und Kunden mit sehr viel Anteilnahme und erwartet sich im Gegenzug, ebenfalls herzlich und mit menschlicher Wärme behandelt zu werden.

Der SF-Manager ist sehr um ein angenehmes Betriebsklima bemüht. Er bringt sich persönlich in seine Arbeitsumgebung ein. Seine Bezugsgruppe im Unternehmen (Abteilung, Projektgruppe usw.) betrachtet er wie eine Familie. Er wird immer die Gelegenheit ergreifen, Privates in geschäftliche Besprechungen mit einzubeziehen. Er erkundigt sich über das Wohlergehen der Familie, berichtet über seine letzte Ferienreise oder bezieht sich auf gemeinsame Erlebnisse. Der S-Anteil seiner Persönlichkeit spiegelt sich in den Themen dieser privaten Unterhaltungen wider. Der SF-Manager spricht lieber über die Gegenwart und Erlebnisse in der Vergangenheit als über Zukunftspläne oder längerfristige Vorhaben.

Eines der charakteristischen Merkmale des SF-Managers ist seine Loyalität zu seiner Gruppe und seinem Unternehmen. Der SF-Manager hat eine überdurchschnittlich lange Zugehörigkeit zum Unternehmen, es kann auch sein, dass er Zeit seines Lebens nur in einem Unternehmen beschäftigt ist. Sehr oft wird er zur „lebenden Geschichte" des Unternehmens. Neue Mitarbeiter finden in ihm eine unerschöpfliche Quelle für Informationen über den Werdegang des Unternehmens und seiner Mitarbeiter. Der SF-Manager trägt und bewahrt die Kultur des Unternehmens. Da Werte für ihn persönlich wichtig sind, nimmt er sich auch der Werte im Unternehmen an. Er wacht darüber, dass die Werte erhalten bleiben. Kann er einen Wertewandel nicht aufhalten, wird er sich immer gerne an die „guten alten“ Zeiten zurückerinnern.

Tradition besitzt eine eigene Qualität für den SF-Manager. Er stellt sich gegen Veränderungen nicht deshalb, weil er meint, dass eine Sache oder ein Ablauf in der derzeitigen Form nicht verbesserbar ist, sondern weil er damit Erinnerungen verbindet, die ihm wertvoll sind. Veränderungen bedeuten für ihn Abschied von geschätzten Dingen, zu denen er sich eine gute Beziehung aufgebaut hat.

Der SF-Manager ist verantwortungsbewusst und engagiert sich sehr stark in seiner Tätigkeit. Im Gegensatz zum ST-Manager fühlt er sich aber nicht der Aufgabe verpflichtet, sondern vielmehr den davon betroffenen Personen. Macht er Überstunden, um ein bestimmtes Projekt fertig zu stellen, dann nicht so sehr deshalb, weil ihm das Projekt an sich ein sehr großes Anliegen ist, sondern weil er verhindern möchte, anderen Menschen dadurch Probleme zu bereiten. In diesem Fall reiht er sein eigenes Wohlergehen klar hinter dem Wohlergehen „seiner Mitmenschen“.

Wie bereits erwähnt, erwartet sich der SF-Manager als Gegenleistung für seinen Einsatz menschliche Anerkennung. Gewinnt er den Eindruck, dass er diese nicht erhält, fühlt er sich persönlich verletzt und reagiert entsprechend. Kritik an seiner Leistung setzt er gleich mit Kritik an seiner Person. Darin liegt die Schwäche des SF-Managers. Er kann Kritik nur schwer annehmen und verschließt sich dadurch die Möglichkeit, aufrichtige Rückmeldungen von seiner Umgebung zu bekommen und sich darauf einzustellen.

Der SF-Manager und Mitarbeiterführung

Dem SF-Manager ist es ein Anliegen, gute persönliche Beziehungen zu seinen Mitarbeitern aufzubauen. Diese Beziehung schließt auch privaten Kontakt mit ein, zumindest Anteilnahme für die privaten Angelegenheiten des Mitarbeiters. Er sorgt für eine familiäre Atmosphäre in seinem Bereich und erwartet auch, dass alle Mitarbeiter zu dieser sehr persönlichen Atmosphäre beitragen. Gutes Arbeitsklima und Harmonie sieht er als wesentlichen Bestandteil der Leistungsentlohnung. Er sieht es als seine Aufgabe, dafür zu sorgen, dass seine Mitarbeiter auch diese über das Finanzielle hinausgehende Entlohnung erhalten.

Auf den Mitarbeiter persönlich einzugehen beinhaltet für den SF-Manager auch, Mitarbeiter mit ihren Stärken und Schwächen zu akzeptieren. Ist der Mitarbeiter bereit, diese persönliche Beziehung gemeinsam mit seinem SF-Vorgesetzten aufzubauen, wird der SF-Manager tendenziell das Gute in diesem Mitarbeiter sehen. Erbringt dieser nicht die gewünschte Leistung, kann der SF-Manager sehr gut erklären, warum er sie nicht erbringen konnte. „Wenn man seine persönliche Situation näher kennt, so wie ich, wird man verstehen …“.

Versucht ein Mitarbeiter, sich persönlich abzugrenzen, dann erlebt dies der SF-Manager als Affront. Er sieht diesen Mitarbeiter als Störfaktor in seinem Arbeitsumfeld, und wird alles daran setzen, negative Auswirkungen auf andere zu vermeiden.

Der SF-Manager wird von seinen Mitarbeitern unterschiedlich erlebt. Die einen schätzen ihn für sein Verständnis, seine menschliche Wärme und Anteilnahme, die anderen gehen auf Distanz, weil sie sich in der Beziehung beengt fühlen.

Der SF-Manager und Konflikt

Da Harmonie für den SF-Manager ein wichtiger Wert ist, versucht er, Konflikte so gut wie möglich zu leugnen, zu vermeiden oder nicht entstehen zu lassen. Nur wenige SF-Manager schaffen es, Konflikte offen auszutragen. Wird der SF-Manager auf einen Konflikt hingewiesen, so kann er sicherlich eine Reihe gute Gründe nennen, warum es sich in diesem Fall sicherlich nicht um einen Konflikt handeln kann. In seinen Begründungen geht er auf Beispiele ein, anhand derer er aufzeigt, dass die Situation geklärt wurde und alle Beteiligten zufrieden gewesen seien.

Seine erste Reaktion beim Auftreten eines Konflikts ist meist die Verleugnung. Er wird dann versuchen, eine Form zu finden, die es allen Beteiligten ermöglicht, ohne Gesichtsverlust den Konflikt zu beenden.

Er schlägt auch Kompromisse vor, die häufig nur tragfähig genug sind, um den Schein zu wahren, aber keine für alle Seiten befriedigende Lösung darstellen. Der SF-Manager wird alle ihm zur Verfügung stehenden Mittel und Beziehungen nützen, um alle Beteiligten zu bewegen, dem Kompromiss zuzustimmen.

Wenn alle Möglichkeiten der Konfliktvermeidung ausgeschöpft sind, „zieht der SF-Manager in den Krieg“. Ist er an diesem Punkt angelangt, ist er durch die mangelnde Bereitschaft der anderen zur Wiederherstellung von Harmonie bereits so verletzt, dass er von Rache geleitet wird. Dabei ist ihm jedes Mittel recht, um die Angelegenheit für sich zu entscheiden. Mit Gewissenhaftigkeit und viel Aufwand findet er alle Möglichkeiten heraus, wie er seinem Konfliktgegner am besten schaden kann. Sein Ziel hat er dann erreicht, wenn der Gegner ausgeschaltet und die Harmonie wiederhergestellt ist. Da er Konflikte als persönlichen Angriff sieht, kann eine sachliche Lösung des Konflikts für ihn nicht befriedigend sein.

Der SF-Manager kann sehr rachsüchtig sein. Er merkt sich jede Verletzung, die ihm zugefügt wurde, und revanchiert sich dafür, auch wenn es ihm erst sehr viel später möglich ist. Um Rache zu üben, entwickelt der SF-Manager keine langfristigen Strategien oder ausgeklügelte Komplotte. Es geht ihm lediglich darum, ihm zugefügtes Unrecht gleichermaßen zu vergelten.

Generell gefällt es dem SF-Manager die Fäden in der Hand zu halten und seinen Einfluss geltend zu machen. Er drängt sich nicht unbedingt in den Vordergrund, aber es gefällt ihm ganz offensichtlich, wenn andere ihn in seiner Rolle anerkennen und ihn um Unterstützung bitten.

Sein Bedürfnis nach Harmonie lässt den SF-Manager oft als Vermittler in Konflikten zwischen Mitarbeitern und Kollegen auftreten. Er versucht, auf sehr persönliche Weise, die Konfliktpartner zum Einlenken zu bewegen.

Der SF-Manager und Mitarbeiter-Coaching

Der SF-Manager übersetzt für sich Mitarbeiter-Coaching wahrscheinlich mit Mitarbeiter-Betreuung. Das heißt, für die Anliegen, Fragen und Sorgen des Mitarbeiters da zu sein, sich zu kümmern, dass er sich wohl fühlt, und Schwierigkeiten von ihm fernzuhalten. Als Coach wird der SF-Manager immer für seinen Mitarbeiter da sein und dieser Tätigkeit Priorität einräumen. Mitarbeiter-Coaching heißt für ihn auch, dem Mitarbeiter das im Unternehmen wirksame Wertesystem näher zu bringen. Es zählt nicht nur die Arbeitsleistung, sondern auch, dass der Mitarbeiter den entsprechenden „Stallgeruch“ annimmt.

Kollegen und Vorgesetzten gegenüber wird der SF-Manager seinen Mitarbeiter immer verteidigen (wenn dieser Respekt und Anerkennung für die Leistung seines Coaches zeigt) und sich schützend vor ihn stellen. Sieht er selbst auch Schwächen im Mitarbeiter, wird er behutsam versuchen, diese allmählich abzubauen.

Der SF-Manager und Zeitmanagement

Für den SF-Manager ist Zeit ein Begriff der Vergangenheit und der Gegenwart. Er stellt Zeit in den Dienst an Menschen. Da er das Unternehmen als einen Zusammenschluss von Menschen sieht, unterscheidet er tendenziell nicht zwischen der Zeit, die er effektiv für seine Arbeit verwendet, und der Zeit, die er für Kollegen oder Mitarbeiter aufwendet. Er verwendet Zeit für die Aufgaben oder Menschen, von denen er am meisten gebraucht zu werden meint.

In der Planung ist der SF-Manager sehr genau und gewissenhaft. Er plant eher kurzfristig und orientiert sich an aktuellen Bedürfnissen seiner Umgebung. Fixpunkte in seinem Tages- bzw. Wochenablauf sind Teambesprechungen oder sonstige Sitzungen, an denen mehrere Personen teilnehmen. Er neigt dazu, solche Zusammenkünfte zu ritualisieren, um die Verbindlichkeit zu erhöhen.

Die Planung erfolgt nach dem Motto „Man kann nicht alles gleichzeitig machen“. Es muss genügend Zeit vorhanden sein, um Arbeits- und Lebensqualität zu gewährleisten. Zu knappe Fristen könnten zu Lasten der Beziehungen in der Zusammenarbeit gehen. Daher ist es für den SF-Manager auch wichtig, sich in der Planung mit Kollegen und Mitarbeitern abzustimmen.

Der ESFP-Manager

Der ESFP-Manager ist ein sehr herzlicher, offener Mensch, der auf andere zugeht und großen Anteil nimmt. Er ist sehr aufmerksam, was andere Menschen betrifft. Er bemerkt sofort Veränderungen im Aussehen oder Verhalten und interessiert sich dafür. Er ist dazu geschaffen, Gastgeber zu sein. Er kennt viele Leute, kennt deren Vorlieben und weiß genau, welche er gemeinsam einladen kann und welche nicht. Small Talk bereitet ihm kein Problem. Er bemüht sich um Leute, die eher am Rande stehen, macht sie mit anderen bekannt und bezieht sie mit ein.

Der ESFP-Manager kennt die Geburtstage seiner Mitarbeiter und Kunden und ist immer zur Stelle, um zu gratulieren oder ein kleines Geschenk zu überreichen. Er verblüfft andere immer wieder mit seinem Erinnerungsvermögen für persönliche Daten und Lebensumstände. Einzelheiten, die Menschen betreffen, bleiben bei ihm gespeichert.

Als Vorgesetzter ist es ihm wichtig, über die privaten Lebensumstände seiner Mitarbeiter am Laufenden zu sein. Eine strikte Trennung zwischen Berufs- und Privatleben ist für ihn nicht vorstellbar. Hat ein Mitarbeiter private Probleme, so kann er auf das Verständnis des ESFP-Managers zählen. Er wird nicht nur Nachsicht haben, wenn die Leistung nachlässt, sondern darüber hinaus noch Hilfe anbieten.

Der ESFP-Manager kann sehr spontan sein. Wenn er sich in einer Situation wohl fühlt, kann es durchaus vorkommen, dass er seiner Planung zuwider handelt und andere Termine nicht wahrnimmt. Er lebt für den Augenblick, auch wenn er die Rechnung dafür später präsentiert bekommt. Es kann auch sein, dass er spontan Zusagen macht, die er später nicht einhalten kann. Wird er dann mit diesem Umstand konfrontiert, versucht er die Situation durch Entschuldigungen und Beteuerungen zu retten. Diese Entschuldigungen klingen dann nicht nur ehrlich, sondern sie sind es tatsächlich, selbst wenn die gleiche Situation schon öfter vorgekommen ist.

Willensstärke und Entschlussfreudigkeit gehören nicht zu den Stärken des ESFP-Managers. Er fühlt sich zwischen Menschen und deren Meinungen hin- und hergerissen. Je besser die Beziehung zu einem Menschen ist, umso eher ist er geneigt, sich dessen Meinung anzuschließen. Dies macht ihn zu einem anpassungsfähigen Menschen, der sich sehr flexibel auf veränderte Umstände einstellen kann (sofern diese nicht einen großen Bruch mit der Vergangenheit darstellen). Diese Eigenschaft macht ihn oft zu einem beliebten Teammitglied. Diese Flexibilität wird dem ESFP-Manager aber auch oft angekreidet. Man glaubt sich seiner Unterstützung sicher zu sein und stellt später fest, dass er seine Meinung zugunsten eines anderen geändert hat.

Auch der ESFP-Manager ist gut geeignet, mit Krisen im Unternehmen umzugehen. Seine Fähigkeit, binnen kürzester Zeit eine Fülle von Informationen zu sammeln, ermöglicht es ihm, sich einen Überblick über die Ist-Situation zu schaffen. Aufgrund seines F-Anteils weiß er auch ziemlich genau, welche Entscheidungen angenommen werden und welche auf Widerstand stoßen könnten. Schwierigkeiten hat der ESFP-Manager allerdings dann, wenn harte Entscheidungen erforderlich sind, die ihm Kritik und Missfallen durch ihm wichtige Personen einbringen können.

Der ISFJ-Manager

Der ISFJ-Manager ist in seiner Wahrnehmung nach innen orientiert. Er kann daher zurückgezogen und zurückhaltend wirken. In Gruppensituationen tritt er nur selten stark auf; er hält sich eher beobachtend im Hintergrund. Der J-Anteil an seinem Typus verstärkt sein Bedürfnis nach Sicherheit und Ordnung. Um dies zu erreichen, kann er durchaus aus sich herausgehen.

Auch dem ISFJ-Manager sind Menschen und persönliche Beziehungen sehr wichtig. Er geht aber nicht so direkt und unmittelbar auf sie ein wie beispielsweise der ESFP-Manager. Der ISFJ-Manager interpretiert mehr, was gut ist für seine Mitarbeiter, von seinem persönlichen Wertesystem ausgehend. Er unterstützt sie in der Form, wie es ihm richtig erscheint. Das kann dazu führen, dass er seine Mitarbeiter auch zwangsbeglückt und ihnen die Unterstützung nicht gibt, die sie tatsächlich brauchen würden.

Der ISFJ-Manager ist mit Vorliebe in Bereichen tätig, in denen er die Mitarbeiter des Unternehmens unterstützen kann, ohne aber notwendigerweise in einem ständigen Austausch mit ihnen zu stehen. Er ist ein guter Organisator. Seine Planung ist exakt und berücksichtigt alle Details. Er selbst kümmert sich auch um die Ausführung und wacht darüber, dass alles reibungslos abläuft. Er bringt Klarheit und Ordnung in unübersichtliche Situationen. Dabei geht er sehr vorsichtig und einfühlsam vor.

Der ISFJ-Manager hat feste Überzeugungen und Werte. Werden diese angegriffen, dann verteidigt er sie mit größtem Engagement. Auch wenn er seine Werte nicht immer kommuniziert, dienen sie ihm doch als Richtlinie und Sicherheit im Leben. Diese Werte in Frage zu stellen bedeutet für ihn ein In-Frage-Stellen seines Lebens.

Am wohlsten fühlt sich der ISFJ-Manager, wenn er eine Situation im Griff hat. Das bedeutet, dass nichts Unvorhersehbares passiert und er ausreichend Gelegenheit hat, sich auf die Situation einzustellen. Überraschende Veränderungen seiner Pläne durch äußere Einflüsse irritieren ihn. Er braucht dann einige Zeit, um sich auf die veränderten Bedingungen einzurichten. In Positionen, in denen Flexibilität und schnelles Reagieren erforderlich sind, fühlt er sich nicht wohl und wird auch nicht lange durchhalten.

In der Mitarbeiterführung können sich für den ISFJ-Manager dann Probleme ergeben, wenn sich sein persönliches Wertesystem von dem seiner Mitarbeiter stark unterscheidet. Er wird die offene Auseinandersetzung mit den Mitarbeitern eher meiden, aber indirekt auf die Durchsetzung seiner Werte hinarbeiten. Er ist nicht bereit, Kompromisse zu schließen oder andere Werte auf Dauer zu akzeptieren. Hat er Vertrauen zu seinen Mitarbeitern gefasst, dann finden sie in ihm einen loyalen Vorgesetzten.

Der ISFP-Manager

Die wahrnehmende Lebenseinstellung lässt den ISFP-Manager trotz seiner Innenorientierung offener und zugänglicher erscheinen als den ISFJ-Manager. Diese wahrnehmende Einstellung gemeinsam mit der F-Funktion ergibt das Bild eines offenen, sensiblen Menschen. Seine Innenorientierung erkennt man manchmal daran, dass er das Verhalten anderer Menschen lange Zeit auf sich wirken lässt, bevor er darauf reagiert.

Der ISFP-Manager ist sehr bemüht, sein Bild einer harmonischen Welt aufrechtzuerhalten. Sein Herz hängt an der „guten, alten Zeit".

Nur ungern stimmt er Neuerungen zu, die sein Weltbild verändern könnten. Lieber schiebt er Entscheidungen hinaus, in der Hoffnung, dass noch etwas geschehen könnte, das diese Entscheidung nicht erforderlich macht. Vor allem hasst er es, zu einer Entscheidung gezwungen zu werden. Da er Rücksicht auf andere nimmt, erwartet er auch, dass man auf ihn Rücksicht nimmt.

Seinen Mitarbeitern gegenüber ist der ISFP-Manager immer freundlich und verständnisvoll. Wenn ein Mitarbeiter seinen Erwartungen nicht entspricht, versucht er mit sanftem Druck, ihn zu einer Verhaltensänderung zu bewegen. „Ich hatte einmal einen Mitarbeiter, der war genau so wie Sie. Nach einiger Zeit hat er dann erkannt,..." Wenn der sanfte Druck nichts bewirkt, wird er dem Mitarbeiter das Leben so schwer machen, dass dieser von selbst geht. Er kündigt Mitarbeiter nur selten.

Im Arbeitsplan des ISFP-Managers finden sich viele Routineaufgaben. Tätigkeiten, die ihm im Laufe der Zeit lieb und teuer wurden. Hat er sich in der Hierarchie des Unternehmens hinaufgearbeitet, dann wird er selbst in seiner Führungsposition noch einige Aufgaben wahrnehmen, die aus seiner Zeit als Sachbearbeiter stammen. Oder er erklärt dem nunmehr dafür Verantwortlichen, wie er diese Aufgaben eigentlich wirklich auszuführen habe.

Auch an einem ausgefüllten Arbeitstag nimmt sich der ISFP-Manager Zeit, Beziehungen zu pflegen. Er hält nicht eine breite Palette von Beziehungen aufrecht, aber um einige wenige spezielle kümmert er sich doch regelmäßig.

Der ISFP-Manager hat ein gutes Gefühl für Menschen und Situationen. Neue Eindrücke vergleicht er mit früheren Erfahrungen und zieht daraus seine Schlüsse. Er weiß daher immer ziemlich genau, welches Verhalten in welcher Situation angebracht ist und wo Mehrheiten zu finden sind. In Konfliktsituationen versucht er zu vermitteln, indem er allen Beteiligten erklärt, warum der Konflikt schädlich ist. Auch in dieser Argumentation verwendet er eher Beispiele aus der Geschichte des Unternehmens. Konflikte und Streit können sich sehr negativ auf seine Arbeitsleistung auswirken.

Als Sitzungsleiter fühlt sich der ISFP-Manager dann am wohlsten, wenn die wichtigsten Themen der Tagesordnung bereits vor Sitzungsbeginn abgeklärt wurden und keine heftigen Diskussionen zu erwarten sind. Wird er von plötzlich auftretenden Auseinandersetzungen überrascht, wird er versuchen, die Entscheidung über diesen Punkt der Tagesordnung auf das nächste Mal zu verlegen, in der Hoffnung, bis dahin Einigung herbeigeführt zu haben.

Der ESFJ-Manager

Der J-Anteil an seiner Persönlichkeit lässt den ESFJ-Manager trotz seiner Außenorientierung und seines Interesses für Menschen eher unzugänglich und unnahbar erscheinen. Er hat sehr klare Vorstellungen, die er auch deutlich zum Ausdruck bringt. Er zieht klare Grenzen zwischen seinen Bedürfnissen und denen anderer Menschen.

Der ESFJ-Manager beurteilt aufgrund seiner Erfahrung, wie er zum Wohlergehen seiner Umgebung beitragen kann. Er zieht Vergleiche zwischen der gegenwärtigen Situation und früheren Erlebnissen und entscheidet auf dieser Grundlage, wie er andere Menschen unterstützen kann. Sein Beitrag dient als Unterstützung im Moment, und er überlegt dabei weniger weiterführende Aspekte für sein Handeln oder für die Situation der Betroffenen.

Der ESFJ-Manager hat ein starkes Bedürfnis nach Kontrolle, Struktur und Ordnung. Da er sehr menschenorientiert ist, widerspiegelt sich dieses Bedürfnis nach Kontrolle auch in seinen zwischenmenschlichen Beziehungen. Sosehr ihm die Nähe und der Kontakt zu anderen wichtig ist, so stark ist auch sein Bedürfnis, die Grundregeln in diesen Beziehungen vorzugeben. Der ESFJ-Manager nimmt für sich das Recht in Anspruch, über Nähe und Distanz in seinen Beziehungen zu anderen zu bestimmen.

Diese Tendenz im Verhalten des ESFJ-Managers zeigt sich auch immer wieder in seinem Umgang mit Mitarbeitern. Während sein ESTJ-Kollege die Regeln im Bereich Arbeitsablauf und Leistungserbringung festlegt, bestimmt der ESFJ-Manager die Regeln für die zwischenmenschlichen Beziehungen. Diese wendet er nicht nur auf seine Beziehungen zu Mitarbeitern an, sondern versucht sie auch in den Beziehungen der Mitarbeiter untereinander zu etablieren. Der ESFJ-Manager gewährt seinen Mitarbeitern wahrscheinlich am wenigsten Freiraum für die Gestaltung des eigenen Tätigkeitsbereiches. Er ist sehr detailliert in seinen Arbeitsanweisungen bezüglich Inhalten und Form der Abwicklung. In der Leistungskontrolle ist neben der Arbeitsleistung auch das Verhalten des Mitarbeiters Thema. Er akzeptiert Entschuldigungen für die nicht entsprechende Leistungserbringung und knüpft daran die Bedingung, dass dieses Fehlverhalten nicht mehr vorkommt.

Verlässlichkeit und extreme Loyalität sind charakteristische Eigenschaften des ESFJ-Managers. „Spielregeln", die er einmal akzeptiert hat, gelten für ihn für immer. Seine Loyalität besteht zum Unternehmen und zu seinen Mitarbeitern. Kritik von außen wehrt er vehement ab, auch wenn er erkennt, dass die Kritik durchaus nicht unberechtigt ist. Trotzdem findet er eine Reihe von Beispielen, warum die Kritik haltlos ist und der Kritiker eigentlich gar keine Berechtigung zur Kritik hat.

Der ESFJ-Manager ist sehr praktisch veranlagt und scheut sich auch nicht, selbst anzupacken, wenn es notwendig erscheint. Er eignet sich hervorragend für die Organisation von Veranstaltungen. Ein ESFJ-Manager stellt sicher, dass alles an seinem Platz ist und dass keine unliebsamen Überraschungen passieren. Er hat einen guten Blick für die Erfordernisse der Situation und behandelt die beteiligten Personen so, dass sie sich gut betreut fühlen und sich gleichzeitig an die Organisationsregeln anpassen.

Trotz seines eher resoluten Verhaltens geht der ESFJ-Manager direkten Auseinandersetzungen eher aus dem Weg. Wenn er merkt, dass er auf Widerstand stößt, versucht er auf die sanfte Art seinen Willen durchzusetzen. Wenn dieses Vorgehen auch keinen Erfolg zeigt, versucht er, auf indirektem Weg zu seinem Ziel zu kommen. Erst wenn alle Wege scheitern, ist er bereit, sich der Auseinandersetzung zu stellen, die er dann sehr emotional führt.

Der NT-Manager

Der NT-Manager konzentriert sich in seiner Informationsaufnahme auf Möglichkeiten, Sinnzusammenhänge und nicht greifbare Dinge wie

Stimmungen und Atmosphäre. Der NT-Manager lebt mehr in der Zukunft als in der Gegenwart. Sein Handlungsantrieb liegt nicht in der gegenwärtigen Situation, sondern in den Möglichkeiten, die die Zukunft bietet. Die T-Funktion lässt den NT-Manager kühl und distanziert wirken. Er beschäftigt sich am liebsten mit Ideen und Konzepten, die logisch und rational aufgebaut sind.

Der NT-Manager sieht seine Aufgabe im Unternehmen in der Veränderung und in der Neuausrichtung auf zukünftige Erfordernisse. Er wird sich nie mit Lösungen zufrieden geben, die zwar momentanen Ansprüchen gerecht werden, aber Entwicklungen nicht Rechnung tragen. Wenn eine „kleine“ Lösung und eine „große Lösung“ zur Wahl stehen, wird er immer die „große“, umfassendere anstreben. Neben dem Zukunftsaspekt steht für den NT-Manager bei Veränderungen die Erhöhung von Effektivität im Vordergrund.

Der NT-Manager sieht den Reiz einer Aufgabe in der Sache an sich. Je komplexer und schwieriger sie ist, umso lieber engagiert er sich. Gerne beweist er sich, dass er Unmögliches möglich machen kann. Dieser Ehrgeiz kann so weit gehen, dass er andere wichtige Aufgaben oder andere eigene Bedürfnisse vernachlässigt. Diesen Leistungswillen bekommen auch seine Kollegen und Mitarbeiter immer wieder zu spüren.

In der Gestaltung seines Kompetenzbereiches lässt sich der NT-Manager von seinen Interessen leiten. Bereiche, in denen er wenig Herausforderung sieht, vernachlässigt er eher und nimmt sich der Projekte an, die seine gestalterische Neugier wecken. Nicht selten kommt es vor, dass er dadurch in den Kompetenzbereich von Kollegen oder Vorgesetzten eingreift. Dies kümmert ihn wenig, da er sich nur ungern von Regeln und Vorschriften einschränken lässt. Im Gegenteil, wann immer er mit Vorschriften konfrontiert wird, deren Sinnhaftigkeit er anzweifelt, wird er mit Genugtuung zuwiderhandeln. Wenn er zum Beispiel eine Aufgabe, die nicht in seinem Verantwortungsbereich liegt, erfolgreich bewältigt, erwartet er sich Anerkennung dafür und nicht Tadel, weil er seinen Kompetenzbereich überschritten hat. Wird er für diese Überschreitung zur Rechenschaft gezogen, ist es für ihn ein Grund mehr, das nächste Mal genauso zu handeln.

Der NT-Manager ist der visionäre Manager. Er hat ein Bild vor Augen, das er zu erreichen versucht. Er hat erkannt, nach welchen Grundprinzipien das Unternehmen funktioniert. In seiner Analyse nimmt er einen Beobachterstatus ein und plant Veränderungen aus dieser Perspektive. Er weiß, wie die Machtstrukturen im Unternehmen verlaufen und nutzt sie bei Bedarf für seine Zwecke. Die Stärke des NT-Managers liegt in der Gestaltung von Systemen und Strukturen. Dabei hilft ihm sein abstraktes und analytisches Denkvermögen. Auf die Routine des Alltags lässt er sich nur ungern ein. Routinetätigkeiten ermüden ihn, während ihn neuartige Aufgabenstellungen beleben.

Das Streben des NT-Managers im Leben ist auf Kompetenz ausgerichtet. Was immer er tut, möchte er perfekt machen. Er hat eine breite Palette von Interessen und möchte in jedem dieser Bereiche Kompetenz erlangen. Kompetenz definiert er für sich selbst. Anerkennung von anderen akzeptiert er nur dann, wenn auch er der Meinung ist, dass er sie verdient hat. Der NT-Manager ist sich immer seiner eigenen Unzulänglichkeit bewusst und neigt daher zu Selbstzweifeln und Selbstgeißelung. Da er seinen Standard sehr hoch ansetzt, riskiert er immer wieder, seinen eigenen Ansprüchen nicht gerecht zu werden. Am stärksten kann man den NT-Manager treffen, wenn man ihm Inkompetenz vorwirft. Dieser Vorwurf schmerzt ihn dann besonders, wenn er von einem Menschen kommt, dem der NT-Manager Kompetenz attestiert.

Der NT-Manager ist ein Meister der Sprache und des Wortes. Er diskutiert und argumentiert gerne. Er liebt Wortspielereien und Witze. Manchmal kann er mit seiner scharfen Zunge auch Menschen verletzen, ohne es zu beabsichtigen. Der Spaß an der sprachlichen Auseinandersetzung lässt ihn dann gesellschaftliche und persönliche Grenzen übersehen. In Diskussionen engagiert er sich dann heftig, wenn es um „philosophische“ Themen geht. Er schafft es, in Arbeitssitzungen, in denen es um operative Themen geht, die Diskussion auf Grundsätze und dahinter liegende Philosophien zu bringen. Andere Sitzungsteilnehmer sind dann erstaunt, wie die Diskussion plötzlich so weit vom eigentlichen Thema abschweifen konnte.

Der NT-Manager und Mitarbeiterführung

Für den NT-Manager zählen Leistung und Resultate, nicht wie diese erbracht wurden. So wie er selbst nach Kompetenz strebt, sucht er sie auch in seinen Mitarbeitern und setzt dabei einen ähnlich hohen Leistungsstandard voraus. Hierarchische Ebenen spielen im Denken und Verhalten des NT-Managers keine Rolle. Für ihn zählt lediglich die Kompetenz, mit der Mitarbeiter ihre Aufgaben erfüllen.

Der NT-Manager vermeidet es, sich zu wiederholen. Er meint, dass es ausreicht, seine Meinung und Vorstellungen einmal zu äußern. Eine Wiederholung des Offensichtlichen könnte seine Mitarbeiter langweilen. So kann es aber geschehen, dass der NT-Manager in der Verfolgung seiner Visionen voranschreitet in der Meinung, seine Mitarbeiter seien dicht hinter ihm. Wenn er sich umblickt, stellt er aber fest, dass er allein ist. Es ist ihm nicht gelungen, seine Vision seinen Mitarbeitern so näher zu bringen, dass sie auch wissen, was von ihnen gefordert wird. Da es der NT-Manager unterlässt, das für ihn Offensichtliche nochmals zu beschreiben und zu erklären, passiert es immer wieder, dass den Mitarbeitern nicht klar ist, in welche Richtung sie gehen sollen.

Der NT-Manager überlässt es seinen Mitarbeitern, sich den eigenen Aufgabenbereich selbst zu gestalten. Er setzt Eigeninitiative und Eigenverantwortung voraus. Er gibt Ziele vor und erwartet, dass die Mitarbeiter die nötigen Maßnahmen selbst planen. Er kontrolliert deren Fortschritt eher selten, sondern rechnet damit, dass die Mitarbeiter die gesetzten Ziele eigenständig erreichen. Da er ein großes Maß an Eigenständigkeit und Leistung als selbstverständlich voraussetzt, sieht er auch nur selten Veranlassung, Lob und Anerkennung auszusprechen. Anerkennung für einen Mitarbeiter sieht er dann angebracht, wenn dieser eine außergewöhnliche Leistung erbracht hat.

Der NT-Manager und Konflikt

Der NT-Manager geht mit einer rationalen Einstellung an Konflikte heran. Er stellt gleichsam eine Kosten-Nutzen-Rechnung an, um herauszufinden, ob es mehr bringt, den Konflikt auszutragen oder zu verdrängen. Bevor er sich auf einen Konflikt einlässt, analysiert er ihn aus einer Beobachtersituation heraus. Seine Fähigkeit zur Abstraktion ermöglicht ihm, die Art des Konfliktes, mögliche Ursachen und beeinflussende Faktoren zu erkennen. Die Entscheidung, sich in den Konflikt einzulassen oder nicht, trifft er rational. Die Emotionen treten erst in der Konfliktaustragung zutage.

Konflikte, mit denen sich der NT-Manager oft konfrontiert sieht, betreffen Grundsätze und Vorschriften. Fühlt er sich in seiner Freiheit, seiner Kreativität und seinem Arbeitsstil eingeschränkt, geht er den Konflikt ein und engagiert sich mit viel Emotionalität. Gerechtigkeit ist für ihn gleichbedeutend mit „gleiches Recht für alle" und ist wie die persönliche Freiheit in seinen Überzeugungen tief verwurzelt.

Der NT-Manager stellt sich Konflikten dann, wenn er der Meinung ist, dass sie notwendig sind, um sein Ziel zu erreichen. Konflikten auf „Nebenschauplätzen" geht er eher aus dem Weg. Sie wären eine unnütze Verschwendung von Energie. Solche Konfliktpotenziale kann er auch vollkommen aus seiner Wahrnehmung und seiner Erinnerung streichen.

Der NT-Manager genießt Auseinandersetzungen dann, wenn sie ihn intellektuell und sprachlich herausfordern. Der Konflikt bietet für ihn einen willkommenen Anlass, seine rhetorischen Fähigkeiten zu trainieren. Die Austragung des Konflikts kann in diesem Fall zu einer „sportlichen Herausforderung" für den NT-Manager werden. Entwickelt sich die Auseinandersetzung aber in die Richtung, dass einzelne Vorfälle gegeneinander aufgerechnet und Einzelfälle diskutiert werden, verliert er das Interesse. Er wird versuchen, die Auseinandersetzung auf die grundsätzliche Ebene zu bringen. Gelingt ihm das nicht, zieht er sich zurück und widmet sich anderen Dingen. Seinen Konfliktpartner ignoriert er.

Der NT-Manager ist nicht rachsüchtig. Vergangenes beeinflusst ihn nicht in seiner Beziehung zu anderen. Wenn ein Konflikt ausgetragen ist, so ist die Angelegenheit für den NT-Manager abgeschlossen, unabhängig davon, wie das Ergebnis war.

Der NT-Manager und Mitarbeiter-Coaching

Die Entwicklung und Förderung von Mitarbeitern ist für den NT-Manager selbstverständlich. Bereits bei der Einstellung eines neuen Mitarbeiters spielt das absehbare Entwicklungspotenzial eine Rolle. Er legt weniger Augenmerk auf die Vorerfahrungen als auf die Entwicklungsfähigkeit. Sieht er die Entwicklungsfähigkeit gegeben, fördert und fordert er diesen Mitarbeiter. Er schließt von sich auf andere und meint, dass Entwicklung nur dann eintritt, wenn auch die Anforderungen entsprechend hoch gesetzt werden.

Der NT-Manager zeigt dem Mitarbeiter die Möglichkeiten und Chancen auf, die er im Unternehmen finden wird. Er bespricht mit ihm Richtungen und Wege und verweist auf Freiräume auf. Über die Geschichte des Unternehmens und die unmittelbare Situation informiert er soweit, als es als Basis für die weitere Entwicklung notwendig ist. Er möchte verhindern, dass der Mitarbeiter Bisheriges kritiklos übernimmt und zu einer Stabilisierung des Ist-Zustandes beiträgt. Lässt sich der Mitarbeiter vom NT-Vorgesetzten begeistern und zieht er mit ihm mit, dann hat er in ihm eine starke Stütze. Der NT-Manager wird ihn in allen seinen Bemühungen unterstützen, auch wenn er nicht gänzlich von der Erfolgsaussicht dieser Bemühungen überzeugt ist. Da hierarchische Unterschiede für den NT-Manager nicht von Bedeutung sind, sieht er diesen Mitarbeiter, der sich von ihm begeistern lässt und gute Leistungen bringt, als gleichgestellt und ebenbürtig.

Der NT-Manager und Zeitmanagement

Der NT-Manager sieht Zeit als eine Beschränkung seiner Kreativität und seines Leistungsvermögens. Zeit ist ein knappes Gut, das so gut wie möglich ausgeschöpft werden muss. Er arbeitet an mehreren Dingen gleichzeitig, um dadurch Zeit zu sparen. In der Regel nimmt sich der NT-Manager mehr Dinge vor, als in einem bestimmten Zeitraum bewältigbar sind.

Die Planung des NT-Managers ist in der Regel optimistisch. Auch wenn er immer wieder die Erfahrung macht, dass er sich zuviel vorgenommen hat, verändert das nicht seine Planung. Er wehrt sich gegen Einschränkungen. Seine Nachlässigkeit und Unachtsamkeit, Details betreffend, ist ein anderer Grund dafür, warum der NT-Manager tendenziell mehr plant, als machbar ist. Erst im Laufe der Tätigkeit stellt er fest, dass er einige Maßnahmen und Aktivitäten in der Planung nicht berücksichtigt hatte. Detailplanung gehört daher sicherlich zu den Entwicklungsbereichen für den NT-Manager.

Da der NT-Manager Routine verabscheut, vermeidet er auch so weit wie möglich Fixtermine in seiner Planung. Er hält sich lieber die Zeit frei, um neuen Anforderungen Rechnung zu tragen. Findet ein neues Projekt sein Interesse, kann es durchaus vorkommen, dass er geplante Dinge oder Routinetätigkeiten einfach vergisst, bis er daran erinnert wird.

Der ENTP-Manager

Interesse an seiner Umwelt, besonders an allem Neuen, ist charakteristisch für den ENTP-Manager. Er braucht die geistige Stimulation durch seine Umwelt. Er versucht beständig, sein Wissen zu vermehren und dadurch seine Kompetenz zu vergrößern. Sein Interesse ist darauf ausgerichtet, Zusammenhänge zu erkennen und neue Perspektiven zu gewinnen.

Der ENTP-Manager sucht die intellektuelle Herausforderung in seiner Umwelt. Er braucht den Kontakt zu anderen, um dadurch seine Ideen besser entwickeln zu können und in der Diskussion neue Einsichten zu gewinnen. Widersprüche reizen ihn. Er wird dadurch angeregt, seine eigene Meinung klarer zu entwickeln und zu formulieren. Diskussionen führt er weniger, um anderen seine Meinung mitzuteilen, sondern vielmehr, um sich der eigenen Meinung sicherer zu werden und neue Einsichten zu gewinnen.

In seiner Informationsaufnahme geht der ENTP-Manager wenig systematisch vor. Er folgt der Eingebung des Augenblicks und lässt sich dabei von seiner Intuition leiten. Sobald er glaubt, eine Situation erkannt zu haben, kümmert er sich nicht weiter um Einzelinformationen, die diese Sicht bestärken könnten. Er hält eher Ausschau nach Informationen, die ein anderes Bild der Situation zeichnen könnten. Obwohl seine Art der Informationsaufnahme wenig systematisch erfolgt, strukturiert er die gesammelten Informationen gedanklich und entwickelt daraus ein zusammenhängendes Bild.

Der ENTP-Manager kann so sehr mit der Sammlung von neuen Informationen beschäftigt sein, dass er dadurch notwendige Entscheidungen hinauszögert. Er befürchtet, er könnte eine Entscheidung treffen und dabei wichtige Informationen nicht berücksichtigt haben. Je bedeutender die Entscheidung, umso mehr trifft er sie lieber morgen als heute. Oder er wartet so lange, bis die Entscheidung ohne sein Zutun gefallen ist. Aufgrund seiner Außenorientierung und seines abstrakten Denkvermögens kann sich der ENTP-Manager sehr gut in die Gedankengänge anderer hineinversetzen. Er macht das, ohne damit gleichzeitig auch die Position des anderen einzunehmen. Diese Fähigkeit hilft ihm, Entwicklungen in seiner Umwelt nachvollziehen zu können und entsprechend steuernd einzugreifen. Er schafft dadurch auch immer wieder eine gewisse Distanz zwischen sich selbst und der unmittelbaren Situation, in der er sich befindet.

Möglichkeiten, die sich spontan ergeben, sind für den ENTP-Manager wichtiger als Planung. Die Planung stellt für ihn einen flexiblen Rahmen dar, der auch immer wieder durchbrochen werden kann. Am besten arbeitet der ENTP-Manager unter Druck. Terminüberschreitungen sind für ihn nicht ungewöhnlich, da er ja bereits ursprünglich einen minimalen Zeitaufwand geplant hatte und dazwischen für Unterbrechungen und neue Inspirationen aufgeschlossen ist. Pünktlichkeit gehört zu den Entwicklungsbereichen für den ENTP-Manager. Auch wenn er sich vornimmt, pünktlich zu sein und genügend Zeit vorsieht, um rechtzeitig an einen bestimmten Ort zu gelangen, gibt es dazwischen so viele Dinge, die seine Aufmerksamkeit erregen und ihn unpünktlich werden lassen. Der Weg von einem Zimmer in das nächste kann bei einem ENTP-Manager 15 Minuten und länger dauern.

Ideen und Konzepte entwickelt der ENTP-Manager in der Absicht, diese auch umzusetzen. Er beschäftigt sich selten mit Ideen, deren Realisierbarkeit von Beginn an unwahrscheinlich ist. Die Umsetzung dieser Ideen verfolgt er so lange, bis sie entweder abgeschlossen ist oder ein neues Projekt sein Interesse findet. Der ENTP-Manager beginnt mehr Projekte, als er abschließt. Im Unternehmen findet man den ENTP-Manager in Positionen, in denen Entwicklungen eingeleitet werden.

Der INTJ-Manager

Der INTJ-Manager wirkt durch seine Innenorientierung und seine beurteilende Lebenseinstellung distanziert und unnahbar. Von den 16 Typen ist er wahrscheinlich der unabhängigste, und darauf ist er stolz. Er ist ein Mensch mit festen Grundsätzen, der sich am liebsten zurückzieht und sich mit Theorien und Konzepten beschäftigt. Er verkörpert den klassischen, hart arbeitenden Wissenschafter.

Der INTJ-Manager beschäftigt sich bevorzugt mit technischen Dingen, die komplex genug sind, um sein Interesse zu wecken. Forschung und Produktentwicklung sind die Bereiche im Unternehmen, wo man den INTJ-Manager sehr häufig findet.

Der INTJ-Manager hat feststehende Überzeugungen das Leben und die Welt betreffend. Für ihn ist das Leben ein Ablauf, der gewissen Grundsätzen und Regeln entspricht. Die Aufgabe des Menschen sieht er darin, die Gegebenheit der Natur zu verstehen und die Grenzen von Möglichkeiten zu erforschen. Er wird geleitet von Visionen, die in ihm selbst entstehen und in seiner inneren Welt Wirklichkeit werden. Unmögliches ist in diesem inneren Weltbild nicht vorgesehen. Es dauert vielleicht etwas länger, dieses Unmögliche zu realisieren.

Seinen Mitarbeitern legt der INTJ-Manager die Latte hoch. Er erwartet, dass die Mitarbeiter seinen Erwartungen entsprechen und die ihnen übertragenen Aufgaben mindestens hundertprozentig erfüllen. Er zeigt sich wenig bereit, auf persönliche bzw. zwischenmenschliche Bedürfnisse von Mitarbeitern einzugehen und ihnen auf dieser Ebene Unterstützung zu geben. Motivation erfolgt in der Form von herausfordernden Aufgabenstellungen primär auf der sachlich-inhaltlichen Ebene.

Der INTJ-Manager ist kein Teammensch. Sitzungen und Teambesprechungen scheut er. Nimmt er daran teil, dann ist er dazu geneigt, den anderen zu erklären, was zu tun sei, oder er schweigt. Er geht mit einem bestimmten Bild, wie das Ergebnis zu sein hat, in die Sitzung. Um dieses Resultat zu erreichen, kann es auch vorkommen, dass er oft das Wort ergreift und mit allen ihm zur Verfügung stehenden rhetorischen Mitteln versucht, den Gesprächsverlauf in seinem Sinne zu beeinflussen.

Aufgaben, die er übernommen hat, erfüllt der INTJ-Manager termingerecht. Störungen, die den Fortschritt eines Projekts behindern könnten, liegen im Projekt selbst; wenn Aspekte auftreten, die das Interesse des INTJ-Managers herausfordern. Dann widmet er sich ihnen mit dem Ziel, sie näher zu erforschen.

Der INTJ-Manager ist es, der durch sein kompromissloses Vorgehen und seine Überzeugung die Machbarkeit von Entwicklungen vorantreibt. Diese Stärke seiner Persönlichkeit macht es anderen gleichzeitig schwer, mit ihm umzugehen. Sein stark ausgeprägter Individualismus kann auf andere einschränkend und erdrückend wirken.

Der INTP-Manager

Ähnlich wie der INTJ-Manager wird auch der INTP-Manager von seinen inneren Visionen geleitet. Sein P-Anteil macht ihn aber offener und zugänglicher für andere und lässt ihn weniger kompromisslos erscheinen. Aufgrund seiner Innenorientierung zieht er es vor, allein und zurückgezogen zu arbeiten. Er schätzt aber auch den Austausch mit anderen Menschen.

Der INTP-Manager ist der klassische Denker, der sich zurückzieht, um das Wesen der Welt und des Lebens zu ergründen. Sein Anliegen ist es, die Welt zu analysieren, nicht sie zu beherrschen. Er folgt dabei keinem bestimmten Plan oder unterwirft sich einer bestimmten Struktur. Vielmehr lässt er die Ideen in sich entstehen und wachsen. Er geht erst aus sich heraus, wenn er seine Meinung gebildet hat und davon überzeugt ist. Bis er diesen Punkt erreicht hat, sind seine Überlegungen so weit gegangen, dass es für andere schwer sein kann, seinen Ausführungen zu folgen.

Der oft belächelte „zerstreute Professor" charakterisiert das Wesen des INTP-Managers. Er kann oft so in seine Gedanken vertieft sein, dass er die Welt um sich herum nicht wahrnimmt. So kann es vorkommen, dass er Termine vergisst, obwohl er sie im Kalender vermerkt hat. Oder er erscheint zu einer Sitzung, ohne die Unterlagen mitzubringen, die er dafür vorbereitet hat.

Das Leben des INTP-Managers spielt sich vorwiegend in seinem Kopf ab. Sobald er ein Problem für sich gedanklich gelöst hat, ist es gelöst. Es fällt ihm manchmal schwer zu unterscheiden, ob er das Problem tatsächlich gelöst oder die Lösung nur gedanklich vorweggenommen hat. Die Idee an sich stellt für ihn die Faszination dar, nicht so sehr die Umsetzung. Die Detailarbeit überlässt er gerne anderen, damit er sich neuen Dingen zuwenden kann.

Der INTP-Manager lässt seinen Mitarbeitern großen Freiraum zur Entwicklung ihrer Fähigkeiten. Es ist ihm wichtig, dass sie die geforderten Resultate erzielen. Er kontrolliert nicht, wie sie an die Aufgabe herangehen, und manchmal vergisst er auch, rechtzeitig die erbrachten Ergebnisse zu überprüfen. Wenn er die Leistung kontrolliert, ist er in seiner Kritik offen und direkt. In seinem Leistungsstandard ist er kompromisslos.

In Diskussionen bringt er sich dann ein, wenn er glaubt, dass sein Beitrag dem Gesprächsverlauf förderlich ist. Er lässt die Diskussion auf sich wirken und reagiert auf das, was die Diskussion in ihm selbst auslöst. Nicht selten begibt er sich auf die Beobachterebene, um den Beteiligten das Muster der Diskussion zu verdeutlichen. Manchmal macht er das auch bewusst, um sich selbst der Diskussion zu entziehen. Dieses Verhalten unterstreicht sein Image als „Denker“ und „Intellektueller“.

Der INTP-Manager erscheint so lange als anpassungsfähig, bis einer seiner Grundsätze angegriffen wird. Seine scheinbare Flexibilität beruht darauf, dass er so sehr in seiner inneren Welt verhaftet ist, dass ihm Anpassung an andere nicht wichtig ist. Er versucht, den Weg des geringsten Widerstandes zu gehen. Erst wenn er einen seiner Grundsätze verletzt fühlt, zeigt der INTP-Manager, wie wenig wichtig ihm die Anerkennung durch andere eigentlich wirklich ist.

Der ENTJ-Manager

Der ENTJ-Manager hat Interesse an seiner Umwelt und an allem Neuen. Er braucht die Stimulation der Veränderung in seiner Umwelt, um selbst seinen Weg zu finden. Im Gegensatz zu seinem ENTP-Kollegen tritt der ENTJ-Manager mit seiner Umwelt nicht so sehr deshalb in Kontakt, um neue Informationen zu sammeln, sondern vielmehr, um seine Ideen und Vorstellungen, die er im Laufe der Zeit entwickelt hat, im Austausch mit anderen zu überprüfen.

Der ENTJ-Manager wirkt daher manchmal sehr selbstbewusst, wenn er seine Meinung in den Raum stellt. Es scheint, als ob er keinen Widerspruch zulassen würde. Trotzdem erwartet er, dass seine Meinung herausgefordert wird und er in der anschließenden Diskussion zu einer größeren Klarheit gelangt. Diese Vorgangsweise erscheint ihm logisch, und er kann es nicht verstehen, wenn sich andere dadurch bisweilen überrollt und verletzt fühlen. Sensibilität für die Gefühle und Bedürfnisse anderer gehört nicht zu seinen Stärken.

Der ENTJ-Manager geht sehr systematisch an Aufgaben heran. Er verschafft sich einen Überblick, systematisiert seine Informationen, setzt Prioritäten und handelt dann entsprechend. Diese Art der Vorgangsweise scheint für ihn die einzig mögliche, und er ist immer wieder überrascht, dass andere Menschen nicht so vorgehen. Während er herauszufinden versucht, warum sie es nicht tun, vermittelt er gleichzeitig, wie wenig sinnvoll er eine andere als seine Vorgangsweise findet.

Irrationales kann den ENTJ-Manager immer wieder aufs Neue überraschen. Besonders menschliche Gefühle sind etwas, das er nur schwer in sein geordnetes Bild der Wirklichkeit einordnen kann. Dieser Umstand trägt ihm hin und wieder den Vorwurf der Gefühlskälte und Verständnislosigkeit ein.

Der ENTJ-Manager kennt seine Ziele im Leben und weiß, wie er sie erreichen kann. Er steuert seine Ziele direkt an. Über Hindernisse setzt er sich hinweg. Er ist der visionäre Macher, der weiß, wohin der Weg führt, und sich aber auch darum kümmert, dass ihm seine Mitarbeiter folgen. Wenn sie es nicht freiwillig tun, hilft er mit Druck etwas nach. „Manchmal muss man Menschen zu ihrem Glück zwingen."

Als Vorgesetzter neigt der ENTJ-Manager dazu, seine Mitarbeiter zu überfordern. Er geht davon aus, dass sie ohnehin über seine Absichten und Vorstellungen Bescheid wissen, ohne sich zu vergewissern, ob seine Ziele allen Mitarbeitern tatsächlich klar sind. Er lässt den Mitarbeitern Freiraum, wie sie die vorgegebenen Ziele erreichen, aber er überprüft, ob sie auch wirklich erreicht werden. Entspricht die Leistung nicht seinen Vorstellungen, kann der ENTJ-Manager sehr ungeduldig werden. Er sucht dann das Fehlverhalten bei seinen Mitarbeitern und nicht bei sich selbst.

Wirtschaftlich kann der ENTJ-Manager sehr erfolgreich sein. Er hat ein gutes Gespür für Entwicklungen und hat das nötige Durchsetzungsvermögen, um Veränderungen zu verwirklichen. Er riskiert allerdings, die Unterstützung seiner Mitarbeiter zu verlieren, weil er sie überfordert und zu wenig Anerkennung ausspricht.

Der NF-Manager

Auch der NF-Manager konzentriert sich in seiner Informationsaufnahme auf Möglichkeiten, Sinnzusammenhänge und Stimmungen. Er ist auf die Möglichkeiten der Zukunft ausgerichtet. Seine F-Funktion verleiht ihm Sensibilität für die Bedürfnisse anderer Menschen. Sehr oft stellt er sich selbst und seine Tätigkeit in den Dienst für andere. Seinen Ideen und Vorhaben liegt meist ein sozialer Gedanke zugrunde.

In seinem Umgang mit Menschen ist der NF-Manager sehr empfänglich für deren Befindlichkeit und mögliche Spannungen. Er kann auf andere daher sehr gut eingehen, ihnen Verständnis vermitteln und sie mitreißen. Er ist eine strahlende Führungspersönlichkeit, die Menschen überredet, wenn sie sie nicht überzeugen kann. In der Regel ist der NF-Manager ein guter Rhetoriker, der es versteht, durch das Wort zu begeistern. Er kann Dinge so beschreiben und mit Bildern ausschmücken, dass sich jeder einzelne Zuhörer von ihm angesprochen fühlt.

Er fühlt sich wohl in Besprechungen, die spontan einberufen werden und unstrukturiert ablaufen. Er kann sich schnell auf die Situation einstellen und extemporieren. Während sich andere Besprechungsteilnehmer eher zurückhalten, weil sie zu wenig vorbereitet sind, nützt der NF-Manager die Gelegenheit, seine Ideen zu präsentieren und Entscheidungen gleich vorwegzunehmen. In heftigen Diskussionen kann er sich auch zurücknehmen. Dann wartet er geduldig, bis der richtige Zeitpunkt für seinen Beitrag gekommen ist. Seine natürlichen rhetorischen Fähigkeiten und seine Spontaneität machen ihn zu einem guten Vertreter in Verhandlungen. Mit viel Geschick wird er das Beste aus den Verhandlungen herausholen.

Der NF-Manager hat eine positive Sicht des Lebens, die er auch anderen vermittelt. Er besitzt die außergewöhnliche Gabe, negative Erlebnisse vergessen zu können. Am nächsten Morgen erinnert er sich nur mehr an die positiven Ereignisse des Vortages und geht mit viel Energie an seine Arbeit heran. Dunkle Vorahnungen und emotionale Tiefs behält er für sich, um seine Mitmenschen nicht zu belasten.

Ein gutes Arbeitsklima ist für den NF-Manager Grundvoraussetzung für die Erbringung von Leistung. Spannungen belasten ihn. In Teambesprechungen geht er daher nicht nur auf sachliche Inhalte ein, sondern thematisiert auch immer wieder die Beziehungen der Teammitglieder untereinander. Wenn Spannungen auftreten, wirkt er als Katalysator. Er versucht, Unterschiede auszugleichen und Harmonie wiederherzustellen.

Der NF-Manager nimmt Kritik sehr persönlich. Egal, ob die Kritik von Vorgesetzten an die Abteilung gerichtet ist oder von den Mitarbeitern an die übergeordnete Ebene. Der NF-Manager nimmt die Kritik ernst und überlegt, welchen Anteil er wohl an diesem kritisierten Umstand hat. Kritik kann sein Selbstvertrauen erschüttern und zu Selbstzweifeln führen, auch wenn sie unbegründet ist. Es ist ihm ein großes Anliegen, von seinen Mitarbeitern und Vorgesetzten als Person geschätzt zu werden, die einen wertvollen Beitrag für das Unternehmen leistet. Kritik und mangelnde Anerkennung können den NF-Manager in persönliche Krisen und Selbstzweifel stürzen.

Den NF-Manager trifft man überall dort, wo es um soziale Belange geht, um Neuentwicklungen und Veränderungen in diesem Bereich. Er möchte bestehende Situationen zum Wohle der betroffenen Menschen verbessern. Oft übernimmt er die Rolle des Fürsprechers für andere und engagiert sich für deren Bedürfnisse.

Manchmal ertappt sich der NF-Manager dabei, Entscheidungen nach persönlichen Vorlieben und den Wünschen ihm nahe stehender Menschen zu treffen, auch wenn sie nicht im Einklang mit den Unternehmenszielen stehen. Er fühlt sich vielleicht auch manchmal zerrissen zwischen den Vorgaben seiner Vorgesetzten und den Bedürfnissen und Wünschen seiner Mitarbeiter. Er hört sich beide Standpunkte an und bekundet jeweils seine Sympathie. So gerät er bisweilen zwischen zwei Fronten, wobei beide Seiten glauben, dass er an ihrer Spitze steht. Da er sich so gut in die Situation anderer hineinversetzen kann und das auch zum Ausdruck bringt, ist es schwer festzustellen, welchen Standpunkt er wirklich einnimmt.

Seine Stärke, die große Sensibilität für die Bedürfnisse anderer Menschen, kann auch zu seiner Schwäche werden. Nämlich dann, wenn er sich selbst nicht mehr abgrenzen kann und in zu große Abhängigkeit gerät. Er verliert dann seine eigene persönliche Entwicklung und seine Bedürfnisse aus den Augen.

Der NF-Manager und Mitarbeiterführung

Der NF-Manager gewährt seinen Mitarbeitern ein Maximum an persönlicher Freiheit in der Ausführung ihrer Aufgaben. Er respektiert den persönlichen Arbeitsstil und hat auch Verständnis, wenn sie aus gutem Grund gesetzte Termine überschreiten. Die Mitarbeiter erhalten von ihm volle Unterstützung, wenn sie sich in einem bestimmten Bereich besonders engagieren möchten.

Seine Anforderungen und Erwartungen an Mitarbeiter sind flexibel und individuell, abhängig von deren Potenzial und besonderen Umständen. Hat ein Mitarbeiter private Probleme, dann wird der NF-Manager diese in seinen Leistungsanforderungen an ihn berücksichtigen und ihm vielleicht noch zusätzliche Unterstützung anbieten.

In seinem Verhältnis zu Mitarbeitern hat der NF-Manager Angst vor Zurückweisung. Distanziertes Verhalten von Mitarbeitern interpretiert er als Ablehnung seiner Person. In einer solchen Situation versucht er für sich selbst Gründe zu finden, warum sich ein Mitarbeiter so verhält. Dadurch möchte er die erlittene Verletzung lindern. Der NF-Manager hat große Schwierigkeiten, Mitarbeitern unangenehme Dinge mitzuteilen. Er möchte sie nicht verletzen und auch vermeiden, dass sie ihn in ihrer Reaktion verletzen.

Der NF-Manager und Konflikt

Das Bedürfnis des NF-Managers nach Harmonie macht ihn konfliktscheu. Er ist der Meinung, dass Konflikte kontraproduktiv sind und man stattdessen gemeinsam Wege besserer und harmonischer Zusammenarbeit finden sollte. Da er sehr sensibel für Stimmungen ist, versucht er bereits frühzeitig, diese Spannungen zu beseitigen oder sie erst gar nicht richtig entstehen zu lassen.

Erhält der NF-Manager Informationen oder Anweisungen, von denen absehbar ist, dass sie Konflikte auslösen könnten, wird er sie entweder nicht weiterleiten oder sie so modifizieren, dass sie nicht zuviel Aufregung verursachen. Aufgrund dieses Konfliktvermeidungsverhaltens passiert es dem NF-Manager immer wieder, dass er unversehens selbst zum Zentrum des Konflikts wird.

In Konfliktsituationen agiert der NF-Manager stärker hinter den Kulissen als auf der Bühne. Durch gezielte Überredungsstrategien versucht er in Einzelgesprächen einen Stimmungsumschwung herbeizuführen. Wenn er dabei nicht erfolgreich ist, ist er eher geneigt, die gleichen Strategien wiederholt anzuwenden, als neue Strategien auszuprobieren.

Da sich der NF-Manager in seinen Beziehungen persönlich stark engagiert, ist er in Konfliktsituationen besonders verletzlich und handelt entsprechend emotional. Ist ein bestimmter Punkt erreicht, zählen für ihn rationale Argumente nicht mehr. Sein ganzes Herz hängt an der Position, die er eingenommen hat. Beispielen und Tatsachen, die ein Argument des Konfliktpartners unterstützen, schenkt er keine Beachtung, sondern er zementiert vielmehr weiterhin seinen emotionalen Standpunkt.

Der NF-Manager kann sehr rachsüchtig und nachtragend sein, wenn er verletzt wird. Er setzt all seine kreative Energie ein, um Rachestrategien zu entwickeln. Dabei geht er nicht so direkt vor wie der SF-Manager, sondern sinnt auf ausgeklügelte, nicht auf ihn direkt zurückführbare Möglichkeiten, es dem ehemaligen Gegner heimzuzahlen.

Der NF-Manager und Mitarbeiter-Coaching

Der NF-Manager nimmt großen Anteil an der Entwicklung seiner Mitarbeiter. Die persönliche Entwicklung der Mitarbeiter ist so wichtig, dass er auch bereit ist, Verantwortungsbereiche und Arbeitsabläufe entsprechend dem Potenzial des einzelnen Mitarbeiters zu organisieren und Ausnahmen in bestehenden Systemen zu schaffen. Es ist ihm wichtig, dass sich seine Mitarbeiter optimal einbringen können und ihre Aufgaben mit Freude erfüllen.

Ausgehend von der Person und der bisherigen Entwicklung jedes einzelnen Mitarbeiters überlegt der NF-Manager die besten Entwicklungsmöglichkeiten. Er berät seine Mitarbeiter über mögliche weitere Karriereschritte auch dann, wenn er dadurch persönliche Nachteile oder Nachteile für das Unternehmen bzw. seine Abteilung zu erwarten hat.

In der Leistungsbeurteilung berücksichtigt er besondere Umstände des Mitarbeiters. In Beurteilungsgesprächen geht er weniger auf Vergangenes ein, sondern leitet aus den vorliegenden Informationen Schwerpunkte für künftige Entwicklungen ab.

Je enger die Beziehung zu einem Mitarbeiter wird, desto schwerer fällt es dem NF-Manager, sich abzugrenzen. Da es für ihn keine hierarchischen Barrieren gibt, vermittelt er dem Mitarbeiter schon nach kurzer Zeit das Gefühl der Gleichstellung. Nicht selten kommt es daher vor, dass der NF-Manager Aufträge, die er an seinen Mitarbeiter weitergegeben hat, rückdelegiert bekommt. Oder er stellt fest, dass er im Laufe der Zeit Aufgaben übernommen hat, die ursprünglich im Bereich seines Mitarbeiters lagen. Andererseits kann es auch vorkommen, dass der Mitarbeiter nur positives Feedback wahrnimmt und kritische Aspekte in seinem Verhalten nicht in entsprechendem Maß berücksichtigt werden.

Der NF-Manager und Zeitmanagement

Der NF-Manager neigt dazu, mit seiner Zeit großzügig umzugehen. Er verwendet viel Zeit, um Beziehungen aufzubauen und zu pflegen. In seiner Tagesgestaltung orientiert er sich an den Bedürfnissen und Prioritäten anderer Menschen. Es fällt ihm daher schwer, seine eigenen Schwerpunkte und Prioritäten für sich selbst klar zu erkennen und entsprechend umzusetzen. Wenn er allerdings bisweilen feststellt, dass er für ihn wichtige Angelegenheiten zu sehr vernachlässigt hat, kann er sehr rigide an einem Zeitkonzept festhalten.

Auch der NF-Manager ist eher geneigt, an mehreren Projekten gleichzeitig zu arbeiten. Er genießt die Abwechslung und die Verschiedenheit der Menschen, mit denen er zu tun hat. Operative Tätigkeiten und Routinearbeiten sind ihm unangenehm, und er versucht so gut wie möglich, diese zu vermeiden. Der NF-Manager ist leicht für neue Dinge zu begeistern. Sobald etwas sein Interesse gefunden hat, widmet er sich dieser Sache mit viel Engagement und entzieht seine Aufmerksamkeit anderen Angelegenheiten.

Der NF-Manager, besonders der NFP-Manager, hat Schwierigkeiten in der Planung und Prioritätensetzung. Seine optimistische Sicht des Lebens spiegelt sich auch in der Planung wider. Er neigt dazu, Details in der Planung zu übersehen und auch die Zeit für Besprechungen zu kurz zu bemessen. Da er sich lieber von spontanen Eingebungen und Stimmungen leiten lässt, sieht er in der Planung einen gewissen Rahmen, von dem er sich aber nicht einschränken lässt. Wenn er das Gefühl hat, gebraucht zu werden, dann steht er zur Verfügung, ohne die Konsequenzen zu bedenken, die durch die Vernachlässigung einer anderen Arbeit entstehen.

Der ENFP-Manager

Seine Außenorientierung und seine offene Lebenseinstellung lassen den ENFP-Manager besonders sensibel für die Bedürfnisse anderer Menschen sein. Der ENFP-Manager kann sich sehr gut auf Personen und Situationen einstellen und findet rasch den richtigen Zugang zu Menschen. In der Auseinandersetzung mit seinen Mitmenschen sucht er ein Stück von sich selbst, das er nur im Austausch mit anderen finden kann.

Die Kreativität und Schaffensgabe stellt der ENFP-Manager in den Dienst an seinen Mitmenschen. Er entwickelt Ideen und sucht neue Möglichkeiten, die das Leben für andere erleichtern können. Nicht der Reiz an der Sache selbst ist für ihn die Herausforderung, sondern der Nutzen für andere, den er beitragen kann. Er versucht, so viel als möglich über den Menschen herauszufinden und ihn zu verstehen. Er kann sich so sehr in die Situation anderer hineinversetzen, dass ihm die Abgrenzung zu seiner eigenen Situation schwer fällt. Von allen NF-Typen tut sich der ENFP-Manager am schwersten, sich abzugrenzen.

Das äußert sich auch darin, dass er kaum nein sagen kann, wenn jemand etwas von ihm möchte. Nicht selten geschieht es, dass sich der ENFP-Manager so viele Verpflichtungen aufgeladen hat, dass er sie nur mehr schwer und auf Kosten seiner eigenen Erholung und Gesundheit erfüllen kann. Er ist eher bereit, sich selbst enorme Belastungen aufzuerlegen, als andere zu enttäuschen und zu verletzen.

In der Informationsaufnahme vertraut der ENFP-Manager auf seine intuitive Wahrnehmung. Er richtet seine Aufmerksamkeit nicht auf die offensichtlichen Gegebenheiten einer Situation, sondern stärker auf die Stimmung, die verborgenen Vorgänge und die Muster im Verhalten der beteiligten Situationen. Die Situation ist für ihn dann klar, wenn er glaubt, die Abläufe und Strukturen erkannt zu haben. Er handelt entsprechend seiner Einschätzung der Situation, auch wenn vielleicht einige Tatsachen ein anderes Verhalten erforderlich scheinen lassen.

Der ENFP-Manager kann sehr sprunghaft und rastlos sein. Er wird getrieben von seiner Neugier für andere Menschen. Wenn sein Interesse geweckt ist, verfolgt er die Angelegenheit mit größtem Engagement. Sehr bald kann aber sein Interesse einen neuen Fokus gefunden haben, und er wendet sich einer anderen Sache mit dem gleichen intensiven Engagement zu. Sobald eine Angelegenheit für den ENTP-Manager nichts mehr Neues und Interessantes zu bieten hat, wendet er sich ab. Routineaufgaben sind ihm extrem unangenehm, er kann dagegen eine tiefe Abneigung entwickeln.

Den ENFP-Manager findet man im Unternehmen in Bereichen, die viel Kontakt mit Menschen und die Entwicklung umfassender Strategien mit sich bringen, im Marketing, in der Personalentwicklung, aber auch in der EDV. Gutes Betriebsklima ist für ihn sehr wichtig. Wenn die Stimmung schlecht ist, engagiert er sich, um sie wieder aufzuheitern. Spontane Teambesprechungen und abteilungsinterne Zusammenkünfte zieht er geplanten Besprechungen vor. Als Sitzungsleiter ist er bemüht, die Diskussion von den Kleinigkeiten des Alltags wegzuführen zu den wirklich wichtigen Dingen im Leben, nämlich den Möglichkeiten und Ideen.

Wenn gewisse Aufgaben und Funktionen im Team nicht wahrgenommen werden, ist es sehr wahrscheinlich, dass der ENFP-Manager einspringt, auch wenn die Art der Aufgabe überhaupt nicht seinem Typ entspricht und er darunter leidet. In solchen Situationen übernimmt er auch Aufgaben, die zum Beispiel Sorgfalt, Genauigkeit oder Ordnung erfordern.

Gefahr besteht für den ENFP-Manager darin, dass er zu viele Interessen auf einmal verfolgt und zu viele Verpflichtungen eingeht. Dies geht zu Lasten seiner eigenen Entwicklung, und gleichzeitig bringt es ihm Skepsis bei seinen Kollegen und Mitarbeitern ein, die an seiner Aufrichtigkeit und Ernsthaftigkeit zweifeln.

Der INFJ-Manager

Trotz seines Interesses für den Menschen wirkt der INFJ-Manager eher zurückgezogen und distanziert. Er arbeitet lieber hinter den Kulissen zum Wohle der Menschheit. Zu viel Kontakt mit Menschen ermüdet ihn. Er hat ein bestimmtes Bild des Menschen vor Augen und sieht dieses durch die Auseinandersetzung mit seinen Mitmenschen immer wieder ins Wanken gebracht. Auch wenn er sich über seinen eigenen Weg im Leben nicht immer im Klaren ist, lehnt er es aus Prinzip ab, Anregungen von außen anzunehmen und in sein Weltbild zu integrieren.

Sehr oft findet man den INFJ-Manager in technischen Berufen, wo er neue Systeme und Anwendungen entwickelt, die zum Wohle der Menschen bestimmt sind. Die Information, was für das Wohl der Menschheit notwendig ist, bezieht er aus seinem persönlichen Wertesystem. Er lässt sich in dieser Überzeugung von anderen nur wenig beeinflussen.

Als Vorgesetzter ist er weniger fordernd als der INTJ-Manager. Er kann mit Mitarbeitern gut umgehen und überredet sie eher, als ihnen Aufträge zu erteilen. Auch wenn er den Kontakt mit seinen Mitarbeitern nicht so intensiv sucht, ist er doch um sie und ihr Wohlergehen besorgt.

Wird der INFJ-Manager nach dem Inhalt seiner Tätigkeit oder nach seinen Interessen gefragt, kann er aus sich herausgehen. Bereitwillig teilt er seine Überzeugungen und sein Weltbild mit. Er versteht es auch, sehr plastisch und ansprechend seine Werte zu vermitteln. In Besprechungen und Diskussionen bringt sich der INFJ-Manager dann ein, wenn er der Meinung ist, dass der Gesprächsverlauf nicht der Situation und den beteiligten Personen angemessen ist. Er tritt als Beobachter auf, der versucht, die Realität, die sich um ihn herum abspielt, mit seinem inneren Bild in Einklang zu bringen und entsprechend zu harmonisieren.

Der J-Anteil an seinem Typ macht den INFJ-Manager zu einem verlässlichen, termintreuen Geschäftspartner. Unpünktlichkeit und Terminverzögerungen duldet er bei anderen nicht und bei sich schon gar nicht. Er nimmt außerordentliche Belastungen auf sich, um rechtzeitige Erfüllung seiner Verpflichtungen sicherzustellen. Trotz seines Verantwortungsbewusstseins neigt auch der INFJ-Manager dazu, Details in seiner Planung und der Ausführung von Aufgaben zu übersehen.

Von allen NF-Typen fällt es dem INFJ-Manager am leichtesten, sich von anderen abzugrenzen. Es besteht bei ihm kaum die Gefahr, dass er das Leben anderer Menschen lebt und sein eigenes vernachlässigt. Es kann allerdings vorkommen, dass sich der INFJ-Manager auf der Suche nach sich selbst und seinem Platz im Leben in Phasen der Orientierungslosigkeit und Selbstzweifel verliert.

Der INFP-Manager

Der INFP-Manager kann oft den Eindruck erwecken, ein ENFP-Manager zu sein. Seine offene Lebenseinstellung und seine F-Funktion gemeinsam können diesen Anschein erwecken. Er kann gut mit Menschen umgehen und scheint sich auch in Gesellschaft wohl zu fühlen. Kennt man den INFP-Manager näher, dann stellt man fest, dass er am kreativsten und produktivsten arbeitet, wenn er alleine ist.

In Diskussionen hat es oft den Anschein, dass sich der INFP-Manager spontan beteiligt und aus dem Moment heraus Ideen und Vorschläge entwickelt. Vieles davon existiert aber schon lange im Kopf des INFP-Managers, und er wartet nur auf den geeigneten Moment, seine Ideen zu präsentieren.

Als Mensch ist der INFP-Manager schwer greifbar. Er passt sich sehr gut an Menschen und Situationen an und kann so zu verschiedenen Zeiten völlig unterschiedlich auf seine Umgebung wirken. Er lebt seinen tief verwurzelten Wertvorstellungen entsprechend und versucht, diese in seinem Einflussbereich auch umzusetzen. Er ist dabei sehr geschickt, andere von seinen Vorstellungen zu überzeugen oder sie wenigstens dazu zu überreden.

Als Vorgesetzter ist der INFP-Manager sehr um die Entwicklung seiner Mitarbeiter bemüht. Sehr bald hat er sich seine Meinung gebildet, welchen Weg sie am besten einschlagen sollten und was gut für sie ist. Wenn sich die Vorstellungen des Mitarbeiters und seine eigenen treffen, dann kann sich daraus für den Mitarbeiter eine gute und befriedigende Zusammenarbeit entwickeln. Weichen aber die Vorstellungen des Mitarbeiters von denen des INFP-Managers ab, wird der INFP-Manager immer wieder bemüht sein, zu beweisen, dass er doch Recht hatte. Es besteht die Gefahr für den INFP-Manager, dass er fixe Vorstellungen von seinen Mitarbeitern entwickelt und nicht bereit ist, diese im Lauf der Zeit zu revidieren.

Er lässt seinen Mitarbeitern Freiraum, ihren persönlichen Arbeitsstil zu entwickeln. Dennoch ist er aber darauf bedacht, dass sie sich in ihrer

Arbeitsweise nicht zu sehr von seinen Vorstellungen entfernen. Kontrolle übt er lieber versteckt als offen aus. Er möchte seinen Mitarbeitern nicht das Gefühl vermitteln, dass sie kontrolliert werden. Dennoch ist es ihm ein Anliegen, zu überprüfen, ob sie seinen Vorstellungen entsprechend handeln.

Exakte Planung gehört nicht zu den Stärken des INFP-Managers. Er plant zwar seinen Arbeitstag und die verschiedenen Projekte, muss aber immer wieder feststellen, dass seine Planung nicht umsetzbar ist. Sei es, dass er einige Detailschritte nicht berücksichtigt hatte, sei es, dass er den Zeitaufwand für die Abstimmung mit anderen nicht eingeplant hat. Er vergisst bisweilen, dass sich die Vorstellungen von anderen nicht immer mit seinen decken und daher Zeit für Diskussionen und Interessensabgleich vorzusehen ist.

Der INFP-Manager ist nicht nur anderen Menschen gegenüber sensibel, sondern auch, wenn es um seine Person geht. Er ist leicht verletzbar, aber gibt sich große Mühe, diese Verletzbarkeit nicht zu zeigen. Kränkungen steckt er weg, damit sie ihn nicht an der Erreichung seines Zieles hindern. Wenn er merkt, dass ein Mitarbeiter oder Kollege die gleichen Ziele verfolgt wie er, verbündet er sich mit ihm und gibt ihm jede Unterstützung, die er geben kann. Er fühlt sich bestärkt in seinen Überzeugungen und wertet dies als Anerkennung für seine Person.

Anerkennung ist wichtig für den INFP-Manager. Bekommt er sie nicht freiwillig, dann versucht er durch das Hervorstreichen seiner Rolle in Projekten und Entwicklungen, Aufmerksamkeit auf sich und seinen Beitrag zu lenken. Das versucht er so lange, bis er ein Mindestmaß an Wertschätzung vermittelt bekommt.

Der ENFJ-Manager

Aufgrund seines J-Anteiles wirkt der ENFJ-Manager weniger offen und zugänglich als sein ENFP-Kollege. Trotz seines Interesses und seines Engagements für Menschen zieht er klare Grenzen zwischen seinen Bedürfnissen und den Bedürfnissen anderer. Er respektiert die Bedürfnisse anderer, aber nur solange sie nicht mit seinen eigenen in Konflikt geraten.

Der ENFJ-Manager hat ein sehr klares Bild von seinen Zielen und den Möglichkeiten, diese zu erreichen. Er ist selbstbestimmt in seinem

Vorgehen und vermittelt anderen sehr klar, wofür er steht und was von ihm zu erwarten ist. Er ist derjenige, der die Richtung vorgibt, und darauf achtet, dass grundlegende Werte nicht vernachlässigt werden.

Der ENFJ-Manager hat ein ausgeprägtes Bedürfnis nach Struktur und Ordnung. So versucht er auch Klarheit und eine gewisse Ordnung in seinen Beziehungen zu anderen Menschen zu schaffen. Auch im zwischenmenschlichen Bereich ist es für ihn wichtig zu wissen, woran er ist und was er von anderen erwarten kann. Sein Engagement für Menschen geschieht in einem wohldefinierten Rahmen und Ausmaß, nicht wie beim ENFP-Manager, der sich von den Bedürfnissen anderer überrollen lässt.

Verlässlichkeit und Pflichtbewusstsein gegenüber Menschen sind charakteristische Eigenschaften des ENFJ-Managers. Die Zusammenarbeit von Menschen erfolgt nach bestimmten Spielregeln. Wenn diese Spielregeln eingehalten werden, sind die Beteiligten vor Verletzungen und Enttäuschungen sicher. Der ENFJ-Manager hält sich an diese Spielregeln, so gut er kann. Er hat aber auch Verständnis dafür, wenn andere aus bestimmten Gründen gewisse Regeln nicht einhalten. Das irritiert den ENFJ-Manager zwar, seine Fähigkeit, sich in andere Menschen hineinzuversetzen, hilft ihm aber, Zugeständnisse an die Person und die Situation zu machen.

Der ENFJ-Manager ist der realistischste der NF-Typen. Er verwendet seine N-Funktion, um die Möglichkeiten im Leben zu erkennen, und seine nach außen gerichtete F-Funktion, um deren Chancen der Umsetzbarkeit zu bewerten. Sein Idealismus orientiert sich daher an der Machbarkeit und den Grenzen der eigenen Einflussnahme auf Entwicklungen und Abläufe. Lieber wendet er sich einem neuen Projekt zu, als ein wenig aussichtsreiches Projekt weiterzuverfolgen.

Mitarbeiter des ENFJ-Managers wissen immer, woran sie sind. Er ist klar in der Formulierung seiner Vorstellungen und Erwartungen an die Mitarbeiter. Er gewährt Freiräume zur Gestaltung des eigenen Arbeitsbereiches in einem klar abgesteckten Rahmen. Leistungskontrollen sind vorgesehen und werden auch termingerecht vorgenommen. Bei Nichterfüllung von Leistungsanforderungen zeigt sich der ENFJ-Manager verständnisvoll und entwirft gemeinsam mit dem betreffenden Mitarbeiter einen Plan, wie das Leistungsziel beim nächsten Mal besser erreicht werden kann.

Auch der ENFJ-Manager schätzt Harmonie, allerdings nicht um jeden Preis. Er ist durchaus bereit, einen Konflikt einzugehen, wenn er sich dadurch die Durchsetzung der eigenen Bedürfnisse und die Klärung einer Situation erwarten kann. In der Konfliktsituation selbst bleibt der ENFJ-Manager eher fair, es sei denn, er wird so sehr herausgefordert, dass er seine Einfühlsamkeit für seinen Gegner nützt, um ihn gezielt zu treffen.

Typologie und Problemlösungsverhalten

Eine der wichtigsten Fähigkeiten des Managers ist der professionelle Umgang mit Problemen. Die Typologie zeigt uns allerdings, wie verschieden der Zugang zu dieser Aufgabe von Manager zu Manager sein kann. Arbeitet ein Team von Personen mit unterschiedlichen Typenausprägungen gemeinsam an Problemen, kann die Vielfalt der Problemzugänge die Problemlösungskompetenz aller um ein Vielfaches erhöhen. Das ist vor allem dann möglich, wenn die Beteiligten ihre eigenen typenbegründeten Einstellungen zum Problemlösungsprozess kennen und gleichzeitig durch ihre Kenntnis anderer Typen die Herangehensweisen anderer aus diesem Blickwinkel her verstehen können. Sie kennen ihre eigenen Stärken und Schwächen in diesem Prozess und können daher die Beiträge anderer auch viel besser wertschätzen.

Viel häufiger allerdings führen Unterschiede zwischen Typen zu wirklich störenden und hemmenden Kommunikationsschwierigkeiten und damit zu Unverständnis. Mit der Typologie haben wir die Möglichkeit, die Produktivität unserer Problemlösungsprozesse erheblich zu steigern, und zwar sowohl was die Qualität der Problemlösung als auch was die Akzeptanz einmal getroffener Entscheidungen betrifft.

Bedingungen des Problemlösungsprozesses

Aufgabe des Managers ist es, Probleme zu erkennen, sie aufzugreifen und zu definieren, Ziele festzulegen, die mit einer Lösung erreicht werden sollen, Daten zu sammeln und zu analysieren, Alternativen zu entwickeln und dann durch Auswahl oder Kombination verschiedener Lösungsmöglichkeiten zu einer Entscheidung zu gelangen.

Dieser Prozess hat einige wichtige Bedingungen zu erfüllen, die wir im Folgenden grob aufzählen wollen:

Rechtzeitige Problemerkennung

Dieser Punkt hat natürlich viel mit der Zeitdimension zu tun. Es gibt Probleme, die plötzlich auftreten und, wenn sie „schlimm“ genug sind, von niemandem übersehen werden können und einer sofortigen Lösung bedürfen. Andere Probleme entstehen langsam und zeigen nicht sofort Auswirkungen. Finden sie zunächst keine Beachtung, können sie sich verschlimmern und sich plötzlich als unlösbare Situationen darstellen, da im Verlauf des Prozesses unumkehrbare, irreparable Dinge passiert sind.

Andere Probleme ergeben sich erst durch Hinzuziehung der Zukunft. In der Gegenwart läuft alles perfekt, aber wie entwickeln sich die Dinge? Was heute gut ist, muss es morgen längst nicht mehr sein. In diese Kategorie von Problemen gehören natürlich die Dimensionen der Visionsgenerierung, der Strategie und der Planung.

Es gibt Manager, die sich im Sinne ihrer Zukunftsorientierung geradezu auf die Suche zukünftiger Probleme begeben, Szenarien ihrer Umwelt entwerfen und ihr Unternehmen auf Stärken und Schwächen in den nächsten fünf oder zehn Jahren hin untersuchen und zu Visionen des Unternehmens gelangen wollen, die Mut und Motivation zur Verfügung stellen sollen, um Ziele in einer immer ungewisseren Zukunft kraftvoll zu verfolgen.

Schließlich gibt es die Dimension der Vergangenheit: Im Problemlösungsprozess wird sie meist in Form der Erfahrung eine Rolle spielen. Sie ist helfend oder hemmend, je nach ihrer Nutzung und je nach Problem. Sie hilft, rasch Probleme zu erkennen, wenn die vorhergegangenen ähnlich sind, und ebenso rasch zu Maßnahmen zu kommen. Hinderlich werden sie, wenn wir unsere Erfahrungen allzu vertrauensvoll betrachten: Dann wird unser Blick verengt, auch wenn neuartige Probleme auftreten. Dieses Vertrauen in die Vergangenheit verleitet dann dazu, die Neuartigkeit zugunsten der eigenen Gewohnheit zu übersehen.

Informationssammlung

Der Manager braucht Daten und Fakten verschiedenster Art, um im Problemlösungsprozess voranzukommen. Dieses Material hilft ihm, die Wirklichkeit zu erkennen. Besitzt er nur ungenügende oder unrichtige Daten und Fakten, ist der Erfolg der weiteren Schritte gefährdet.

Wirklichkeit ist immer subjektiv. Wir haben niemals ein völlig objektives Bild der Wirklichkeit. Menschen sehen ihre Welt jeweils anders, wir kennen dieses Phänomen aus unseren Alltagserfahrungen. Je nach unserem persönlichen Wahrnehmungsfilter, mit dem wir in die Welt blicken, werden sich uns unterschiedliche Daten und Fakten rasch einprägen und andere unserer „Verdrängung" zum Opfer fallen. Daher ist eine qualitativ gute Informationssammlung bei umfangreicheren Problemen erst durch das Zusammenwirken mehrerer Personen möglich.

Welches Problem?

Probleme können viele Gesichter haben. Das hängt natürlich einerseits mit der zuvor erwähnten unterschiedlich wahrgenommenen Wirklichkeit zusammen. Wo ein Manager ein reines Motivationsproblem bei den Mitarbeitern ortet, sieht ein anderer das Problem in der richtigen Zuteilung der neuen Investitionen.

Bei Vorliegen verschiedener möglicher Ursachen ist es oft notwendig, das zu behandelnde Problem im wahrsten Sinn des Wortes auszuwählen. Manager müssen entscheiden, welches der Probleme im Hinblick auf die jeweilige Zielerreichung als das eigentliche Problem erscheint. Natürlich sieht jeder die Ursachen eines Problems bei den Symptomen, die ihn am meisten beunruhigen.

Problemadäquate Strategien

Verschiedene Probleme erfordern unterschiedliche Behandlungs- und Lösungsformen und -vorgehen.

Wir können ein Problem allein, in unserem Kopf behandeln oder uns auf die Suche nach Daten und Fakten begeben. Wir können Kollegen aufsuchen, um die Dinge mit ihnen zu besprechen. Wir können für bestimmte Probleme Gremien einrichten, Spezialisten hinzuziehen usw. Man kann in diesem Verlauf viele Fragen stellen oder die Bestätigung der eigenen, schon vorhandenen Antworten suchen.

Bei den Lösungsstrategien können wir uns an der Vergangenheit orientieren oder neue Lösungsansätze suchen. Man kann verschiedene Probleme kombinieren, um grundsätzliche Lösungen zu entwickeln, oder einzelne, eingegrenzte Probleme herausschälen, um sie rasch einer Lösung zuzuführen.

Qualitativ gute Lösungen

Logik und Vernunft, Sachlichkeit und Analyse sind wichtig, um qualitativ gute Lösungen zu erarbeiten. Das beginnt bei der Art, wie wir mit Daten und Fakten verfahren, wie gründlich wir die Analyse durchführen und alle berücksichtigungswürdigen Informationen erkennen. Es erfordert ein klares Ziel, was wir mit der Problemlösung erreichen wollen, und Kriterien, die eine gute Lösung erfüllen muss oder soll.

Akzeptierte Lösungen

Aber auch eine qualitativ noch so gute Lösung muss nicht die Zustimmung der Betroffenen finden. Es kommt darauf an, ob sie in unsere „Philosophie" passt und ob sie von weiteren Betroffenen überhaupt unterstützt werden kann. Kurz: Wir und andere müssen uns mit ihr „identifizieren" können.

Maßnahmen zur Umsetzung

Keine Entscheidung ist erfolgreich oder auch nur gut, wenn sie nicht umgesetzt wird, wenn also keine Handlung erfolgt, die auch das erwartete Resultat erbringt. Dazu müssen auch bereits einfachere Problemlösungen in konkrete Ziele und Schritte aufgeschlüsselt und umgesetzt werden. Veränderung beginnt im Wahrnehmen und Denken, wird aber immer erst im Handeln vollendet.

Diese Bereiche des Problemlösungsprozesses sind natürlich sehr vereinfacht dargestellt. Vor allem die Tatsache, dass sie sich gegenseitig beeinflussen, macht unter Umständen schon relativ abgegrenzte Problemstellungen sehr komplex.

Sie sind andererseits ein geeigneter Rahmen, um den unterschiedlichen Umgang, den unterschiedliche Typen mit ihnen pflegen, darzustellen. Die Beziehung zur Zeit, zu Daten und Fakten, zum Grundsätzlichen oder zum Pragmatischen, zu neuen Wegen und Strategien und zu Erfahrungen sowie zu Logik, Gefühl, Idee und Tatsache, zur Diskussion mit anderen und zu Einzelarbeit, wird durch die jeweilige Präferenz im Wahrnehmen und Entscheiden stark geprägt. Wenn wir das erkennen, können wir Problemlösungsprozesse besser durchschauen und steuern.

In diesem Kapitel stehen die verschiedenen Fähigkeiten der Typen beim Umgang mit Problemen und Entscheidungen im Vordergrund. Alle haben ihre Stärken und Schwächen – je nach Art des Problems, der Phase des Problemlösungsprozesses und der Situation, die die Rahmenbedingungen des Problems ausmacht.

Wir betrachten zunächst den Gedankenprozess beim einzelnen Menschen je nach seiner typologischen Ausprägung; wie neigt er dazu, „denkerisch" mit einem Problem umzugehen? Dazu stellen wir Ihnen das „Z-Modell" für Ihre persönliche Analyse vor. Im nächsten Abschnitt begeben wir uns dann mehr ins Grundsätzliche: Die Anforderungen an den Manager bei Problemlösungs- und Entscheidungsprozessen wird untersucht, und Anforderungen, die sich in Zukunft vermehrt an den Manager stellen werden, sollen in den Mittelpunkt gerückt werden. Sie sind für die Managemententwicklung in den kommenden Jahren von großer Bedeutung. Der Umgang mit Komplexität und vernetztem Denken wird mit den Präferenzen der Typologie in Zusammenhang gebracht.

Lösungsstrategien und Präferenzen sind eine weitere Überlegung in diesem Zusammenhang: Welche Methoden und Vorgehensweisen liegen welchem Typ?

Schließlich stellen wir den Problemlösungsprozess etwas detaillierter dar und wollen damit aufzeigen, wie wichtig gerade eine Vielfalt von Typen, bzw. deren jeweilige Stärken, für erfolgreiche Problemanalyse und Entscheidungsarbeit ist.

Der individuelle Denkprozess: das Z-Modell

Wir haben ausgeführt, dass das zweite Präferenzpaar die Wahrnehmung betrifft (S – N) und das dritte den Entscheidungsstil (T – F). Wahrnehmen und Entscheiden sind die Grundbereiche jedes Problemlösungsprozesses und werden von den unterschiedlichen Typen unterschiedlich eingesetzt. Mit dem „Z-Modell" kombinieren wir die Phasen eines vereinfachten Entscheidungsprozesses zunächst einmal mit den vier Funktionen S, N, T und F:

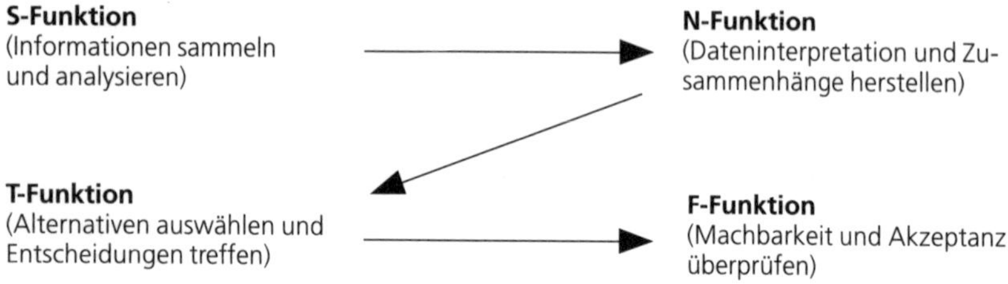

Der Problemlösungsprozess beginnt mit der Wahrnehmungsfunktion: Tritt ein Problem auf, müssen zunächst Informationen gesammelt werden. Diese erste Phase ist die Stärke der Sinneswahrnehmung. Sinneswahrnehmende sammeln „objektive" Daten und Fakten mit ihrem Wahrnehmungsinstrumentarium. Sie verlassen sich auf ihre fünf Sinne, nehmen Informationen auf und bringen Ordnung in dieses Material. Sie sichten und analysieren die Daten und können so sehr gut das Problem aufbereiten. Typen, bei denen die Sinneswahrnehmung die Hauptfunktion darstellt, sind der ISTJ- und ISFJ-, sowie der ESTP- und der ESFP-Manager. Diese vier werden hier ihre besondere Stärke haben, wobei man aus der allgemeinen Typenbeschreibung die spezifischen Unterschiede, wie zum Beispiel zwischen dem Intro- und dem Extravertierten, leicht ableiten kann.

Im weiteren Verlauf des Problemlösungsprozesses müssen die Daten und Fakten gedeutet und interpretiert werden: Was können sie uns sagen? Welche Annahmen können wir über die Ursachen des Problems treffen? Welche Möglichkeiten fallen uns ein? Diese zweite Phase betrifft die Funktion der Intuition. Hier hat der Intuitive seine Stärke: Er sucht neue Möglichkeiten und Alternativen, neigt dazu, grundsätzliche Fragen zu überlegen, die das Problembild erweitern können, und entwickelt gerne komplexere Zusammenhänge unter den einzelnen Aspekten eines Problems. Personen, die die Funktion „Intuition" als Hauptfunktion aufweisen und daher in diesen Bereich viel Energien lenken, sind der INTJ- und der INFJ- sowie der ENTP- und der ENFP-Typ.

Von dieser Phase geht es weiter in die Schlussfolgerungen, die man braucht, um zu Lösungen bzw. Maßnahmen zu gelangen. Dies geschieht durch die Funktion des logisch-rationalen Denkens. T-Typen arbeiten die prinzipiell geeigneten Wege heraus. Sie stellen logische Beziehungen zwischen dem bisher Durchdachten her und legen sich ihre Argumente logisch zurecht. Ihre Stärke ist, eine gut strukturierte Problemlandschaft zu entwickeln, auf der dann die Lösungen erarbeitet werden können. Die Hauptfunktion Denkende Entscheidungen finden wir bei den Typen ISTP, INTP, ESTJ und ENTJ.

Schließlich haben wir zu überlegen, wie gut sich die ausgewählte Lösung für uns „anfühlt", ob sie unserem Stil entspricht, ob wir sie tatsächlich motiviert umsetzen werden, weil wir hinter ihr stehen, ob wir ein Gefühl haben, wie sie auf andere wirken wird. Dazu benötigen wir die Funktion der Fühlenden Entscheidung. Hier können die F-Persönlichkeiten ihre Stärke am besten zeigen. Sie orientieren sich nicht so sehr an der reinen sachlichen Richtigkeit von Überlegungen, sondern prüfen sie auch in Bezug auf Werte, Erwartungen der Betroffenen, motivationale Auswirkungen und auch auf ganz individuelle Aspekte des Problems. Die Hauptfunktion Fühlende Entscheidungen finden wir bei den Typen ISFP, INFP, ESFJ und ENFJ.

Es ist schon an diesem einfachen Modell leicht zu erkennen, dass man für einen optimalen Ablauf dieses Prozesses eine Balance zwischen allen vier Funktionen benötigen würde. Zwar spielt natürlich auch die Art des Problems eine Rolle, die oft die Bedeutung einzelner Phasen mitbestimmt. So kann ein Problem stärker die Berücksichtigung motivationaler Aspekte erfordern, während ein anderes nur durch den Einsatz fachlich objektiver Analyse zu guten Resultaten führen kann. Eines wiederum benötigt viel an neuen Überlegungen und kreativen Ideen, während ein anderes solche Fähigkeiten nicht fordert, sondern eine rasche Lösung aufgrund guter Analyse der vorhandenen Fakten angebracht ist. Wie wir bereits angeführt haben, sorgen die Wahrnehmungsfilter bestimmter Typen oft auch dafür, eine Entsprechung zwischen ihrer Orientierung und Präferenz und dem wahrgenommenen Problem herbeizuführen.

Die Tatsache, dass wir in der Regel stärker und weniger stark ausgeprägte Präferenzen haben, lässt eine solche Balance bei einem einzelnen Menschen in der Praxis kaum zu. Ein SF wird kaum dazu neigen, viele Alternativen zu entwickeln, hat er einmal seiner Meinung nach das Problem erkannt. Er wird eher rasch eine für alle passende Lösung zu finden versuchen. Ganz anders der NT. Er lässt seiner Kreativität nach den ersten Informationen freien Lauf, neigt dazu, detaillierte Informationen zu vernachlässigen, und sucht neue Wege, um das Problem grundsätzlich zu lösen. Findet er eine ihm brillant erscheinende Lösung, wird er versuchen, andere von ihrer Qualität zu überzeugen – und ärgert sich eventuell über Zweifel, die bezüglich ihrer Durchführbarkeit geäußert werden.

Betrachten Sie nun Ihren eigenen Typ im Zusammenhang mit Ihrem Problemlösungsverhalten: Stimmen Ihre Präferenzen mit Ihrem Verhalten überein? Welche Probleme machen Ihnen „Spaß“? Durch welche Anforderungen im Problemlösungsprozess lassen Sie sich gerne fordern? Welche Phasen übergehen (übersehen) Sie gerne?

Natürlich sollen Sie dabei auch den Zusammenhang zu Ihrer Haupt- und Hilfsfunktion beachten. Nehmen wir als Beispiel den ESFJ-Manager: Sein J in Kombination mit der extravertierten Einstellung weist seine Hauptfunktion bei der Entscheidungsfunktion aus (F), seine Hilfsfunktion ist die Sinneswahrnehmung (S). Sein Z-Modell wird daher folgendermaßen abgebildet:

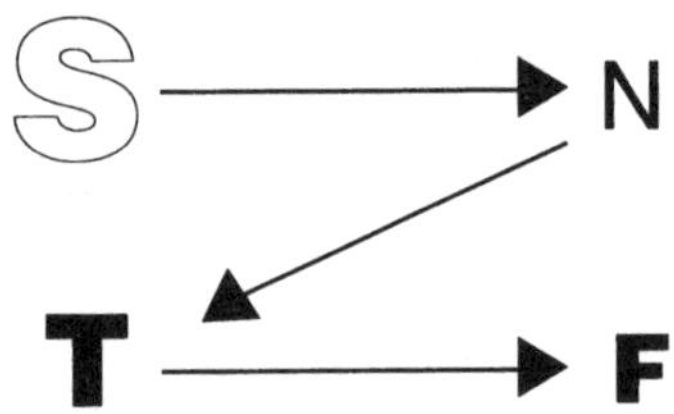

Im Vordergrund steht die Fühlende Entscheidung. Sie zieht bei starker Ausprägung die Aufmerksamkeit des ESFJ-Managers nach einer kurzen (und vermutlich selektiv vorgenommenen) Informationssammlung recht rasch durch die Phase der Untersuchung möglicher Ursachen und logischer Schlussfolgerungen, verweilt jedoch dann ausgiebig bei Überlegungen über die Wirkungen einer Maßnahme auf andere und bei dem Gedanken, wie sie ihm selbst „schmecken“ würde. Während letztere Überlegungen natürlich auch sehr wichtig sind, kann seine Entscheidung auf zu geringen Informationen beruhen bzw. viele Alternativen völlig unberücksichtigt lassen.

Nehmen wir als weiteres Beispiel den ISTJ-Manager. Sein Z-Modell ist das folgende:

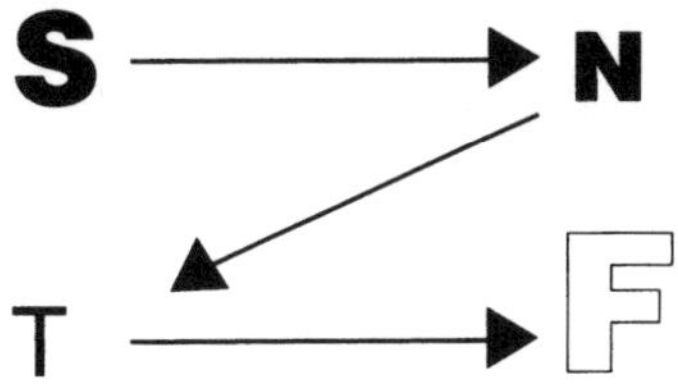

Entsprechend der introvertierten Einstellung haben wir als Hauptfunktion Sinneswahrnehmung anzunehmen, als Hilfsfunktion die Denkende Entscheidung. Bei ihm ist seine Hauptfunktion Sinneswahrnehmung nach innen gerichtet. Er tritt nach außen durchaus entschlossen auf, in seinem Inneren bewegen ihn jedoch Zweifel in Bezug auf die Richtigkeit seiner Meinung. Er sucht weitere Daten und Gründe hauptsächlich in Einzelarbeit und bespricht sich erst mit anderen, wenn er glaubt, selbst ein einigermaßen ausgearbeitetes Bild des Problems zu haben. Sein Zögern und seine mangelnde Prioritätensetzung bei wichtigen Kriterien stellen seine eigenen Überlegungen immer wieder in Frage. Handelt es sich um sehr komplexe oder ungewöhnliche Probleme, kann er zur Verzweiflung kommen – vorausgesetzt er definiert das Problem nicht ohnedies unbewusst zu einer Routinesache um, damit er es schnell loswerden kann.

Ein ENTJ-Manager schließlich könnte folgendes Bild zeigen: In seinem Verhalten ist er gesprächig und teilt seine Überlegungen gerne und wortreich mit (E). Er ist interessiert, Lösungen zu erreichen; Handeln steht an vorderster Stelle (J). Er stürzt sich mit Feuereifer in neue Problemstellungen, die ihn fordern und ihm neue Konzepte abverlangen (N). Dabei kann er schon einmal anderen ordentlich auf die Füße treten, ohne es zu merken. Hinterher, wenn er es erfährt, tut es ihm Leid, was ihn nicht daran hindert, beim nächsten Mal den gleichen Fehler wieder zu machen (T).

Es ist wichtig, sich auch in diesem Zusammenhang wieder in Erinnerung zu rufen, dass es sich bei allen Ausprägungen um Präferenzen handelt. Das heißt also nicht, dass zum Beispiel der F-Typ nicht logisch denken und keine rationalen Schlussfolgerungen anstellen würde. Oder dass der T-Typ nicht imstande wäre, überhaupt motivationale Aspekte bei Maßnahmen zu „erfühlen"! Es sind natürlich alle vier immer am Werk – die primären Orientierungen, die Betonung und die Intensität der Energie beim Problemlösen wird sich jedoch stärker auf die präferierten Funktionen stützen.

Lösung komplexer Probleme

Die Welt des Managers hat sich in den letzten fünfzehn Jahren gewaltig verändert. Die Umwelt des Unternehmens ist unbeständiger und turbulenter geworden; durch die allgemeine globale Vernetzung hat sich eine neuartige Dynamik ergeben, die durch die Rasanz der Entwicklungen und durch unvorhersagbare Einbrüche und Turbulenzen in den Trends gekennzeichnet ist. Prognose und Hochrechnung ist in diesen Zeiten schwierig geworden, mehr noch das Verlassen auf Routine. Eine solche Umweltcharakteristik muss sich auch im Unternehmen und im Management widerspiegeln und hat auch die Anforderungen an das Management entsprechend verändert. In ruhigeren Zeiten war der Manager oft in der Rolle des Bewahrers der Ordnung, heute wird er zum Veränderer, indem er dem Unternehmen hilft, neue Entwicklungen vorauszusehen und strategische Antworten zu finden. Je rascher und sensibler das Management neuen Trends gegenüber ist, desto eher kann es sie ausnutzen, sie beeinflussen und verstärken bzw. selbst initiativ Trends lancieren. Diese Fähigkeiten stellen hohe Anforderungen an Veränderungs- und Risikobereitschaft.

Der Manager muss darauf achten, dass das Unternehmen nicht versteinert, sondern lernbereit und flexibel bleibt. Eine gewisse Ordnung, wenn auch anderer Art als früher, muss jedoch ebenfalls gewährleistet bleiben. Die neuen Ordnungsstrukturen sind allerdings fließender und beweglicher; Ordnung ist nicht mehr gleichbedeutend mit Stabilität. Durch diese Entwicklungen wurde die Aufgabenstellung des Managers in sich komplexer und widersprüchlicher.

Mit den neuen Anforderungen an den Manager erhalten jetzt auch

Präferenzen größere Bedeutung, die bisher weniger wichtig erschienen und/oder im Rollenbild des Managers nicht geschätzt oder sogar verpönt waren.

Eine Untersuchung, die im Jahre 1981 bei 849 Führungskräften, die Seminare in einer Business School besuchten, gemacht wurde (Margerison/Lewis, 1981), zeigt folgende Ergebnisse:

	extravertiert	**gesamt**	**introvertiert**	
ESTJ	20,7%	44,5%	23,8%	ISTJ
ESFJ	5,9%	12,4%	6,5%	ISFJ
ENTJ	8,8%	15,3%	6,5%	INTJ
ENFJ	1,6%	4,0%	2,4%	INFJ
ESTP	3,9%	8,4%	4,4%	ISTP
ESFP	1,2%	2,4%	1,2%	ISFP
ENTP	4,2%	7,1%	2,9%	INTP
ENFP	2,9%	6,0%	3,1%	INFP

Der STJ-Manager liegt bei weitem an der Spitze! Ob introvertiert oder extravertiert (interessanterweise liegen die Introvertierten ein wenig weiter vorn), der Manager zeigt das Bild des „Machers“, des analytischen, fakten- und datenorientierten Entscheiders, des umsetzungsorientierten „Rechners“.

Das Schlusslicht bilden die F-Funktionen, wobei der SF ganz zum Schluss reiht. Eine mögliche Erklärung dafür: SFs sind keine großen „Karrieristen“ und besuchen daher auch seltener Seminare in Business Schools als andere Typen.

Lernen, gründliche Ursachenanalyse, neue Möglichkeiten suchen, Motivation und „Kultursensibilität“, die Fähigkeit, Zusammenhänge und das Ganze zu sehen, waren in einer stabilen Umwelt, in deren Verlauf diese Manager ihre Karriere gemacht haben, nicht Fähigkeiten, die von Nutzen schienen.

Das hat sich, wie uns scheint, gründlich geändert. Die Umwelt stellt den Manager vor wesentlich *komplexere* Probleme, und diese Probleme spiegeln sich in den Anforderungen an den Manager und seine Fähigkeiten und an das Unternehmen, seine Struktur und Kultur wider. Nun ist der Umgang mit Komplexität nicht unbedingt die Sache der STJ-Manager. Ihre Stärken liegen in der Entscheidungsfreudigkeit und dem Entscheidungsdrang, im Sammeln von Informationen, im raschen Feststellen, „was los ist", und nach dieser Feststellung eine Entscheidung zu treffen, die eher zum Ziel hat, die (alte) Ordnung wiederherzustellen, das Funktionieren des Unternehmens wieder abzusichern.

Man könnte meinen, dass diese Fähigkeiten gerade für die derzeitige Umweltsituation sehr geeignet sind. Diese Ansicht stimmt allerdings nur im Fall einer Krisensituation. Nicht mehr stimmt sie, wenn es darum geht, die Fähigkeiten im Unternehmen zu fördern, zur Flexibilität im Unternehmen beizutragen und mehr Autonomie und Selbstorganisation zu entwickeln. Hier kommen die Stärken des N- und des F-Managers zum Tragen.

„Vernetztes Denken" und „komplexe Probleme"

Bei unseren Überlegungen zu den Anforderungen an die Problemlösungskompetenz werden wir die Begriffe „lineares/analytisches Denken vs. vernetztes/ganzheitliches Denken" und „strukturierte vs. komplexe Probleme" immer wieder verwenden. Im Folgenden geben wir daher eine kurze Definition und Erklärung dieser Begriffe. Wenn Sie mit diesen Begriffen bereits vertraut sind, können Sie das nächste Unterkapitel ruhig überblättern.

„Strukturierte" und „komplexe" Probleme

Man spricht von einem strukturierten Problem dann, wenn sein Tatbestand relativ leicht durchschaubar ist. Das bedeutet, dass man weiß, welche Informationen für die Problemerfassung noch fehlen. Weiter, dass bekannt ist, wo diese Informationen zu beschaffen sind und dass sie auch leicht beschafft werden können.

Ein strukturiertes Problem wäre also zum Beispiel die Überprüfung der Deckungsbeiträge verschiedener Produkte, sofern exakte betriebswirtschaftliche Aufzeichnungen vorhanden sind. Man weiß, welche Zahlen fehlen, wo sie zu bekommen sind, und kann auch auf die entsprechenden Aufzeichnungen zurückgreifen.

Anders verhält es sich bei „komplexen" Problemstellungen: Hier weiß man nicht, welche Informationen im Verlauf des Problemanalyseprozesses sich noch als relevant herausstellen werden, wo man sie bekommen könnte; und es gibt keinen leichten Zugang zu diesen Informationen. Ein typisches Beispiel für ein komplexes Problem ist die Frage, warum in einer Abteilung die Motivation in den letzten Wochen gesunken ist. Weder kann ich objektive Informationen erwarten, noch mit völliger Offenheit rechnen, wenn ich die Mitarbeiter darüber befrage.

Lineares versus vernetztes Denken

Lineares Denken „arbeitet" bei der Analyse eines Problems im Unterschied zum vernetzten Denken mit Ursache-Wirkungs-Beziehungen:

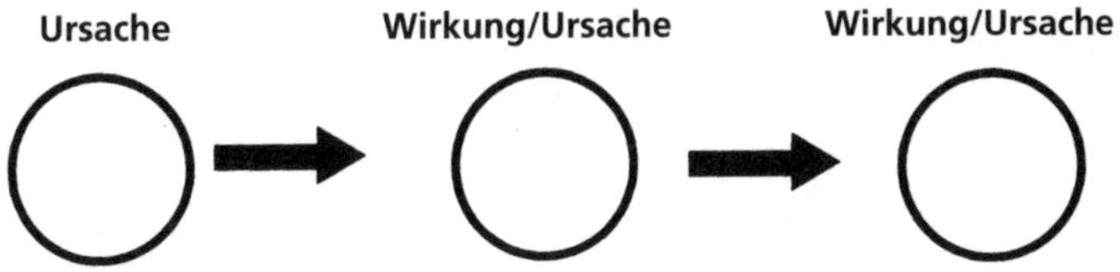

Eine dem Problem zugrunde liegende Ursache löst eine Wirkung aus; diese „Wirkung" kann natürlich wiederum die „Ursache" für eine weitere Wirkung sein usw., bis man bei dem Punkt der Kette anlangt, die man als das Problem erkennt. Nehmen wir folgendes Problem als Beispiel: Es handelt sich um ein Kunststoffgehäuse in das später Metallteile eingebaut werden sollen. Das Problem zeigt sich nun darin, dass die vorgesehenen Stellen für das Hineinpressen der Metallteile, die sehr exakt sein müssen, zuviel „Spiel" haben. Der Metallteil sitzt locker oder fällt heraus. Nun kann man verschiedene Ursachen überlegen und überprüfen. Es kann sich um eine abgenützte Form in der Spritzgussmaschine handeln. Wenn auch bei einer neuen Form der gleiche Fehler auftritt, könnte die Temperatur, mit der „gefahren" wird, die Ursache sein. Es kann sich auch herausstellen, dass der Lieferant die Rohstoffeigenschaften geringfügig verändert hat, was zu diesem Fehler führt.

Nach einigen Tests stellt man die Ursache fest: Es war die Temperatur – sie wird korrigiert und exakter überwacht. Linear nennt man diese Denkform, da sie „einer Linie“, einer so genannten Kausalkette, folgt. Diese Denkform hat noch weitere Eigenschaften: Sie ist analytisch, das heißt, sie zerlegt das Problem in seine *Bestandteile.* Diese Teile werden dann auf ihre Wirkungen hin untersucht. Sie ist weiter „monokausal“ orientiert, da sie eine (einzige) Ursache des Problems annimmt. Diese wirkliche Ursache gilt es zu finden, um das Problem aus der Welt zu schaffen.

Geht man von der Vorstellung einer Kausalkette zugunsten einer „vernetzten“ Problemstruktur ab, zeigt sich folgendes Bild:

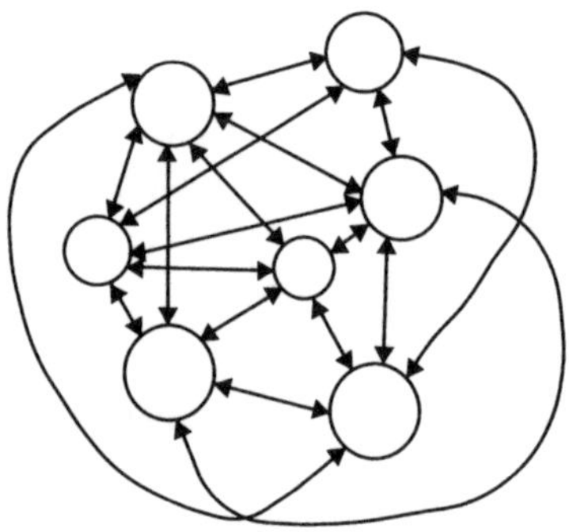

Statt der Kettenstruktur werden *wechselseitige* Einwirkungen zwischen den Elementen eines Problems angenommen. Es entsteht eine Kreisstruktur, in der Ursache und Wirkung austauschbar werden. Diese Austauschbarkeit ist aber nicht von der Art wie die in der Kette: Ein und derselbe Teil kann in Bezug auf einen anderen Ursache und Wirkung sein. Wir sprechen hier von dem Phänomen der *Rückkopplung.* Man spricht von einem vernetzten Problem, wenn die Teile in wechselseitigen Beziehungen stehen und man daher nicht sagen kann, es gäbe eine einzige Ursache im Sinne eines einzigen Teiles. Ursache können zum Beispiel die Rückkopplungen zwischen den Teilen sein und nicht ein Teil an sich. Vernetztes Denken heißt, diese wechselseitigen Beziehungen und ihre Wirkungen zu betrachten und nicht die Teile. Daher muss man versuchen, das *Ganze zu* sehen. Die Konsequenzen sind beachtlich. Je zahlreicher die Beziehungen zwischen Teilen und je weniger vorhersagbar die gegenseitigen Wirkungen, desto komplexer wird das Problem. Es ist nicht „strukturiert“.

Kommen wir auf das oben beschriebene Beispiel mit dem Kunststoffteil zurück: Es könnte sich bei diesem einfachen Problem natürlich auch bereits um ein vernetztes Problem handeln, mit dem die Techniker des Unternehmens konfrontiert sind: Der Lieferant könnte eine geringe Änderung des Rohstoffes vorgenommen haben, die sich jedoch bei der bestimmten Temperatur oder bei bestimmten Druckverhältnissen beim Spritzen des Kunststoffs besonders stark auswirkt. Gleichzeitig haben vielleicht die Arbeiter an der Maschine die Andersartigkeit des Materials bemerkt und ihrerseits die Temperatur leicht verändert. Das verbesserte zwar die Qualität ein wenig, aber bei weitem nicht ausreichend. Wird lediglich die Temperaturveränderung als der Teil, der „außer der Ordnung“ ist, erkannt, wird durch seine Korrektur das Problem nicht gelöst, obwohl ein nicht stimmiger Teil korrigiert wird. Das Problem wird sogar noch weiter verschlimmert.

Trotzdem bleibt natürlich unser Beispiel verhältnismäßig einfach. Denkt man an elektronische Maschinen, wird es sehr rasch wesentlich „vernetzter“, da elektronische Steuerungen ihre „Denkleistung“ ja gerade durch sehr vernetzte Schaltungen erhalten. Vollends vernetzt wird es, wenn wir an ein Unternehmen denken: Hier handelt es sich um Beziehungen zwischen Menschen, die in einem permanenten Beziehungsnetz stehen, also besonders komplexe Systeme.

Komplexität und komplexe Systeme

Von *Komplexität* sprechen wir, wenn die Reaktionen der Teile und damit die Reaktion des Gesamtsystems *nicht* oder nur begrenzt voraussagbar sind. Jedes oder viele Teile des Systems können viele verschiedene Reaktionen zeigen. Diese sind nicht voraussagbar, und daher ist auch das ganze Wirkungsgefüge nicht berechenbar. Den Versuch, durch Regeln und Vorschriften das Verhalten von Teilen eines Systems voraussagbar zu machen, nennen wir den Versuch, unvorhersagbare Reaktionen zu verringern, also *Komplexität zu reduzieren.*

Wir sind hier bei einem wichtigen Punkt des systemischen Managementdenkens: Man kann unter diesem Gesichtspunkt die Aufgabe des Managements, das heißt Gestalten von Unternehmen, als den Umgang mit einem Spannungsfeld zwischen Zulassen von Komplexität und Reduzieren von Komplexität betrachten. Mitarbeitern mehr Selbständigkeit einzuräumen heißt, zum Beispiel Komplexität bewusst vergrößern, und viele Verhaltensvorschriften in Form starrer Regeln einzuführen heißt, Komplexität verringern. Das lineare Denken bezieht diesen Begriff der Komplexität in sein Bild von der Wirklichkeit erst gar nicht ein.

Auch für Unternehmen trifft der Satz von dem Systemtheoretiker Ashby zu: „Ein System muss über so viel Komplexität in seinem Inneren verfügen, wie das System aufweist, mit dem es kommunizieren will." Unsere Umwelt ist wesentlich komplexer geworden, und unsere Unternehmen müssen mit ihr kommunizieren können, wollen sie überleben. Erfolgreich kommunizieren heißt in diesem Zusammenhang, die Probleme, die sich stellen, erfolgreich zu lösen, zum Beispiel geeignete Strategien zu finden. Über unsere Produkte, Dienstleistungen und Problemlösungen kommunizieren wir dauernd mit unserer Umwelt.

Die Entwicklung der Unternehmen in den vergangenen Jahren ist ein Weg durch verschiedene Perioden, bei dem schrittweise mehr Komplexität zugelassen wird, da die Unbeweglichkeit und Starrheit den Erfolg des Unternehmens in einer komplexen Umwelt nicht mehr sicherstellen kann. Es ist auch nicht mehr möglich, dass einige wenige an der Spitze des Unternehmens die Komplexität der Anforderungen begreifen können, einmal ganz abgesehen vom ungeheuer gestiegenen Fachwissen, das dafür notwendig wäre. Die Erhöhung von Komplexität wird einerseits durch Zulassen von mehr Eigenständigkeit, durch geringeren Einsatz von Vorschriften und Kontrollen erreicht und andererseits durch Integration in Form der verstärkten Kommunikation zwischen den Teilen des Unternehmens. Bei dieser Problematik ist das Denken im „Sowohl-als-auch" besonders wichtig. Ungebremstes Erhöhen der Komplexität führt zu Handlungsunfähigkeit und Chaos, überstarkes Reduzieren von Komplexität führt zu Starrheit und Unbeweglichkeit. Ziel ist, mit beiden umgehen zu können.

Betrachten wir einmal die beiden Begriffe im Problemlösungsprozess: Einfach strukturierte, nicht komplexe Probleme können wir rasch analysieren und lösen. Sind die Probleme jedoch komplexer, müssen wir auch mehr Komplexität in unseren Problemlösungsprozess einfließen lassen. Das geschieht zum Beispiel, indem wir viele Informationen sammeln, Annahmen treffen, Szenarien über mögliche Zustände der Wirklichkeit entwickeln oder auch kreative Ideen zulassen. Das Problembild und die Möglichkeiten der Lösungen werden bewusst verbreitert, verschiedenste Zusammenhänge werden hergestellt und ihre Vernetzung untersucht. Erst dann können wir in die Analyse gehen und nach unseren Zielsetzungen und Kriterien zu Lösungen kommen. Sonst werden wir dem Problem und seiner Komplexität eben nicht gerecht. Denken wir einmal an strategische Entscheidungen. Sie sind in der Regel sehr komplex. Wir müssen mögliche Marktentwicklungen abschätzen, Ideen zum optimalen Einsatz der Stärken unseres Unternehmens erarbeiten und vieles mehr.

Es ist nicht leicht, die Balance zwischen Komplexitätserweiterung und -reduzierung in einem Problemlösungsprozess zu schaffen. Es bedarf einer Vielfalt von Fähigkeiten, die oft erst durch ein gutes Zusammenspiel einer Vielfalt von Präferenzen im Sinne der Typologie erzielt werden kann.

Typen und ihre verschiedenen Einstellungen zu Problemen

Sinneswahrnehmende neigen zur analytischen Denkweise: Sie wollen ein Problem rasch in den Griff bekommen, was ja ihrer Orientierung in Richtung „Ordnung herstellen“ entspricht. Sie neigen dazu, komplexe Problemstellungen zu reduzieren, zu vereinfachen.

Anders der Intuitive: Seine Stärke ist es, den „Wald“ und nicht nur die „Bäume“ zu sehen, wie wir es im Kapitel zu den Eigenschaften der Präferenzen schon angeführt haben. Der Intuitive sucht die Möglichkeiten, die Zusammenhänge, liebt Phantasie und lässt sich von Problemen inspirieren, ohne gleich das Bestreben zu haben, sie rasch zu klären und aus der Welt zu schaffen. Da er sich gerne auf sein Gespür verlässt, stört ihn auch Ungewissheit und Unsicherheit des Komplexen weniger, sondern er erlebt sie vielmehr „spannend“ im angenehmen Sinn. Kombiniert sich Intuition mit der wahrnehmenden Präferenz P, kann dies natürlich dazu führen, dass die Lust, Probleme zu wälzen, den eigentlichen Zweck, nämlich Handlungsanleitungen und Maßnahmen zu entwickeln, überdeckt.

Natürlich müssen Manager auch immer für entsprechendes Handeln sorgen. Diese Stärke bringen der ST- und der SF-Manager unter anderem in den Problemlösungsprozess ein; insbesondere wenn ihr Typ mit der J-(bewertenden)Funktion verbunden ist.

Es geht also um die Vielfalt an Einstellungen, die man im Problemlösungsprozess zuzulassen bereit ist. Auch wenn bei einem komplexen und wichtigen Problem durch eine gründliche Diskussion den Möglichkeiten und Ideen breiter Raum gewährt wird, dient dies der Qualität der Problemlösung und nicht dem Hintanhalten von Entscheidungen.

Manager mit starker STJ-Orientierung werden mitunter in solchen Situationen unruhig und verunsichert. Sie wollen lieber rasch eine Lösung. Da sie das Zulassen eines höheren Grades von Komplexität unsicher macht, neigen sie dazu, Komplexität zu verringern oder sie einfach zu negieren. Dabei ist es gleichgültig, ob es sich um strategische oder Marketingentscheidungen handelt, oder aber um Führungsprobleme.

Beide Typen haben ihre Stärken in verschiedenen Situationen: Handelt es sich um ein operationelles, logisch/analytisches Problem, ist der Ansatz des STJ-Managers sehr erfolgreich. Je komplexer das Problem ist, desto eher kann der Intuitive/Wahrnehmende seine Stärken positiv einbringen.

Der Widerspruch zwischen Komplexitätserweiterung und -reduzierung ist dialektisch, da beide Positionen berechtigt und notwendig sind. Wir müssen uns ihm daher mit der Einstellung des „Sowohl-als-auch" nähern.

Der größte Gegensatz zwischen den Typen und ihren Orientierungen in diesem Zusammenhang liegt wohl zwischen dem STJ- und dem NFP-Manager; es sind geradezu verschiedene Welten, und trotzdem ist deren Integration bei vielen Problemen ein echter Gewinn.

Welche Methoden der Problemlösung?

Sehen wir uns die typischen Problemlösungsmethoden der vergangenen Jahre im Management an, so blicken wir in eine „STJ-Welt" der reinen Rationalität, des linearen Denkens und der logischen „Berechnung". Problemlösungsmethoden wie die „Kepner-Tregoe-Methode", lange Zeit das Liebkind der Manager, ragen deutlich heraus. Solche Methoden sehen Bewertungen (meist in Ziffern) vor, um eine Exaktheit herzustellen, wo manchmal keine mehr möglich ist. Dem Gefühl wird wenig Raum gegeben – ja, man könnte sagen, dass diese Methoden sich deswegen so großer Beliebtheit erfreuten, weil sie die Illusion erzeugten, gefühlsmäßiges Entscheiden im Management ersetzen zu können. Marketing hatte seine Messinstrumente, und sogar die Führungsinstrumente wurden auf eine möglichst messbare Basis gestellt, zum Beispiel ein ausgeklügeltes MbO-System. Das „Harzburger Modell" verdankte seinen Erfolg in den sechziger und siebziger Jahren ebenfalls dieser Orientierung: Man schrieb per Dekret Delegation an die unteren Ebenen vor und legte alle Zuständigkeiten fest. Anordnungen über Hol- und Bringschuld bezüglich Information und Zusammenarbeit sollten in diesem Modell das Zusammenspiel der Menschen in einem Unternehmen fein säuberlich regeln.

Kein Wunder, dass viele Manager, und hier eher die unternehmerisch/intuitiven, solchen Methoden wenig abgewinnen konnten und sie als zu wissenschaftlich-theoretisch ablehnten.

Die Schwächen dieser Problemlösungsmethoden zeigen sich bei ihrer Anwendung auf komplexe Probleme und noch deutlicher dann, wenn es um Werte und andere, wenig angreifbare Dimensionen (wie Unternehmensphilosophie, Unternehmenskultur usw.) geht:

- Sie nehmen das einmal definierte Problem als gegeben an und fragen nicht weiter nach anderen möglichen Ursachen, um zu Neuformulierungen des Problems zu kommen,
- sie verwenden rein rationale und lineare Denkschritte und stellen keine Vernetzungen und Rückwirkungen, keine dynamischen Problemstrukturen dar,
- sie erwecken den Eindruck, dass alles machbar sei (wenn es sich

nur als logisch herausstellt), indem sie die Notwendigkeiten des Reagierens auf verschiedene Gegebenheiten im Unternehmen und in seiner Umwelt kaum einbeziehen, und schließlich

- überbetonen sie die kognitiv-rationalen Aspekte gegenüber den sozial-emotionalen Dimensionen des Problemlösungsprozesses, der jedoch tatsächlich als sozialer Prozess aufgefasst werden muss.

Parallel dazu entstanden immer mehr Problemlösungsmethoden, die die N-Orientierungen verstärkten, allen voran das bekannte Brainstorming und andere Kreativitätsmethoden, sowie Szenariotechniken und andere, mehr spielerisch konzipierte Methoden für die Entwicklung möglicher Bilder der Zukunft. Die Integration der verschiedenen Methoden gestaltete sich oftmals schwierig. Der Grund ist natürlich nicht in den Methoden zu suchen (sie sind ohne weiteres integrierbar, wenn sie in den jeweilig passenden Phasen des Prozesses eingesetzt werden), sondern in den Weltbildern der unterschiedlichen Typen.

STJ-Manager mit starker Bewertungsorientierung wenden unter Umständen gleich gar keine Methoden an, da sie ihnen nur als lästiges Hindernis auf dem Weg zur angestrebten Lösung erscheinen. STP-, SFP- oder auch SFJ-Manager schätzen logisch-rationale Methoden. Einerseits versprechen sie eine objektive Analyse und bieten dadurch eine Entscheidungshilfe für die STP- und auch SFP-Manager. Andererseits lassen sie den Entscheidungsprozess nachvollziehbar und beweisbar werden, so dass die „Fühlenden Entscheiden“ gegenüber anderen ihre Entscheidung auch einsehbar machen können. („So war das eben – da konnten wir diesmal leider nicht anders entscheiden!“)

NF-Manager lehnen logisch-rationale Methoden eher ab. Sie scheinen ihnen zu trocken, zu weit weg vom Leben, das ja nie so logisch und wohlgeordnet ist, als dass es in so exakte Dimensionen gepresst werden könnte. Demgegenüber schätzen sie die freieren, kreativen Methoden, die nicht unmittelbar auf eine Lösung abzielen, sondern in der Phase der Ideenentwicklung und des Ergründens neuer Problemsichten eingesetzt werden.

Wenn wir unsere Einstellungen reflektieren können, sind wir wesentlich besser imstande, das Wesen bestimmter Probleme zu erkennen und dann auch die entsprechenden Methoden einzusetzen. Warum?

Die Subjektivität der Problemdefinition Oder: Welches Problem?

Klar strukturierte Probleme sind recht eindeutig, was ihre Dimensionen betrifft: Symptome und Folgen lassen sich relativ leicht von der Ursache des Problems unterscheiden. Die Analyse des ersten Problems ist vergleichsweise leicht, die eigentliche Aufgabe ist das Finden der geeigneten Maßnahme zur Problembereinigung. Die Lösung des Problems steht also im Mittelpunkt.

Das ist nicht so bei komplexen Problemen: Hier stehen wir zunächst vor einer Vielzahl von Phänomenen, durch die sich „ein" Problem zeigt. Die Unterscheidung zwischen Symptomen, Wirkungen und Ursachen ist schwierig. Es gehört zur Komplexität, dass es mehrere Ursachen gibt, die miteinander in Beziehung stehen und sich gegenseitig beeinflussen; dies führt zu unterschiedlichen Symptomen, die ihrerseits wieder auf die Ursachen zurückwirken können, was dazu führt, dass die Erscheinungsformen dieser Probleme eine eigene Dynamik besitzen.

Sie sind längst nicht so eindeutig und erschließen sich nicht so leicht einer Analyse; die Ursachen liegen nicht offen dar. Diese Charakteristik lässt viele Interpretationsmöglichkeiten zu. Je nach Typ werden diejenigen Dimensionen auf das Problem projiziert, die seinen Erwartungen, seinen Ängsten und auch seinen Stärken entspricht.

Nehmen wir an, eine Marketingstrategie zeigt nicht die erwartete Wirkung: Der Intuitive sieht unter Umständen ein strategisches Problem. Für ihn ist das ein Anlass, das Produkt-Portefeuille einmal grundsätzlich zu überlegen, die Position zum Wettbewerber näher zu untersuchen usw. SF-Manager sehen möglicherweise die folgende Ursache: Die Kundenorientierung ist zu gering, man geht an den veränderten Konsumenteneinstellungen seit geraumer Zeit vorbei. STJ-Manager wissen plötzlich ganz genau, dass die beauftragte Agentur der Aufgabenstellung nicht gewachsen war oder dass sich das Problem wahrscheinlich mit ein paar deutlichen Rundschreiben an den Außendienst lösen lassen würde (Vorwegnahme der Lösungen ohne Analyse).

Stellen Sie sich nun vor, unsere drei geschilderten Personen kommen zusammen, um das Problem zu diskutieren. Erkennen sie, dass ihre unterschiedlichen Interpretationen von ihren unterschiedlichen Weltbildern herrühren, können sie relativ rasch und ohne persönliche Vorurteile an die Problemanalyse gehen. Das können sie, indem sie sich von der jeweiligen Problemdefinition zu den individuellen Perspektiven zurückarbeiten. Die Typologie hilft ihnen dabei, diese Perspektiven zu verstehen und aus der vorhandenen Vielfalt heraus zu konstruktiven Lösungen zu kommen.

Vielleicht beschließen sie eine „Sowohl-als-auch“-Strategie und setzen an allen drei geäußerten Angelpunkten an.

Typologie und die Phasen der Entscheidungsfindung

Komplexe Probleme bringen es mit sich, dass das rasche „Ansteuern“ von Lösungen nicht geeignet ist. Nicht „Was machen wir?“ steht zunächst im Vordergrund, sondern die Frage: „Mit welchem Problem haben wir es zu tun?“

Das Finden des wirklichen Problems, seine treffende Formulierung und die beste Auswahl seiner möglichen Ursachen sind unverzichtbare Schritte, bevor man überhaupt an das Lösen des Problems denken kann. Das drückt auch die bekannte Unterscheidung aus, „ein Problem *richtig* zu lösen“ oder „das *richtige* Problem zu lösen“. Da komplexe Probleme sinnvollerweise in einem Team bearbeitet werden, um dadurch auch personell der Vielfalt des Problems gerecht werden zu können, verändert sich die Rolle des Managers immer mehr vom klassischen „Problemlöser“ hin zum „Steuerer von Problemlösungsprozessen“. Während wir seine Rolle im Team in dem entsprechenden Kapitel beleuchten, wollen wir hier noch einmal einen genaueren Blick auf den Problemlösungsprozess und dazu im Zusammenhang auf die verschiedenen Typenkombinationen unserer Typologie werfen:

Phase 1: Situationsanalyse

Der Prozess zur Maßnahmenentwicklung beginnt mit der Situationsanalyse. Eine möglichst umfassende und vorurteilslose Erfassung aller Informationen ist hier notwendig. Allzu großzügige Sammlung unter Weglassung insbesondere der quantitativen Daten ist nicht angebracht, ebenso wenig wie vorschnelle Annahmen, die zwar interessant klingen und spannend sind, aber ohne exakte Überprüfung mit den Daten getroffen werden. Diese Phase ist (wie schon vorher beim Z-Modell aufgezeigt) die Stärke der Sinneswahrnehmung. Den Sinneswahrnehmenden interessieren nicht Vermutungen und Annahmen, sondern beweisbare Tatsachen.

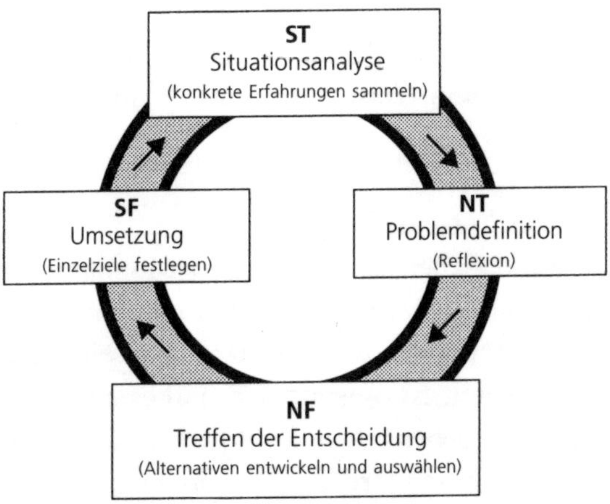

Wenn wir die Entscheidungsfunktion berücksichtigen, die ja auch die Wahrnehmungsfunktion mit beeinflusst, können wir sagen, es ist die Stärke des ST-Managers. Die Informationssammlung soll ja nicht nur exakt sein, sondern auch nach möglichst logisch-rationalen Kriterien erfolgen.

Phase 2: Problemdefinition

In ihr sind die Aufgaben zu leisten, die oben bereits erwähnt wurden. Es geht um die Definition des Problems, eigentlich um die Entwicklung eines Modells unseres Problems, das wir für die Situation aufgrund der Informationssammlung erarbeiten (da wir bei komplexen Problemen nicht annehmen können, die vollständige „Wahrheit" zu kennen). Diese Aufgabe geschieht durch das Herstellen von Zusammenhängen, das Aufzeigen von Wechselwirkungen und möglichen Entwicklungen. Die Informationen leiten dabei die Überlegungen, aber erst durch ihren (kreativen) Zusammenbau, durch das Überlegen verschiedenster Möglichkeiten des Wirkungsgefüges kann eine wirklich gute Analyse zustande kommen. So wird sozusagen die Problemdefinition selbst zum „schöpferischen" Akt, da aus ihr „Wirklichkeit" und Überzeugung entsteht, die über die Analyse bestehender Daten und Fakten hinausgeht. Diese Phase ist die Stärke des NT-Managers. Die Intuition leistet den kreativen, schöpferischen Teil, den zukunftsgerichteten Blick und die Bereitschaft, sich auch auf neu auftauchende Problemfacetten einzulassen. Phase 2 ist die Phase der Komplexitätserweiterung. Natürlich kann sich daraus ein mehrmaliger Wechsel von Phase 2 zu Phase 1 und wieder zurück ergeben.

Phase 3: Treffen der Entscheidung

Hier werden die möglichen Lösungen und Maßnahmen erarbeitet. In dieser Phase kann der NF-Manager seine Stärken am besten einbringen. Wiederum ist es die Intuition, die den kreativen Teil liefert und in Alternativen zu denken bereit ist, anstatt der erstbesten, befriedigend scheinenden Lösung nachzugeben. Die F-Funktion in Kombination dazu richtet ihren Blick auf das Machbare, das Durchsetzbare. Sie bringt das „Gefühlsmäßige" in die Entscheidung ein, berücksichtigt die Wirkungen der möglichen Maßnahmen auf Betroffene und bezieht motivationale und emotionale Kriterien mit ein.

Phase 4: Umsetzung

Sie ist die Domäne der SF-Manager. Wie wir bereits bei den Typenausprägungen beschrieben haben, sind sie die Praktiker par excellence. Und darum geht es natürlich in dieser Phase. Die Maßnahmen müssen zur Umsetzung in konkrete Einzelziele zerlegt und in die Routine der Betroffenen eingebaut werden. Details spielen hier eine Rolle und die Beachtung der ganz praktischen Auswirkungen im täglichen Arbeitsprozess. Das leistet wiederum die Sinneswahrnehmung in Kombination mit der fühlenden Funktion, da ja die von der Entscheidung Betroffenen einbezogen werden müssen. Das Machbare auch unter Berücksichtigung der möglichen Zeit steht nun im Vordergrund, soll der Entscheidung auch tatsächlich das erwartete Resultat folgen. Gerade diese Phase scheint oft mit zu wenig „Begabung" in vielen Unternehmen bestückt zu sein. Das ist auch kein Wunder, denn unter den karrierebewussten Führungskräften ist dieser Typ in unseren heutigen Unternehmenskulturen relativ selten anzutreffen. Er gehört viel eher dem loyalen, tüchtigen Fußvolk an.

Wir haben im Rahmen dieses Problemlösungsmodells nur mit den Funktionen des Wahrnehmens und Entscheidens gearbeitet. Es wären natürlich die anderen vier Präferenzen ebenso einzubeziehen. Schon weil ja eine weitere Differenzierung je nach Haupt- und Hilfsfunktion vorhanden ist. Wir haben sie schon beim Z-Modell dargestellt und sie kann hier sinngemäß angewandt werden.

Auch die „Lebenseinstellungen", das heißt, ob jemand eher bewertend oder wahrnehmend dem Leben entgegentritt, spielt in seinem Verhalten in diesem Prozess eine große Rolle. Sie bestimmen die Hauptfunktion: Die Phasen 1 und 2 bieten tendenziell den S- und N-Managern die Möglichkeit, ihre Stärken einzubringen, während die Phasen 3 und 4 eher den Stärken der T- und F-Manager Platz bieten.

Betrachten wir den Problemlösungsprozess als Ganzes, sehen wir auch hier wiederum die Dialektik von Komplexitätserweiterung und -reduzierung. Geradezu „wellenförmig" wechseln Phasen der Erweiterung, des Raum-Gebens mit solchen des Zusammenziehens, des Verdichtens ab. Die Metapher von organisch arbeitenden Systemen liegt nahe: Alle Funktionen des Organismus werden gebraucht.

Wir gehen davon aus, dass Störungen in der Kommunikation von Problemlösungsgruppen am häufigsten durch die unterschiedlichen Orientierungen entstehen. Sie sind für die meisten Schwächen eines solchen Diskussionsprozesses verantwortlich. Gerade die Spannungen zum Beispiel zwischen Komplexitätsreduktion und -erweiterung, zwischen Zukunftsorientierung und Gegenwartsbezogenheit, zwischen Logik und Werten und zwischen raschem Handeln und dem Durchdenken mehrerer Überlegungen stellt natürlich eine Belastung für jedes Team dar. Ohne ein Verstehen dieser verschiedenen „Welten“ ist es schwierig, sie zu nutzen.

Die Typologie als „Landkarte“ für unterschiedliche Präferenzen und damit als Orientierungshilfe für ein besseres gegenseitiges Verstehen und Nutzen einzelner Stärken stellt ein ungemein wirksames Hilfsmittel für die Verbesserung von Problemlösungsprozessen dar. Wir kommen im Kapitel über Teamarbeit noch darauf zurück.

Zur Beachtung

Die einzelnen Typen haben ihre Stärken in den jeweils entsprechenden Phasen. Berücksichtigen Sie aber bitte immer, dass damit nicht eine Ausschließung anderer Verhaltensweisen und Fähigkeiten gemeint ist! Natürlich nehmen alle Personen alle Verhaltensweisen bis zu einem bestimmten Grad wahr und speziell dann, wenn zum Beispiel bestimmte Typenausprägungen in einer Gruppenzusammensetzung fehlen.

Eine Präferenz oder Orientierung ist auch nicht automatisch eine „Qualitätsgarantie“. Andere Fähigkeiten, die nicht von dieser Typologie erfasst werden, kommen in Bezug auf die Leistungskomponente ebenso ins Spiel, wie zum Beispiel Intelligenzfaktoren oder auch einfach andere psychische Komponenten, die einen Menschen in unserer Wirtschaftswelt leistungsfähiger als andere erscheinen lassen.

Nach diesen Überlegungen zum Problemanalyse- und Entscheidungsprozess können Sie sich, vielleicht gemeinsam mit Kollegen, einigen Reflexionen zum eigenen Entscheidungsverhalten zuwenden:

1. Beschreiben Sie, welche Probleme Ihnen Spaß machen, welche Sie motivieren, bei welchen Sie sich „gut“ fühlen.
2. Überlegen Sie, was es ist, das diese Probleme für Sie reizvoll macht. Denken Sie dabei an die inhaltliche Herausforderung des Problems und weniger an mögliches Prestige oder Anerkennung.
3. Auch die Frage, wie Sie sich eine ideale Problemlösungssitzung vorstellen, kann für Ihre Reflexion interessant sein. Was gefällt Ihnen bei derzeitigen Sitzungen, was missfällt Ihnen? Wann werden Sie unruhig?

4. Mit wem arbeiten Sie gerne zusammen, mit wem nicht? Was ist Ihrer Meinung nach die Stärke dieser Personen (denken Sie bitte bei beiden Gruppen bewusst an *Stärken)?* Welchen Typ verkörpern diese Mitarbeiter?
5. Was meinen Sie: Welche Phase kommt bei Ihrem Problemlösungsverhalten zu kurz? Was sind die Auswirkungen dieses Mangels auf die Qualität Ihrer Problemlösung und deren Umsetzung in konkrete Maßnahmen?
6. Was können Sie tun, um selbst eine Verstärkung herbeizuführen? Welche Person aus Ihrem Team könnten Sie mehr unterstützen, damit durch deren Fähigkeiten diese Funktion besser wahrgenommen werden kann?

Mit diesen Fragen können Sie Überlegungen anstellen, wie Sie Ihre Rolle als Steuerer von Problemlösungsprozessen verbessern können. Die Kenntnis des eigenen Typs hilft dabei. Einerseits, um die eigenen Neigungen und Stärken zu erkennen, andererseits als wichtige Information darüber, wie und warum wir das Verhalten anderer Personen in einer bestimmten Weise einschätzen und dadurch vielleicht nicht ihre Stärken nutzen können. Diese Überlegungen sind wichtig, wenn es um Ihre Rolle als Leiter eines Teams geht.

Wie sich Manager Unternehmen wünschen

Im Kapitel über den Problemlösungsprozess haben wir bereits die verschiedenen Interpretationsmöglichkeiten besprochen, die durch unterschiedliche Perspektiven des jeweiligen Typs bei komplexen Problemen entstehen.

Ein Unternehmen ist erst recht ein äußerst komplexes System. Wir sind daher auch in diesem Zusammenhang mit der Dialektik zwischen Komplexitätserweiterung und -reduktion konfrontiert. Neben der Tatsache, dass sich Intuitive in den Bereichen der Komplexität wohler fühlen, müssen wir uns bewusst machen, dass natürlich jeder Typ Komplexität reduziert, um Entscheidungen treffen zu können. Dabei entsprechen die Inhalte bei der Reduktion wiederum dem Typ. Personen des Typs S reduzieren die Wirklichkeit gerne auf quantifizierbare, objektive Fakten, die sie eventuell nach ebenso objektiven Kriterien reihen, I-Typen auf neue Ideen und Möglichkeiten, die sich anbieten, während F-Typen beispielsweise nur die Wirkungen auf die Gruppe sehen.

Wir können hier nicht allzu ausführlich auf die Problematik der Strukturen und ihre Leistungsfähigkeit in bestimmten Phasen von Unternehmen eingehen und wollen dies hier nur so weit tun, als es uns zu einer weiteren Dimension des Managementdenkens im Zusammenhang mit der Typologie führt und eine Grundlage zum darauf folgenden Schritt, dem Verstehen der Unternehmenskultur unter Typenkategorien, bilden soll.

Es geht um die Überlegung, wie einzelne Typenausprägungen das Unternehmen sehen und interpretieren. Diese Frage ist insofern von Bedeutung, als ihre Beantwortung viel über die Art der organisatorischen Führungsarbeit eines Managers klären kann.

Wir verwenden dafür wiederum im Wesentlichen die Typenkombinationen ST, SF, NT und NF.

Wie der ST-Manager das Unternehmen sieht

Für den ST-Manager ist Ordnung wichtig. Verhaltensweisen und Bedingungen, die seine Ordnung stören, sind ihm unangenehm. Er verbindet daher die Vorstellung von Leistungsfähigkeit eines Unternehmens mit der von geordneten Abläufen. Da ein Unternehmen Ziele möglichst effizient erreichen muss, sind klar organisierte Abläufe wesentlich. Das ist das Wesen ordentlicher Arbeit: die Ordnung einhalten. Der ST-Manager ist ein guter Routinearbeiter und will auch Routineabläufe aufrechterhalten. Neues bzw. Veränderung ist nicht Tagesgeschäft, sondern bedeutet immer einen besonderen Schritt, der dann wieder einige Zeit halten soll.

Seinen Wunsch nach Ordnung erfüllt er sich durch Kontrolle. Hier trifft und ergänzt sich sein analytisches Denken mit der Ordnungsorientierung: Analytisch denken heißt, die Dinge in ihre Bestandteile zu zerlegen, um das Gesamte zu verstehen. Dementsprechend zerlegt er auch das Unternehmen in einzelne, isolierte Teile und ordnet sie dann logisch und den Aufgaben und Funktionen entsprechend. Das Ergebnis ist die uns allen bekannte hierarchische Unternehmensstruktur. Diese Denkweise geht eben davon aus, dass das Unternehmen eine organisierte, aus einzelnen Teilen zusammengestellte Ordnung zu sein hat. Jeder der Teile hat eine ihm zugedachte Aufgabe zu erfüllen. Treten Störungen auf, dann deswegen, weil ein Teil seine ihm zugedachte Aufgabe nicht erfüllt hat. Für ST-Manager ist das Unternehmen eine Maschine: Dreht sich jedes Rädchen, wie es soll, dann gibt es auch keine Probleme. Wenn nicht, müssen einzelne Rädchen korrigiert werden.

Da das Unternehmen logisch stimmig aufgebaut ist, kann es auch keine Widersprüche geben. Treten solche in Form von Konflikten auf, ist es zunächst klar, dass es sich dabei um eine Störung handelt, die eliminiert werden muss. Ursache für den Konflikt kann eigentlich nur sein, dass jemand seine Aufgaben und Pflichten nicht richtig verstanden hat. Auch wieder klar, dass der Konflikt dadurch bereinigt wird, indem die Beteiligten von höherer Stelle Erklärungen bekommen, was jeder zur Konfliktbeilegung tun soll. Es ist die jahrhundertealte „Teile-und-herrsche-Strategie“, die hier zur Aufrechterhaltung der Ordnung eingesetzt wird: Sie hält die Mitarbeiter gegenseitig auf Distanz, verhindert die Entwicklung von Konfliktfähigkeit bei den Mitarbeitern und stellt sicher, dass in „Ordnungsfragen“ die nächste Instanz angerufen wird. Dadurch kann sie Ordnung nach ihren Vorstellungen aufrechterhalten.

Was schätzt der ST-Manager, und worauf achtet er?

- Wir haben ein solides Fundament, finanziell und organisatorisch.
- Unsere Produktion ist am entsprechenden Stand, um mit dem Wettbewerb Schritt zu halten.
- Unsere Produktivität kann sich sehen lassen.
- Unser ROI kann als gute Basis für zukünftige Entwicklungen gesehen werden.
- Unser Marktanteil ist vergleichsweise zu anderen Mitbewerbern gut abgesichert.
- Auch für zeitweise erhöhte Produktion haben wir die nötige Kapazität.
- Unser Management hat gute Fähigkeiten in Planung, Personalbesetzung, Kontrolle, klaren Zielsetzungen und raschen Entscheidungen.
- Unser organisatorischer Aufbau ist klar und gut geregelt; jeder kennt seinen Platz und seine Aufgaben.

Natürlich sind alle diese Punkte sehr vernünftig und in jedem Geschäft wichtig. Es sind andererseits die typischen Punkte, die das Managementdenken des ST-Managers zuallererst beschäftigen und nach denen er seine Überlegungen aufbaut. Ihre besondere Charakteristik kommt erst im Vergleich zu den Punkten bei den anderen Typenausprägungen zutage. Feststellen können wir jedoch bereits hier, dass die Punkte allesamt in der Gegenwart liegen (wenn man von denen, die die Absicherung betonen, absieht), und im Wesentlichen nach innen gerichtet sind und sich mit den derzeitigen Eigenschaften des anonymen Systems „Unternehmen“ beschäftigen.

Natürlich wird ein extravertierter ST-Manager in seinem Naturell anders sein als ein introvertierter; ein ST-Manager mit einer wahrnehmenden Einstellung (STP) wird im Vergleich zu einem STJ-Manager (scheinbar!) wesentlich mehr Freiräume zulassen, aber im Wesentlichen mit ebenso klaren Vorgaben die Ordnung aufrechterhalten. Der scheinbare Freiraum ergibt sich dadurch, dass er nicht unbedingt so rasch auf Entscheidung drängt und Ideen und Meinungen des Mitarbeiters offener gegenübersteht. Das Unternehmen wird er jedoch ebenso wie der STJ-Manager als stabile Ordnung sehen, die es aufrechtzuerhalten gilt.

Stärken/Schwächen

Insbesondere STP-Manager (wir haben es in einem vorhergehenden Kapitel schon betont) sind daher gut als Krisenmanager: Durch ihre Perspektive sind sie imstande, neue Ordnung herzustellen. Ein Unternehmen in der Krise braucht nichts so sehr wie Sicherheit und Entschlossenheit an der Spitze. In der Kombination mit der wahrnehmenden Funktion (STP) kann sich der Manager aber auch gleichzeitig die Unterstützung der Leute sichern, die noch (oder wieder) motiviert sind, zu neuen Anstrengungen beizutragen: Er ist bereit, ihnen nach den grundsätzlichen Neuorientierungen die Freiräume zu geben, eigenständig seine Richtlinien umzusetzen.

Wie ist es aber mit einem Unternehmen, das grundsätzlich gesund ist und für seinen weiteren Erfolg einfach Schritt halten muss mit den Entwicklungen, um den Mitbewerbern auf seinen strategischen Schlüsselbereichen voraus zu sein?

Entwicklungen und Veränderungen des Unternehmens sind nicht die Stärke des ST-Managers, es sei denn, dass sie von ihm stammen. Dann ist alles unter Kontrolle. In seiner Perspektive spielt die Aufrechterhaltung von Stabilität und Kontrolle eine große Rolle, und so will er auch die Strukturen des Unternehmens gestalten. Struktur ist sozusagen Garant der Ordnung. Veränderung ist für ihn nichts „Fließendes“ oder Permanentes. Veränderung ist eine kurze Phase, in der zum Beispiel eine Reorganisation durchgeführt wird. Sie wird geplant und dann ins Unternehmen „eingeführt“ mit der Hoffnung, wieder für einige Zeit zu halten. Veränderung ist also die *Ausnahme* im Leben eines Unternehmens.

Sein analytisches Denken trennt auch die Bereiche Unternehmen und Umwelt. Rückkopplungsprozesse zwischen beiden sieht er nicht, sonst könnte er nicht die stabile Ordnung so stark betonen.

Die Umwelt des Unternehmens richtet sich aber nicht danach. Sie ist weder stabil noch voraussagbar oder kontrollierbar, sie beeinflusst das Unternehmen ständig. Der ST-Manager richtet seinen Blick jedoch auf das direkt Kontrollierbare, Steuerbare und weniger auf die Veränderungen in der Umwelt. Kontrollier- und steuerbar ist für ihn das Unternehmen. Dadurch manövriert er sich paradoxerweise in eine Situation, in der er dauernd das Unternehmen an eine (für ihn feindliche) Umwelt anpassen muss – und verliert gleichzeitig den Blick dafür, dass er tatsächlich dauernd selbst gesteuert wird. Seine Überzeugung ist, dass bei geringerem Erfolg eben das Unternehmen noch nicht effizient genug ist und dass durch neue Ordnungen und Strukturen, die er dem Unternehmen geben muss, diesen Schwächen begegnet werden kann.

Wir kennen aus Beratungsfällen Unternehmen, die von solchen Managern, speziell wenn sie an der Spitze des Unternehmens standen, fast zu Tode „getrimmt" wurden.

Wie der SF-Manager das Unternehmen sieht

SF-Manager sind einerseits sehr praktisch veranlagte Menschen, die gleichzeitig viel Gefühl für Zwischenmenschliches besitzen. Kooperativ, hilfsbereit, verlässlich, sind sie treue Mitarbeiter und gute Kollegen. Gleichzeitig sind sie in bestimmten Kombinationen mit den anderen Einstellungen (zum Beispiel ISFP) auch verletzlich und nicht immer sehr sicher.

Im Unterschied zum ST-Manager, der das Unternehmen als etwas Anonymes betrachtet, ist die Welt der SF-Manager sehr viel persönlicher. Sieht der ST-Manager in erster Linie die Rollen und Aufgaben auf eine effiziente Organisation des Unternehmens bezogen, sehen SF-Manager die Menschen, die diese Rollen und Aufgaben auszuführen haben. Ordnung spielt natürlich als eine Komponente der Sinneswahrnehmung nach wie vor eine große Rolle. Für den SF-Manager ist ein Unternehmen eine geordnete Ansammlung von Menschen, die gemeinsam an Zielen arbeiten. Es ist fast so wie eine große Familie. Das Wohlergehen der Menschen im Unternehmen spielt eine wichtige Rolle, und es ist auch Aufgabe des Unternehmens, für den einzelnen Menschen zu sorgen, ihm Sicherheit zu bieten und die Loyalität zu geben, die man auch von ihm verlangt.

Sieht der SF-Manager auch zuerst den Menschen, so stellt er sich doch auch eine stabile Ordnung in der Struktur des Unternehmens vor. Diese Struktur soll aus seiner Sicht das Zusammenleben ordnen und ist nicht so sehr aus einer Leistungsperspektive heraus motiviert. Die große, geordnete Familie – dieses Bild ruft natürlich den Gedanken an ein patriarchalisches Unternehmen hervor. SF-Manager erreichen ihre Ordnungsvorstellungen nicht mit Anordnungen, die ihrer Perspektive nach nicht zum eigentlichen Wesen des idealen Unternehmens passen, sondern mit mildem Druck und freundlicher Überzeugung. Sie sind im Unternehmen, um ihm zu dienen bzw. dem Menschen eine harmonische Arbeitsstätte zu bieten.

Da das Unternehmen sich auf die Menschen einstellen soll, wird Struktur und Organisation auch auf sie ausgerichtet. Sie und ihre Fähigkeiten und Neigungen bestimmen oft Einrichtung und Inhalte der Stellen, im Unterschied zu den Bestrebungen des ST-Managers, der das Unternehmen zunächst als ein rational/logisches Leistungssystem entwirft und es hernach mit Menschen „füllt".

Die Klarheit der Regeln kann schon manchmal durch die Berücksichtigung individueller Bedürfnisse leiden. Wenn sie dann in Frage gestellt wird, so wird es leicht als Undankbarkeit aufgefasst und bedeutet mitunter auch eine Verletzung für sie. Die Wiederherstellung der Ordnung geschieht dann zunächst durch wohlwollende Ermahnung, und wenn das nichts fruchtet, auch mit der Verstoßung des Zuwiderhandelnden.

Diese beiden Aspekte sind auch die Paradoxie des SF-Managers:

Durch die Berücksichtigung individueller Bedürfnisse will er seine Art von Ordnung und Loyalität zeigen. Es jedem recht zu machen ist jedoch bekanntlich ein oftmals unmögliches Unterfangen, und so kann der SF-Manager gerade dadurch auch ungerecht wirken. Dies kann zu Konflikten führen, die er gerade vermeiden will.

Der zweite paradoxe Aspekt ist seine milde Härte: Sie kann auf andere sehr widersprüchlich wirken, da die Mitarbeiter erkennen, dass Sorge und Loyalität des Unternehmens auch mit einem Preis bezahlt werden muss – sich der Ordnung letztlich fügen zu müssen. Anhörung von Ideen und Änderungsvorschlägen bedeutet noch nicht, dass man wirklich ernst genommen wird.

Was schätzt der SF-Manager, und worauf achtet er?

- Wir haben eine harmonische Zusammenarbeit im Unternehmen.
- Jeder kann mit seinen Sorgen zu seinem Vorgesetzten kommen, der sich ihm widmen wird.
- Wir tun etwas für die Leute, sowohl was zusätzliche Firmenleistung als auch Ausbildung und Mitarbeiterentwicklung betrifft.
- Unser Kapital sind die Menschen; uns ist ihre Motivation und ihr Wohlergehen wichtig.
- Unsere Mitarbeiter sind zufrieden.
- Unsere Mitarbeiter sind loyal, und die meisten sind schon sehr lange bei uns.
- Die Sicherheit des Arbeitsplatzes ist dem Unternehmen ein Anliegen.
- Unsere Leute arbeiten tüchtig.
- Kommunikation und Kooperation werden bei uns groß geschrieben.
- Unser Kundenservice ist hervorragend – die Kunden fühlen sich von uns persönlich betreut.
- Unsere Lieferanten gehören fast schon zu unserer großen Familie.
- Wir haben Stammkunden, die sich seit vielen Jahren nur von uns betreuen lassen – wir wissen das und schenken ihnen unser besonderes Augenmerk.

SF-Manager in Kombination mit einer extravertierten Einstellung brauchen viele direkte Kontakte, mit denen sie das Familienleben gestalten. Dabei gehen sie mit viel Enthusiasmus vor. Sie sehen das Unternehmen auch als Partner der Geschäftsfreunde, wobei *Geschäftsfreund* der wörtliche Ausdruck ihres Gefühls ist.

Stärken/Schwächen

Die Stärken der SF-Perspektive für das Unternehmen können sich vor allem in Zeiten guten Geschäftsganges zeigen. Bei stabilen und günstigen Umwelt- und Marktverhältnissen kommt die Motivationsfähigkeit dieser Gestaltungsstrategien positiv zum Ausdruck. Dort, wo Beständigkeit der Leistung und nicht Spitzenleistungen unter größerem Druck verlangt werden, ist dieses Bild des Unternehmens erfolgreich, ebenso dort, wo intensive Kundenbeziehungen auf einer persönlichen Basis notwendig oder möglich sind.

Wenn die Anforderungen an das Unternehmen sich plötzlich ändern und/oder größer werden, zeigen sich die Schwächen dieser Unternehmenskonzeption. Da Konflikte in solchen Situationen fast unausweichlich entstehen und die Mitarbeiter kaum über Konfliktfähigkeit verfügen, bricht unter Umständen das Gebäude der Kooperation und Harmonie recht rasch zusammen. Typischerweise richtet man dann auch den Blick nach innen, in das Unternehmen, um zu grübeln, was an der ungünstigen Entwicklung schuld sei. Voll Sehnsucht blickt man zurück in vergangene Zeiten, zurück zum Paradies, das ehemals bestand, und neigt dazu, „die Welt nicht mehr zu verstehen“.

Wie der NT-Manager das Unternehmen sieht

Intuitive Denker sind auf der Suche nach dem Möglichen. Sie beschäftigen sich mit Dingen, die sein könnten, und haben ihren Blick in die Zukunft gerichtet. Einzelheiten und allzu praktische Dinge des Arbeitsalltags erhalten nicht ihre primäre Beachtung. Konzepte und Ideen machen ihnen Spaß. Sie wollen „das Ganze“ sehen und begreifen.

Für den NT-Manager ist das Unternehmen zunächst einmal eine Art „Idee“. Wenn er an ein Unternehmen denkt, fragt er nach dem Unternehmenszweck, nach den Zielen und Strategien. Details über Arbeitsabläufe und Stellen sind für ihn nur Konsequenz des Ganzen. Sein Bild des Unternehmens ist recht abstrakt, komplex und unpersönlich/anonym. Anders als die Sinneswahrnehmenden sieht er die Zusammenhänge im Unternehmen und seine Dynamik. Ein Unternehmen ist ein System von Beziehungen, das dazu da ist, sich zu entwickeln und den zukünftigen Herausforderungen gewachsen zu sein. In diesem Sinn ist er „unternehmerisch“: Das Unternehmen ist eine Idee, und diese Idee wird durch seine physischen Einrichtungen umgesetzt. Im Idealfall sind für ihn alle im Unternehmen Tätigen von der Idee ergriffen und daher von selbst motiviert, an der Erreichung der Ziele zu arbeiten.

Viele neue Gedanken und Konzepte in Bezug auf Unternehmen stammen aus der Perspektive des ganzheitlichen, systemischen Denkens. Das ist auch die Perspektive des NT-Managers (und in mancher Hinsicht auch des NF-Managers, wie wir weiter unten sehen werden; natürlich entsprechend den Charakteristika des Fühlens verändert): Unternehmen sind vernetzte Systeme und durch die Dynamik, die ihnen innewohnt, sehr komplex. Der NT-Manager liebt es, Komplexität zu entdecken, zuzulassen und zu fördern. Leistung und Motivation in einem Unternehmen entsteht für ihn durch Selbstorganisation. Erst dann lebt das Unternehmen für ihn. Struktur, Organisation und Ordnung müssen auch sein, aber sie erzielen wenig Beachtung bei ihm. Erst wenn Hektik herrscht und viele Diskussionen auf verschiedenen Ebenen sich mit der Planung größerer Aufgaben beschäftigen, hat er das Gefühl, dass das Unternehmen funktioniert.

Er bevorzugt Teamarbeit (insbesondere in Kombination mit einer extravertierten Einstellung), denn durch sie wird Vernetzung im System hergestellt. Wenn jeder im Unternehmen unauffällig und richtig vor sich hin arbeitet, wird er eher nervös und unruhig. So leicht kann die Erreichung der Ziele nicht sein.

Strukturen, die er bevorzugt, haben wenig Bürokratisches an sich. Er hasst viele Regeln und Anordnungen und empfindet sie als Korsett für das Unternehmen und die darin motiviert Handelnden. Er stellt sich daher auch ein Unternehmen nicht hierarchisch/bürokratisch strukturiert vor, sondern bevorzugt autonome Arbeitsgruppen, Projektmanagement und vernetzte Strukturen, wie zum Beispiel die Matrix-Struktur. Überhaupt dürfen Strukturen keinen sehr stabilen und starren Charakter haben. Der NT-Manager verwendet Struktur am liebsten dann, wenn er sie verändert. Dazu ist sie letztlich da: sie kann das Gefühl der Veränderung liefern.

Unternehmen brauchen Visionen und Strategien. Sie sind der Ausfluss der Idee. Strategischen Diskussionen wird breiter Raum gewährt, da sie von ihm ebenfalls als Beweger des Unternehmens angesehen werden.

Was schätzt der NT-Manager, und worauf achtet er?

- Wir sind die Größten, die Besten.
- Unser Markt bietet uns noch viele Chancen.
- Kaum jemand kann auf eine so rasche Entwicklung zurückblicken.
- Wir führen die Branche in Forschung und Produktentwicklung an.
- Wir haben ein dynamisches Management, das strategisch denkt und Chancen wahrnehmen kann.
- Wir haben nicht viel Bürokratie; das Lösen von Problemen bestimmt unsere Zusammenarbeit, und nicht Regeln und Verordnungen.
- Wir sind sehr dezentralisiert, arbeiten aber alle an einem Ziel.
- Unsere Mitarbeiter sind in Bezug auf Zielerreichung hochmotiviert; wir haben wenige Ja-Sager und schon gar nicht im Management.
- Wir haben unsere Fühler immer am Markt und können auf neue Entwicklungen ungeheuer rasch reagieren.
- Wir haben einige Kooperationen mit anderen Firmen.
- Wir denken daran, einige Firmen aufzukaufen.
- Die wirtschaftliche Lage ist für uns günstig – wir werden die neuen Schwierigkeiten besser meistern als unsere Mitbewerber.

Die Unterschiede der NT-Manager im Zusammenhang mit ihrer extravertierten oder introvertierten Einstellung sind am besten so zu charakterisieren, dass der introvertierte NT-Manager das Unternehmen eher wie ein Forschungs- und Entwicklungsunternehmen sieht, während der Extravertierte offener für Marktentwicklungen ist und bewusst am dynamischen Image des Unternehmens arbeitet.

NTP-Manager stecken noch mehr in ihren Ideen, während NTJ-Manager entschlossener im Handeln sind und nicht nur selbst Hektik durchleben, sondern eine dynamische Umgebung brauchen und sie daher auch erzeugen.

Stärken/Schwächen

Kein Zweifel, dass in den kommenden Jahren die intuitive Funktion im Management viel an Bedeutung gewinnen wird. Die Umwelt zwingt

Unternehmen zu permanenter Veränderung und vielseitigen Entwicklungen, sowohl im Bereich Produkte und Dienstleistungen als auch Strukturen betreffend.

Die Stärke des NT-Managers ist die Fähigkeit, vernetzte Systeme und dynamische Prozesse verstehen zu können. Mit ihr besitzt er eine wichtige Voraussetzung zur Analyse und Steuerung der gegenwärtigen und zukünftigen Problemstellungen. Da er das Unternehmen auch als lebendiges System begreift, wird er diese kreative Unruhe und Komplexität in das Unternehmen hineintragen können.

Sein strategisches Verständnis sorgt gleichzeitig für die Richtungsgebung im Unternehmen. Diese Fähigkeit ist in turbulenten, nicht prognostizierbaren Umwelten ausschlaggebend. Sie kann den Mitarbeitern und Kollegen Orientierung, Sicherheit und Kraft für ihr Handeln bieten.

Die intuitive Funktion wird der wichtigste „Lehrmeister“ des Managements in den kommenden Jahren sein. Die Strategien der Sinneswahrnehmung erscheinen erschöpft; eine weitere Verfeinerung von Bürokratie und Ordnung in Unternehmen wird kaum mehr zur Leistungsfähigkeit in Bezug auf die heutigen Problemstellungen beitragen können. Trotzdem müssen wir auch die Schwächen und Gefahren sehen, die die NT-Perspektive mit sich bringen kann.

Trotz komplexer und abstrakter Problemstellungen liegt die Gefahr noch immer im Detail. Das Abziehen der Aufmerksamkeit von notwendigen Regeln und Verfahrensweisen betont auch deren Unwichtigkeit bei Mitarbeitern im Unternehmen. Diese Abwertung kann unter Umständen sehr überraschende Kosten herbeiführen. Ideen allein sind manchmal zu wenig, um entsprechendes Handeln zu erreichen. Die Gefahr des Luftschlosses hängt wie ein Damokles-Schwert über dem NT-Manager. Diesen manchmal in Mega- und Hypermania führenden Zug konnte man in den letzten Jahren vor allem in den USA beobachten, wo ein Mega-Merger dem anderen folgte. Es stellte sich schnell als fraglich heraus, ob die neuen Mergers tatsächlich die Wirtschaftlichkeit oder auch nur die Sicherheit des kaufenden Unternehmens durch Bereinigung der Wettbewerbssituation erhöhen konnte (wenn man einmal von den rein von rascher Profiterzielung motivierten Unternehmenskäufen und -verkäufen absieht).

Abenteurer und Entdecker brauchen immer Menschen, die später das „neue Land“ bestellen. Wenn diese Stärke nicht auch im Unternehmen aufgebaut und gepflegt wird, hat neu Gewonnenes nur kurzen Bestand. Gerade dazu aber neigt der NT-Manager. Es kann jedoch recht tragisch enden, wenn man auf das arbeitende Fußvolk vergisst!

Wie der NF-Manager das Unternehmen sieht

NF-Manager sind die Idealisten unter den Managern. Vieles aus ihrer Sicht vom Wesen der Unternehmen teilen sie mit den NT-Managern: hohe Ziele, Liebe zur Veränderung und das Begreifen von Zusammenhängen und Prozessen. Die fühlende Funktion bringt jedoch die Orientierung auf den Menschen mit sich, im Gegensatz zum NT-Manager, der sich an Ideen und nicht an menschlichen Werten und Beziehungen begeistert. NF-Manager sind die großen Führer für Unternehmen unserer Zeit, und es gibt zu wenige von ihnen.

Strukturen, die Ordnung und Kontrolle sicherstellen, beschäftigen den NF-Manager kaum, wenn er auf das Unternehmen blickt. Seine Einstellung zur Kontrolle ist nicht nur großzügig, er empfindet sie vielmehr als einen Ausdruck des Misstrauens gegenüber den Fähigkeiten und der Person des Mitarbeiters.

Er sieht völlig offene Kommunikationsmöglichkeiten als ideal an und erlaubt größtmögliche Dezentralisation. Für ihn ist das Unternehmen dann leistungsfähig, wenn gut ausgebildete und autonom handelnde Mitarbeiter ihre Freiräume nutzen.

Wie der NT-Manager sieht auch der NF-Manager eine Idee als Motor der Motivation und des Erfolges, die bei ihm jedoch den Charakter eines Ideals hat, das auch immer im Zusammenhang mit Menschen steht. Dieser Zusammenhang besteht sowohl nach innen, indem er Prinzipien wie zum Beispiel partnerschaftliche Führung und Mitarbeiterentwicklung wirklich ernst nimmt, als auch nach außen. Hier soll das Unternehmen dem Kunden oder der Menschheit dienen, und zwar aus echter Überzeugung und nicht als PR-Konzeption.

Seine Fähigkeit zu vernetztem Denken hat nicht den abstrakten Charakter des NT-Managers. Die Orientierung in Bezug auf die menschliche Komponente macht ihn sehr sensibel für Dimensionen der Unternehmenskultur. Er ist derjenige, der wahrscheinlich mit diesem Begriff am meisten anfangen kann, ihn wirklich „be-greifen" kann. „Management by wandering around" gehört für ihn dazu, um das Gefühl zu haben, das Unternehmen zu spüren. Die Abstraktheit des Systems wird durch das „Menschlich-Fühlbare" ersetzt.

Nach seiner Vorstellung kann man Unternehmen am besten durch Visionen und Ziele steuern. Diese Visionen bringt er mit sehr viel Einfühlungsvermögen in das Unternehmen ein, so dass sie auch wirklich verstanden werden können, im Unterschied zum NT-Manager, der sich dabei oft aus seiner Höhe meldet und den Kontakt mit den zu Führenden, ohne es zu merken, verloren hat (besonders wenn er introvertiert ist).

Was schätzt der NF-Manager, und worauf achtet er?

- Wir leben unsere Unternehmensphilosophie.
- Wir werden von unseren Kunden geschätzt; man vertraut uns.
- Der Wettbewerb in unserer Branche ist hart.
- Unsere Zusammenarbeit im Unternehmen ist von gegenseitigem Respekt getragen.
- Unsere Mitarbeiter sind selbständig denkende Menschen die auch selbständig arbeiten können.
- Gute Teamarbeit ist uns wichtiger als die Einhaltung irgendwelcher Regeln.
- Die Motivation ist hoch; wenn es Probleme gibt, schaffen wir diese durch gegenseitige Unterstützung aus der Welt.
- Die Qualität unserer Produkte ist hoch und ebenfalls das Service, das wir unseren Kunden bieten.
- Alle unsere Lieferanten haben eine unterstützende Einstellung uns gegenüber.
- Unsere Unternehmenspolitik ist im Einklang mit den gesellschaftlichen Werten; wir erfüllen eine Aufgabe und betreiben nicht nur ein Geschäft.

- Das Unternehmen genießt einen guten Ruf am Arbeitsmarkt.
- Wir haben kaum Schwierigkeiten mit den öffentlichen Behörden, da wir eine Kooperation mit ihnen anstreben und unseren Beitrag zur Gemeinde leisten.

Stärken/Schwächen

Die Stärken dieser Unternehmensperspektive können sich dann voll entfalten, wenn der Stand der Personalentwicklung hoch ist und die Mitarbeiter die Werte des Managements auch wirklich schätzen können. Wenn das nicht der Fall ist, kann eine ähnliche Zwangsbeglückung eintreten, wie dies auch bei der SF-Orientierung der Fall ist (natürlich unter etwas anderen Vorzeichen).

Die wesentlichen Stärken haben wir schon angedeutet: NF-Manager verkörpern sehr stark den Managementstil, der in den kommenden Jahren gefordert werden wird. Das Unternehmen, das dem NF-Manager vorschwebt, ist eines, in dem Mitarbeiter lernen können, Freiräume für die Verwirklichung der persönlichen Entwicklung wahrzunehmen und das Gefühl zu haben, an einer echten Aufgabe mitzuarbeiten. Es wird nicht für den Mitarbeiter in der Form wie in SF-orientierten Unternehmen gesorgt, sondern der Mitarbeiter wird mit seinem Leistungsbeitrag für das Unternehmen ernst genommen. Er kann sich Herausforderungen suchen und daran arbeiten.

Das Kulturbewusstsein des Managements trägt dazu bei, dass es in stimmiger Weise von Werten spricht und auch danach handelt. Lippenbekenntnisse, wie sie so oft in Unternehmen anzutreffen sind, werden als abträglich für das Klima erkannt. Der NF-Manager ist seinen Werten verpflichtet und versucht danach zu handeln. Das schafft Vertrauen im Unternehmen.

Die Schwäche des NF-Managers kann vor allem dann spürbar werden, wenn die Mitarbeiter die Visionen des Managements, trotz seines Bemühens, sie zu kommunizieren, nicht begreifen können bzw. deren Sinn nicht einzusehen vermögen. Das kann dann der Fall sein, wenn zum Beispiel ein NF-Manager ein bisher von ST- oder SF-Orientierungen geprägtes Unternehmen übernimmt. Hier kann sein Enthusiasmus ihn schon manchmal darüber hinwegtäuschen, dass Selbstvertrauen und

Autonomie bei den Mitarbeitern nicht so rasch, wie er es sich erhofft hat, entwickelt werden kann. Wir erinnern uns an ein Unternehmen, in dem der Geschäftsführer (ein INFP) mittels Hauspostille modernes Managementdenken – zum Teil durch die Aufnahme fremder Artikel, zum Teil aus eigener Feder – unter die Leute bringen wollte. Die Beiträge strotzten vor modernem Management-„Kauderwelsch“ wie Selbstorganisation, Vision, Total Quality Management usw. Er musste sich jedoch, sehr widerwillig, selbst eingestehen, dass das meiste bei Mitarbeitern auf den unteren Ebenen nur Desinteresse auslöste, weil man mit diesen Ideen schlicht nichts anfangen konnte. Er beschränkte den Verteiler auf den Kreis der Mitarbeiter, die seiner Meinung nach an dem Gedankengut Interesse hatten, änderte aber sonst nicht die Strategie. Er war erfolgreich in seinen Bemühungen bei jüngeren Mitarbeitern im Verkauf (dem er vorstand), und dort vor allen bei jenen, die er selbst neu in das Unternehmen aufgenommen hatte. Es dauerte lange, bis er bereit war, einzusehen, dass er seinen Mitarbeitern für ihre Entwicklung mehr Zeit geben musste.

Typologie und Unternehmenskultur

Der Begriff der Unternehmenskultur hat sich in den letzten Jahren sehr verbreitet und wird, wie es vielen Begriffen, die „in Mode“ kommen, ergeht, häufig missbräuchlich oder falsch verwendet. Daher wollen wir zu Beginn dieses Kapitels eine kurze Begriffsbestimmung ausführen und im Wesentlichen herausarbeiten, was die Kultur eines Unternehmens ausmacht.

Im weiteren Verlauf geht es um die Darstellung, wie die einzelnen Typen mit diesem Begriff umgehen und ihn interpretieren. Schließlich wenden wir die Typologie auf die kulturellen Eigenschaften eines Unternehmens selbst an und beschreiben vier typische Unternehmenskulturen, wiederum unter Verwendung der vier Funktionskombinationen ST, SF, NT und NF.

Begriff und Wesen der Unternehmenskultur

Menschen brauchen immer so etwas wie eine „verlässliche“ Umwelt. Sie brauchen Regeln, Rituale und stillschweigende Übereinkommen für das Zusammenleben. Dieses Streben nach Sicherheit ist so alt wie die Menschheit selbst. Margret Mead, die bekannte Anthropologin, berichtet über Nomadenvölker in Afrika, bei denen im Verlauf ihrer Wanderschaft ein zufälliges Zusammentreffen mit einem anderen Stamm jeweils soviel Angst und existenzielle Bedrohung auslöste, dass die Begegnung immer Kampf bedeutete, der mit der Vernichtung eines Stammes endete. Das „Andere“, „Fremde“ musste ausgelöscht werden, um die eigene Identität nicht zu gefährden und das Selbstbewusstsein zu erhalten.

Der Prozess der Kulturbildung ist überall zu beobachten. Er ist eine der wesentlichen Eigenschaften sozialer Fähigkeiten des Menschen. „Andere Menschen, andere Sitten“ sagt ein Sprichwort; aber es gibt keine „anderen“ Menschen ohne Sitten und Gebräuche.

Was sich hier in größeren sozialen Einheiten wie Stämmen oder Völkern abspielt, geschieht auch in kleinen Einheiten, wie Gruppen oder aber Unternehmen. Auch sie haben ihre meist unverwechselbare Kultur entwickelt. Der Entwicklungsprozess geht zum größten Teil sehr unbewusst vor sich und hat evolutionären Charakter.

Man kann den Begriff der Unternehmenskultur auch vom Individuum her entwickeln und dem Unternehmen den Charakter einer „Persönlichkeit“ zuschreiben. Auch ein Unternehmen hat seine Identität. Auch ein Unternehmen hat seine „Jugend“ (Pionierzeit) und sein Alter (Festhalten am Bisherigen, Verknöcherung).

Es ist gleichgültig, von welcher Seite man es betrachtet, da letztlich das gleiche Phänomen entsteht: die Identität des Unternehmens.

Was sind nun die Elemente der Kultur eines Unternehmens?

Sozusagen an der Spitze, als allgemeine Elemente der Kultur, die die weiteren Ebenen gestalten, finden wir Werte, die bewusst oder unbewusst von den Menschen im Unternehmen gelebt werden. Solche Werte sind die Einstellung zu Mitarbeitern und Kunden, Einstellungen zur Leistung und zur Qualität, zu Sicherheit und Risiko, Beharren und Verändern, Innen- und Außenorientierung. Man kann an die Spitze auch psychologische Charakteristika, zum Beispiel aus der Neurosenlehre stellen, und von einer schizoiden, depressiven, zwangs-neurotischen, paranoiden oder hysterischen Kultur sprechen.

Für unsere vorliegende Perspektive, Unternehmen aus dem Blickwinkel der Typologie zu betrachten, setzen wir als Werte und Orientierungen die Präferenzen des Wahrnehmens und Entscheidens ein und werden zwischen ST-, SF-, NT- und NF-Kulturen unterscheiden. Das heißt, dass wir das Unternehmen als Persönlichkeit begreifen, deren kulturelle Werte und Normen bestimmten Präferenzen entsprechen.

Diese Wertemuster oder psychischen Züge bestimmen nun, welches Denken, welche Gefühle und welche Verhaltensweisen im Unternehmen wertgeschätzt und akzeptiert sind. Diese Wertschätzung drückt sich durch Erwartungshaltungen aus. Welche Erwartungen vorhanden sind, lernen auch neue Mitarbeiter schnell: Sie werden ihnen unmissverständlich, wenn auch sehr subtil mitgeteilt. Diese Mitteilungen geschehen primär in der analogen Kommunikation, das heißt also nicht in der verbalen Sprache, sondern in der Körpersprache und in anderen Signalen, wie

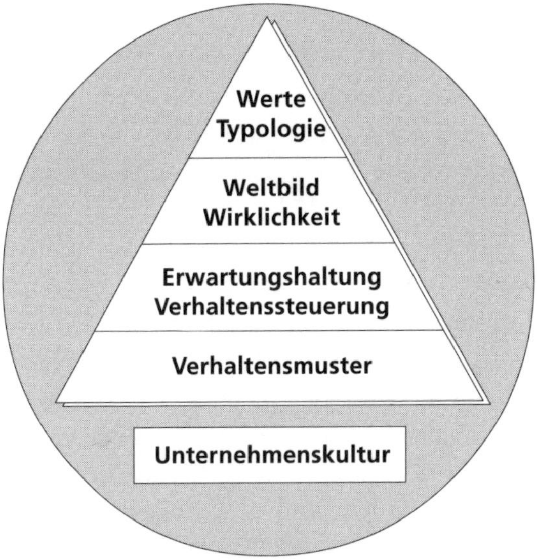

Tonfall usw. Eine leicht hochgezogene Augenbraue mit einem Anflug von missbilligender Verwunderung kann für einen Mitarbeiter eine sehr deutliche Sprache sprechen, ob er mit seinen Gedanken danebenliegt oder nicht. Menschen sind in dieser Hinsicht außerordentlich lernfähig.

Die Stabilität von Unternehmenskulturen

Hat sich einmal eine Kultur entwickelt, ist sie überaus stabil.

Das Interessante dabei ist, dass Mitarbeiter zum Beispiel mit einigen Verhaltensnormen sehr unzufrieden sein können, ihren Unmut darüber auch zum Ausdruck bringen und trotzdem durch ihr Verhalten die Einhaltung dieser Normen weiter unterstützen. So kann man Mitarbeiter über den Mangel an Freiraum für selbständiges Arbeiten klagen hören und gleichzeitig beobachten, dass sie Chancen zu selbständigem Handeln überhaupt nicht nützen. Würde man ihnen diese Möglichkeit vorhalten, würden sie antworten, dass das hier ohnehin nicht erwünscht sei. Auf die Frage, ob sie diese Meinung auch schon einmal durch anderes Handeln überprüft haben, wird man wahrscheinlich ein entrüstetes „Nein“ mit der Erklärung hören, dass so ein „Test“ überhaupt keinen Sinn habe und überdies gefährlich sei. Kultur wird durch alle im Unternehmen geschaffen und erhalten. Auch der Willfährige stützt den autoritären Manager und sorgt für die Beibehaltung des Führungsstils.

Die Beziehungen der Menschen in einem Unternehmen sind engmaschig geknüpft. Durch jede Interaktion werden die Rituale und Muster durch entsprechende Aktion und Reaktion neu bekräftigt und bestätigt. Die Unbewusstheit und die psychologische Qualität des Prozesses sorgen dafür, dass man dem Thema „Unternehmenskultur" nicht mit der normalen Logik gerecht wird, sondern eher mit Psycho-Logik. Psycho-Logik kennt Widerspruchsfülle und weiß, dass das Paradoxon und der Widerspruch dem Leben innewohnende Qualitäten sind. Nichtsdestoweniger gibt es auch hier Gesetzmäßigkeiten. Eine davon ist, vereinfacht angesprochen, der Widerspruch zwischen Stabilität und Veränderung. Es ist immer zu wählen zwischen der Sicherheit des Bestehenden, das immer Vor- und Nachteile hat, und dem Ungewissen, das hinter einer Veränderung steht und auch Vor- und Nachteile haben wird. Solange die Nachteile des Bestehenden das kleinere Übel zu sein scheinen im Vergleich zur Angst vor dem Ungewissen, wird nicht wirklich und entschlossen eine Veränderung angestrebt werden. Auch wenn über den derzeitigen Zustand noch so sehr geklagt wird. Das gilt für den einzelnen Menschen ebenso wie für ganze Unternehmen.

Eines der typischen Zeichen, wie stark ein Unternehmen in seiner Kultur, seinem Denken „gefangen" sein kann, ist bei seinen Strategien in Krisensituationen zu beobachten: Gerade in schwierigen Situationen neigt man dazu, beim „Bewährten" zu bleiben und keine „Experimente" zu machen.

Das führt dazu, dass die bisherigen Strategien beibehalten und unter Umständen noch verstärkt werden, obwohl sie jedoch oft genau die eigentlichen *Ursachen* für die derzeitigen Schwierigkeiten sind. Paul Watzlawick, der bekannte Psychologe und Familientherapeut, hat dieses Phänomen sehr humorvoll in einem Buch mit dem treffenden Titel „Vom Schlechten des Guten" beschrieben.

Ein einfaches kurzes Beispiel: Ein Vorgesetzter führt durch enge Anweisung und Kontrolle seine Mitarbeiter. Aufgrund des permanenten Druckes erhält er von einigen Mitarbeitern eine langsam stärker werdende „Verweigerung" zurück. Diese Verweigerung (langsames Erfüllen der Anweisungen, Vergessen usw.) führt nun beim Vorgesetzten dazu, dass er die Dichte und Nachdrücklichkeit seiner Weisungen und die Kontrolle verstärkt. Was natürlich das Problem sofort verschärft und dynamisiert. Typisch bei einem solchen Prozess ist, dass beide Teile aus ihrer Perspektive ihr Verhalten gut begründen und rechtfertigen können.

Es ist immer wieder faszinierend zu beobachten, wenn im Rahmen innerbetrieblicher Beratungs- und Ausbildungsarbeit die Teilnehmer entdecken, wie viele Probleme alle gemeinsam drücken. Wo man bisher glaubte, man sei allein mit seiner Kritik und seinen Problemen, stellt sich heraus, dass es vielen Kollegen so geht. Solange man sich aber allein fühlt, will man nicht den Außenseiter abgeben.

Stanislaw Lem, der bekannte Science-Fiction-Autor, hat in einer Geschichte seiner Robotermärchen eine wunderschöne Parabel zu diesem Problem der Anpassung verfasst. Wegen ihrer exemplarischen Aussagen möchten wir sie hier kurz nacherzählen: Der Held der Geschichte, ein Troubleshooter im Weltall und Lems Held in den Sterntagebüchern, wird auf einen Planeten beordert, auf dem die Roboter die Herrschaft übernommen haben sollen. Die Menschen seien möglicherweise schon alle vernichtet oder könnten sich zumindest der Herrschaft der Roboter kaum erwehren. Am Planeten angekommen, sieht er deutlich, wie weit diese Roboterherrschaft bereits etabliert ist: Man sieht nur Roboter auf den Straßen, vergeblich hält er nach Menschen Ausschau. Um sich zu tarnen, steckt er sich selbst in eine Roboterhülle. Er wandert durch die Straßen und sieht – nichts als Roboter. Er versucht mit ihnen in Kontakt zu kommen, aber das gestaltet sich schwierig. Jeder scheint gegen jeden misstrauisch zu sein. Er weiß oft nicht, ob er dazu neigt, sich vor anderen zu verstecken oder die anderen vor ihm. Er beschließt, zum Zentralroboter vorzudringen – seiner verständlichen Ansicht nach das Zentrum der hier herrschenden, unterdrückenden Macht. Er schleicht durch die Hintertüre in das übergroße Gebäude. Es ist leer – und in der Mitte sitzt ein verschüchterter, alter Mann und trinkt eine Tasse Tee. Er hat sich vor langer Zeit vor den Robotern hierher gerettet. So klärt sich denn auch die „Roboterherrschaft" bald auf: Die Roboter sind längst dahin. Alle auf dem Planeten existierenden Roboter sind getarnte Menschen – jeder in Furcht vor dem anderen, da er in ihm den Roboter sieht.

Diese Metapher ist für manche Situationen im Unternehmen sehr treffend. Unternehmenskultur kann nur gemeinsam erkannt und verändert werden. Einzelne stehen hier auf verlorenem Posten.

Das Denken und Handeln der Mitarbeiter in einem Unternehmen wird zu einem guten Teil von seiner Kultur beeinflusst. Die Anpassungsdynamik sorgt dabei für die Ausprägungen bestimmter Präferenzen in den kulturellen Werten und damit in den Verhaltensweisen des Unternehmens. Ein Unternehmen kann zum Beispiel unter seinen Mitarbeitern über eine große Vielfalt von Persönlichkeitstypen verfügen. Trotzdem sind bestimmte Präferenzen in den Verhaltensmustern seiner Kultur besonders stark ausgeprägt. Welche Präferenzen das sind, wird in starkem Maß vom Führungsstil des obersten Managements beeinflusst. In welcher Form das bei den jeweiligen Persönlichkeitstypen entsteht, haben wir im vorhergehenden Kapitel: „Wie sich Manager Unternehmen wünschen“ beschrieben.

So viel zum Wesen der Unternehmenskultur und Aspekte seiner Veränderung. Diese längere Einleitung schien uns sinnvoll, um eingangs zumindest ein wenig auf die Komplexität und Dynamik hinweisen zu können, die das Konzept der Unternehmenskultur beinhaltet.

Wie gehen die einzelnen Typen mit dem Begriff um?

Hier beschreiben wir nun die Einstellung der einzelnen Typenausprägungen gegenüber der Kultur eines Unternehmens. Warum?

Unternehmenskultur und deren Gestaltung ist ein wichtiges Führungsinstrument geworden. Es gibt heute ganze Programme, die die Kultur eines Unternehmens verändern sollen. Oft im Zusammenhang mit CI-Projekten. Manchmal scheinen diese Versuche aus Perspektiven heraus zu geschehen, die dem Begriff und dem Wesen der Unternehmenskultur niemals entsprechen können. Der Umgang mit Unternehmenskultur verlangt die Fähigkeit, solche Grundgedanken, wie wir sie auf den vorhergehenden Seiten geschildert haben, zu begreifen. Das gelingt den einzelnen Typen unterschiedlich gut.

Der N-Manager und Unternehmenskultur

Bereits im vorhergehenden Kapitel haben wir den Typ NF als denjenigen bezeichnet, der vermutlich mit dem Begriff der Unternehmenskultur am meisten anfangen kann. Wir nehmen an, dass nun unsere Behauptung gut erklärlich ist.

NF-Manager können mit ihrer intuitiven Funktion Zusammenhänge herstellen, wechselseitige Beziehungen und Rückkopplungen verstehen und auf das Begreifen des Ganzen abzielen. Sie können dadurch die Qualität eines solchen Ganzen erfassen und verfallen nicht in den für ein solches Erfassen abträglichen Fehler, die einzelnen Teile isoliert zu betrachten, was die analytische Denkweise wäre. Die fühlende Funktion wiederum erleichtert ihnen das Verstehen der psychologischen Dimension und deren Beachtung. Sie können intuitiv verstehen, dass ein Problem wie Unternehmenskultur etwas ist, das sich sehr lebendig und ohne bewusste Steuerung entwickelt. Sie akzeptieren weiter, dass auch sie selbst Teil dieser Kultur sind und daher selbst zu ihrem Entstehen beitragen. Da sie die Vernetztheit aller im Wirkungsgefüge Kultur verstehen, suchen sie nicht einzelne Schuldige, also Personen oder Bedingungen, sondern machen die Lösung des Problems zu einer gemeinsamen Sache. Deswegen ist das Team für sie ein Ausgangspunkt zu kulturverändernden Maßnahmen. Im Team können gemeinsam die Muster analysiert werden, die das Denken und Handeln der Einzelnen bestimmen.

Der NF-Manager versteht das Wesen der Kultur intuitiv und gefühlsmäßig. Da er Komplexität zulässt und sich weiter sagt „Was ist, das ist; gleichgültig wie logisch oder rational begründbar“, hat er auch ein offenes Ohr für alle Aspekte der Kultur und dafür, was sie bei einzelnen Mitarbeitern auslöst. Seine Bereitschaft zur Teamarbeit lässt ihn auch zu dieser Arbeitsweise greifen.

Wir beziehen uns bei diesen Beschreibungen, und das trifft besonders beim NF-Manager zu, auf das jeweilige „Potenzial“ eines Typs für das Problem „Unternehmenskultur“, meinen jedoch nicht, dass jeder NF-Manager die Fähigkeit gleichermaßen besitzt! So wird es natürlich bedeutende Unterschiede zwischen den verschiedenen denkbaren NF-Kombinationen geben. Entscheidend ist, welche Hauptfunktion und welche Hilfsfunktion jeweils im Spiel ist; ob er extra- oder introvertiert ist usw. INFP-Manager können bekanntlich recht konfliktscheu sein, was ihren Umgang mit Werten in der Kultur entsprechend gestaltet. Als „Idealist“ unter den Managern liegt dem NF-Manager jedoch im Allgemeinen viel an Werten, und er kann sie, da er selbst sich nach ihnen richtet, auch vorleben – eine wichtige Voraussetzung für seine Möglichkeit, die Kultur wirksam zu beeinflussen. Dem ENFJ/P-Manager wird dies vermutlich am besten gelingen.

NT-Manager werden das Konzept der Unternehmenskultur auch recht gut verstehen. Für sie ist es jedoch mehr ein faszinierendes Gedankengebäude – es ist komplex, widersprüchlich und ein so facettenreiches Phänomen, dass sie denkerisch auf ihre Rechnung kommen. Sie stürzen sich in die Analyse der Prozesse und diskutieren mit den Beteiligten. Was sie jedoch reizt, ist die intellektuelle Herausforderung – sie entwickeln Ideen für Änderungen, die manchmal auch etwas unrealistisch oder zu hoch gegriffen sind. NF-Manager wissen intuitiv, dass eine Veränderung viel zwischenmenschliche Offenheit und Vertrauen benötigt und dass es sich um einen langsamen Entwicklungsprozess handelt, der unterstützt werden muss. NT-Manager vertrauen der Kraft der Idee – manchmal allzu sehr. „Wenn wir erkannt haben, dass wir X und Y in unserer Zusammenarbeit verändern sollen, dann sollten wir damit anfangen!“ Die Schwierigkeit, die damit für Einzelne entsteht, weil zum Beispiel nicht jeder genug Selbstsicherheit besitzt, ab morgen fester zu seiner Meinung zu stehen oder offener Fehler einzugestehen usw., vernachlässigt er gerne und großzügig. „Wir werden das versuchen und es wird uns gelingen – jetzt, wo wir den Fehler erkannt und vernünftige Verhaltensalternativen beschlossen haben.“

Der S-Manager und Unternehmenskultur

Sinneswahrnehmende können oft erst einmal gar nichts mit dem Begriff anfangen. Hier werden Dimensionen angesprochen, in denen sie nicht zu Hause sind. Daher neigen sie oft dazu, den Begriff zunächst abzuwerten: „Neue Mode“ oder „haben wir ja schon immer gehabt“ (was ja auch stimmt!).

Die Abwehr der Sinneswahrnehmenden ist verständlich:

Erstens sind sie auf analytisches/lineares Denken hin orientiert. Beim Phänomen „Kultur" geht es um Verhaltensprozesse, die in einem vernetzten, wechselseitigen Einflussgefüge zueinander stehen. Analytisches Denken versucht, wie wir aufgezeigt haben, Komplexität zu reduzieren. Der Einstieg in die Beschäftigung mit dem Thema „Unternehmenskultur" bedeutet, bisher Verdecktes „aufzuwirbeln", eine unangenehme Steigerung der Wahrnehmung von Komplexität der Unternehmenswirklichkeit.

Zweitens handelt es sich um „psychologisch Abstraktes", eine Erkenntniskategorie, die der Sinneswahrnehmende nicht sonderlich schätzt. „Mit diesen abstrakten Dingen kann man doch nichts anfangen! Haben wir keine anderen Sorgen?" ist eine mögliche Reaktion, gefolgt von der Aufzählung handfester Probleme, denen man sich natürlich auch nicht entziehen kann.

Drittens geht es ihm um Kontrolle und Ordnung. Aus dieser Neigung heraus lehnt er ja auch die Steigerung von Komplexität ab, da sie auf das entdeckerisch Mögliche abzielt und nicht auf das Festhalten von Fakten in seinem Sinne. Die ernsthafte Beschäftigung mit Unternehmenskultur hat jedoch etwas Aufrührerisches, Aufdeckendes an sich. Die Kontrolle über die Situation erscheint gefährdet, Veränderung bahnt sich möglicherweise an, und man weiß nicht, wohin sie führt. Instinktiv neigen Sinneswahrnehmende ja auch zum Führungsstil des „Teilens-und-Herrschens": Wenn jeder für sich denkt und arbeitet, ist das Funktionieren des Unternehmens gewährleistet. Haben einmal Diskussionen über die Zusammenarbeit in einem Team begonnen und wurden kritische Punkte dabei aufgezeigt, neigt der Sinneswahrnehmende dazu, später mit Einzelnen darüber zu sprechen, ob sie das auch wirklich so sehen oder ob in der Dynamik der Diskussion nicht doch etwas übertrieben worden sei. Die Einzelstrategie soll die „Widerrufung" erreichen und die alte Ordnung wiederherstellen.

Viertens sehen sich Sinneswahrnehmende meist als autonome Architekten des Unternehmens, die außerhalb des Geschehens oder darüber stehen. Diese Vorstellung ist verständlich, denn eigentlich ist nur durch sie die Illusion des Sinneswahrnehmenden aufrechtzuerhalten, man könne immer und überall letztlich die Kontrolle haben. Um etwas unter

Kontrolle zu haben, muss man es verstehen, und das tut man durch das „Draußen"-Sein. Das Konzept der Unternehmenskultur nimmt jedoch niemanden aus – je höher die Position einer Führungskraft angesiedelt ist, desto mehr gestaltende Kraft übt sie durch ihr Verhalten auf die Kultur des Unternehmens aus. Sie ist Teil des Spiels. Solche Feststellungen und Gedanken, dass es zum Beispiel unmöglich ist, keinen Einfluss zu haben und kraft der Position immer Wirkung auszulösen und weiter keine Kontrolle über die Wirkung des eigenen Einflusses auf andere zu haben, sind alles Gedanken, die den Sinneswahrnehmenden zutiefst verunsichern.

Letztlich ist die Beschäftigung mit der Kultur des Unternehmens immer ein Angriff auf die Stabilität. Werden einmal zwischenmenschliche und bisher aus tiefer liegenden Gründen (eben zur Erhaltung des Status quo) Dinge an- und ausgesprochen, ist die Welt auf keinen Fall mehr so, wie sie früher war. Es hat sich de facto etwas verändert. Dabei ist es unerheblich, ob später konkrete Veränderungen Platz greifen. Es ist anders als zuvor, und auch Feststellungen wie „Lassen Sie uns das alles vergessen; solche Diskussionen bringen uns nicht weiter" machen die Andeutung nicht ungeschehen. Was Wunder, dass der Sinneswahrnehmende solche Prozesse eher verhindern als fördern will?

Am unglücklichsten wird vermutlich der ST-Manager solchen Diskussionen folgen. Er leidet besonders, da er ja tatsächlich so überhaupt nichts Sinnvolles daran finden kann. Es handelt sich für ihn letztlich um Nicht-Probleme. Probleme sind etwas anderes: Die Verkaufsziffern, mangelnde Auslastung, das schleppende Vorangehen eines Einsparungsprogramms. Zusammenhänge zur Kultur des Unternehmens sieht er nicht. Wenn tatsächlich welche da wären, dann soll man das Problem dort lösen, wo es auftritt (also zum Beispiel eben sparen, anstatt zu diskutieren).

SF-Manager leiden unter solchen Diskussionen nicht nur, weil sie mit der Praxis wenig zu tun haben und letztlich nur die „intellektuellen Spielwiesen unserer Theoretiker" sind. Hinter dieser Annahme steckt jedoch etwas anderes: die schlichte Angst um die Harmonie der zwischenmenschlichen Beziehungen. Offene Diskussionen über das, „was ist", sind immer konfliktdräuend. Ein Unternehmen hat jedoch so viele widersprüchliche Ziele in sich zu vereinen, dass es immer das Potenzial für Konflikte geben muss. Viele Rituale hat man meist über die Jahre geschaffen, um Konflikte nicht zum Ausbruch kommen zu lassen. Jetzt wird das alles durch solche Diskussionen gefährdet!

Die Sinneswahrnehmenden unter unseren Lesern mögen uns diese sicher manchmal übertriebene Darstellung verzeihen. Manche NF-Manager und NT-Manager werden geschmunzelt und vor ihrem geistigen Auge manchen Kollegen gesehen haben, mit dem sie sich über solche Dinge oft nur schwer verständigen können. Sie sollen sich jedoch auch bewusst machen, dass es eben die Sichtweise der Sinneswahrnehmenden ist, die Welt so zu begreifen, wie sie es tun. Sie deuten nicht nur Daten und Fakten anders, sie nehmen andere Dinge als Daten und Fakten wahr. Genau das gleiche macht auch der N-Typ. Es ist also keine Taktik von ihm dahinter!

Dieses Zuschieben von Taktik-Vermutungen geschieht jedoch sehr häufig und ist daraus zu erklären, dass diese Zuschreibung plausibler erscheint als die Annahme, es gäbe eben eine andere Wirklichkeit als die eigene.

Hier sind wir wieder bei einem Punkt angelangt, der mit der Vielfalt zu tun hat: Je mehr man Bereiche des Möglichen in Augenschein zu nehmen bereit ist, desto eher kann man bereit sein, andere wirklich zu verstehen und Meinungsverschiedenheiten in Verständnis zu verwandeln. Diese „reale" Vielfalt bietet uns die Landkarte der Jungschen Typologie.

Gerade bei der Diskussion im Management eines Unternehmens über die Gestaltung einer „Unternehmensphilosophie" und der entsprechenden Kultur, unter Einschluss von Führungsstil und Organisationsprinzipien, ist die Akzeptanz der Vielfalt der Perspektiven und deren Verständnis eine wichtige Voraussetzung für eine gemeinsame Vorgangsweise, die diese Vielfalt dann auch widerspiegeln kann.

Typologische Ausprägungen der Unternehmenskultur

Wenn wir die Gesamtheit „Unternehmen“ mit einer Identität, mit einer Persönlichkeit ausgestattet sehen, treffen die gleichen Charakteristika auf seine Kultur zu, wie wir sie bereits für Personen beschrieben haben. Die Eigenschaften erhalten natürlich eine andere phänomenologische Dimension, wenn wir sie auf größere soziale Systeme, wie Gruppen oder Unternehmen, anwenden.

ST-Kulturen: die „praktische" Kultur

Die *Werte* der praktischen Kultur sind Stabilität, Ordnung und Kontrolle. Solche Kulturen haben eine ausgeprägte Hierarchie mit klaren Zuständigkeiten und klaren Regeln. Führung durch Anweisung und Kontrolle sind gebräuchlich und werden als selbstverständlich aufgefasst. Es wird viel Wert auf Ziffern und Daten gelegt. Statistiken und vielerlei Auswertungen sind vorhanden und dienen als wichtige Entscheidungsgrundlage.

Die Informationskanäle sind bürokratisch gestaltet und werden vom „Verteiler“ für schriftliche Kommunikation geprägt. Daher ist es auch wichtig, Empfänger gewisser prestigefördernder Informationen zu sein. Prestige und Zuordnung bzw. Zugehörigkeit zu den einzelnen Organisationsebenen hängen von solchen bürokratischen Merkmalen ab. Es gibt klare Vorstellungen darüber, wer was wissen darf und wer was zu wissen hat. „Ordnung ist das halbe Leben“ ist hier zu wenig, es ist das ganze Leben. Jeder weiß genau, was seine Aufgaben und Verantwortlichkeiten sind. Unterstellungsverhältnisse sind klar geregelt.

Ein Prinzip, das zur Aufrechterhaltung der Ordnung beiträgt, ist das der Trennung. Es werden Mitarbeiter voneinander getrennt, wie auch Gruppen und Abteilungen, indem wenig Wert auf Kommunikation zwischen ihnen gelegt und mitunter auch verhindert wird. Jeder soll seine Aufgaben erfüllen, das genügt. Solche Unternehmen weisen hohe Mauern zwischen den Bereichen auf. Als Folge werden die Grenzen der Abteilungs-„Königreiche“ gut gehütet.

Wenn es überhaupt Sitzungen gibt, haben sie den Charakter der Berichterstattung von unten nach oben und der Befehlsausgabe von oben nach unten. Diskussionen unter Kollegen bei Sitzungen werden unter dem Hinweis auf Ordnung unterbunden. Der Leiter der Sitzung hat den Prozess unter Kontrolle: Reden tut der, der gefragt wird bzw. dem das Wort erteilt wird. Alles andere ist „Durcheinander“ und dient der Sache nicht.

Jede Abteilung soll sich um ihre Aufgaben kümmern. Wenn Koordination notwendig ist, dann kümmert man sich „höheren Orts“ darum. Ein Zuviel an eigenständigen Gesprächen zwischen Gruppen und Abteilungen wird eher mit Argwohn betrachtet und als Wahrnehmen einer Funktion empfunden, die der gemeinsamen nächsthöheren Ebene zukommt. Dort wird entschieden, ob solche Gespräche der Sache dienen.

Überhaupt geht es in ST-Kulturen immer um eine (manchmal schon ominös wirkende) „Sache“. „Das ist meine Sache, das ist Ihre Sache, bleiben Sie bitte sachlich, kommen Sie bitte zur Sache“ sind typische Redewendungen. Überall Sachlichkeit und Zielorientierung.

Die zwischenmenschlichen Beziehungen sind nicht Gegenstand von Erörterung, da sie ja meist nicht „sachdienlich“ sind. Sachdienlich ist die Kontrolle der Produktivität. Die wichtigsten Daten zur Unternehmenssteuerung und -beobachtung kommen aus der betriebswirtschaftlichen Abteilung. Der Finanzchef ist mächtig, er besitzt das Wissen, was im Unternehmen los ist. Man arbeitet also hauptsächlich mit Daten aus der Vergangenheit, und so ist auch der Zeithorizont: Es geht um Vergangenes und Gegenwärtiges. Große strategische Konzepte gibt es nicht.

Hohen Wert genießt auch die „Objektivität“, die man eben durch Zahlen und Ziffern herzustellen versucht. Die sollen dann auch in ihrer Bedeutung nicht angezweifelt werden. Bei Besprechungen erscheinen die Vorsichtigen (und das sind fast alle Führungskräfte in einer solchen Kultur) vorsorglich mit entsprechendem Datenmaterial eingedeckt.

Dieses Produzieren von Daten über den eigenen Bereich dient natürlich der eigenen Absicherung. Jede Abteilung ist bemüht, anderen gegenüber gut dazustehen. Da ja die Zusammenarbeit zwischen Bereichen unterbunden, oder zumindest nicht geschätzt wird, ist es am günstigsten, wenn man selbst nie in die Rolle des Schuldigen kommt.

Das hängt auch mit der Art der Problemlösung in ST-Kulturen zusammen: Treten Probleme auf, muss eine Ursache, und das ist meist ein Schuldiger, gefunden werden. Ist das geschehen, ist die Welt wieder in Ordnung: Der Schuldige wird gemaßregelt und zur Ordnung angehalten bzw. an seine Verantwortlichkeiten erinnert. Diese Strategie ist die Konsequenz des monokausalen Denkens in solchen Unternehmen: Probleme sind nicht komplex. Ihre Ursachen sind nicht etwa vielfältig. Sie entstehen nicht prozesshaft, sondern es muss eine einzige Ursache geben, die auszuforschen und abzustellen ist.

Die Helden der ST-Kulturen sind die sachlichen, rasch entscheidenden Manager. Sie wissen für jedes Problem eine Lösung und können immer eine Richtung vorgeben. Sie wissen immer, was „richtig" ist.

Da immer nur eine Sache richtig sein kann, werden auch keine Vielfalt der Meinungen und noch weniger Konflikt geduldet. Zulassen von Vielfalt gilt in dieser Kultur als Unentschlossenheit, bei Konflikten muss eben einer Unrecht haben, oder es liegt ein Missverständnis vor. Daher sind klare Anweisungen viel besser: Sie schließen solche nicht sachdienlichen Erscheinungen aus und sorgen für klagloses „Funktionieren", ein weiteres wichtiges Wort in ST-Kulturen.

Wo und/oder wann sind ST-Kulturen erfolgreich?

Der beherrschende Gedanke der ST-Kultur ist Ordnung; nur durch sie kann Wirtschaftlichkeit erzielt werden. Mit bürokratischen Strukturen kann dann wirtschaftlicher Erfolg erzielt werden, wenn die Umwelt und damit auch die Aufgabenstellungen im Unternehmen über lange Zeiträume stabil bleiben. (Das auf die Gegenwart gerichtete Denken und Handeln in einem solchen Unternehmen macht die Vorstellung einer stabilen Umwelt möglich, auch wenn sie längst nicht mehr stimmen sollte). Nur bei einer stabilen Umwelt zahlt es sich aus, so viel Aufwand in die Produktion von Ordnung in allen Bereichen zu stecken.

Auch bestimmte Bereiche des Unternehmens rechtfertigen bis zu einem bestimmten Grad die Entwicklung routinemäßiger Abläufe, wie zum Beispiel im Finanz- und Rechnungswesen, in der Personaladministration und anderen Administrationsabteilungen, ebenso (zumindest in einzelnen Branchen) in der Produktionsabteilung. Alle Bereiche, die eine verwaltende Funktion haben, deren Aufgabe gewissermaßen einen hohen Grad von Quantifizierungs- und Objektivierungsmöglichkeit hat und bei denen sich die Anforderungen nicht immer wieder ändern. Weiter auch bis zu einem bestimmten Grad in Aufgabenbereichen, bei denen Exaktheit wichtig ist, da bereits kleine Fehler rasch größere finanzielle Auswirkungen haben können. In solchen Aufgabenbereichen fühlen sich ST-Manager auch im positiven Sinn gefordert und können ihre besten Leistungen erbringen.

Wo und/oder wann zeigen ST-Kulturen ihre Schwächen?

Diese Aspekte ergeben sich schon sehr klar aus den bisher angeführten Stärken: ST-Kulturen sind nicht sehr erfolgreich, wenn Ordnung und Bürokratie für den Erfolg des Unternehmens hinderlich sind. Ordnung und Bürokratie sind nicht an sich etwas Schlechtes. Die Abwesenheit jeglicher Ordnung wird kaum zu einer funktionierenden Zusammenarbeit führen können. Der Charakter der Aufgabe und das Ausmaß der Ordnung ist dafür entscheidend, wann sie zum Hindernis für den Erfolg wird. In den kommenden Jahren wird allerdings die Flexibilität und Lernfähigkeit der Unternehmen auf eine härtere Probe gestellt werden. Allzu starre Formen im Unternehmen werden sich dann unweigerlich als sehr hemmend herausstellen. Dies haben große Unternehmen, die in der Regel wegen ihrer immensen Komplexität ein Zuviel an einschränkenden Strukturen aufweisen, bereits vor einiger Zeit zu spüren bekommen.

Neue Gedanken haben auch solche Unternehmensbereiche wie Finanz- und Rechnungswesen mit anderen Perspektiven erfüllt. Hier ist es der Gedanke des Controlling gewesen, der diese Unternehmensfunktion aus seinem allzu verwaltenden Denken herausholen und wirksamer im Zusammenhang mit der zukunftsorientierten Steuerung des Unternehmens machen sollte.

Die Auswirkungen der ST-Kultur auf die Mitarbeiter

In ST-Kulturen erlernen Mitarbeiter solides Handwerkszeug zur Erfüllung zugeteilter Aufgaben. Sie lernen Genauigkeit und Exaktheit und lernen im positiven Fall Verantwortung für auszuführende Aufgaben zu tragen. Dabei sind sie mehr in der Rolle derer, die einer Beschäftigung nachgehen, als in der Rolle der Denker. Das ist weniger gefragt. Die Erwartung, die in der ST-Kultur an sie gerichtet wird und der sie nachkommen, ist, weniger zu fragen, sondern zu arbeiten. Anweisungen sollen als solche begriffen und dann ausgeführt werden. Mitarbeiter lernen, dass sie sich keine Lorbeeren verdienen, wenn sie mit anderen Ideen kommen oder Probleme aufzeigen. Damit machen sie sich nur lästig.

Sie lernen, auf Nummer Sicher zu gehen, keine Experimente zu machen und allzeit eine „weiße Weste“ vorzeigen zu können.

Auf die Risiko- und Lernbereitschaft hat eine solche Kultur natürlich auch Auswirkungen: sie werden den Mitarbeitern abgewöhnt. Mit beidem läuft man Gefahr, nicht mehr fehlerlos zu sein, und das ist in dieser Kultur gefährlich.

Mit anderen Worten: Ein Unternehmen mit einer ST-Kultur hat unselbständige und wenig entwickelte, selbständig denkende Mitarbeiter. Meist wird dies in Zeiten größerer Anforderungen an das Unternehmen schlagartig spürbar: Wenn das Unternehmen Veränderungen einführen muss, fehlen ihm die nötige Einstellung und all die Fähigkeiten bei den Mitarbeitern. Alles Klagen, wie wenig unternehmerisches Denken man doch bei den Mitarbeitern vorfinde, hilft dann nichts: Sie sind so und nicht anders erzogen worden.

Wenn sie einiges Vertrauen in die Führungskräfte und auch Selbstvertrauen besitzen, melden sich in einer krisenhaften Stunde diejenigen Mitarbeiter, die wegen ihrer Intuition und Kreativität Gefallen an den neuen Problemen finden. Ihre Präferenz in Richtung N muss allerdings sehr ausgeprägt sein, wenn sie sich nicht in der Vergangenheit vollends verschütten hat lassen. Oft ist sie natürlich verschüttet und die Intuitiven haben ihre nicht gefragten Fähigkeiten entweder in die Freizeit oder auch in ein anderes Unternehmen, wo sie mehr geschätzt wurden, verlegt. Im letzteren Fall muss das Unternehmen von außen Leute aufnehmen, die diese Fähigkeiten bieten. Es kann schon zu großer Verbitterung in mittleren Führungsebenen führen, wenn dann Neue plötzlich all das machen dürfen, wofür man selbst als Jüngerer noch bestraft oder zumindest belächelt wurde!

Beginnt man im Unternehmen mit Mitarbeiterausbildung in Dimensionen des Verhaltens, wie Kommunikation, Zusammenarbeit usw., so trauen weder Führungskräfte noch die Mitarbeiter selbst der Sinnhaftigkeit eines solchen Unterfangens. Die Mitarbeiter erkennen bald, dass das Management gar nicht an wirklichen Änderungen interessiert ist, und lassen die ganze Sache möglichst ereignislos über sich ergehen. Fachliche Ausbildung steht jedoch oft hoch im Kurs, soweit sie Dinge betrifft, die für die Bewältigung derzeitiger Aufgaben beitragen und nicht zu Änderungswünschen Anlass geben.

Ausbildung ist für das Management etwas, das zum besseren Funktionieren des Status quo beitragen, aber nichts wesentlich verändern soll.

Kein Wunder, dass Intuitive in einem solchen Unternehmen leiden. Ihre Fähigkeiten sind ziemlich fehl am Platz. Wenn sie auch einen Vorgesetzten haben, der in der Abteilung ebenfalls diese Kultur verlangt, werden sie keine lange Zeit in diesem Unternehmen verbringen. Am ehesten wird noch der NT-Manager in dieser Kultur Leistung bringen können, wenn er geschickt genug ist, sich ohne viel Aufsehen in seinem Bereich einige Freiräume zu schaffen und wenn ihm dabei kein Aufsehen erregender Fehler unterläuft. Die geringe Mitarbeiterorientierung wird ihn weniger stören; auch er liebt Sachlichkeit, wenn auch eine andere als der ST-Manager. NF-Manager sind leicht gequält, da vermutlich die Sachlichkeit einfach bestimmten Prinzipien widerspricht und sie den Konflikt nicht aushalten. Nicht selten werden sie „missionarisch“ im Versuch, die Dinge zu verändern. Wenn die Kultur jedoch stark genug ist, wird sie diese Versuche leicht verkraften und der NF verlässt das Unternehmen.

Aber auch SF-Manager haben mit diesem Klima Schwierigkeiten. Sie werden in ihrem Anspruch auf „Menschlichkeit“, auf Berücksichtigung individueller Bedürfnisse völlig frustriert. Sie spüren mehr Zwang als Harmonie und können unter dem impliziten Gebot, ausschließlich „sachdienliche“ Meinungen auszusprechen, ziemlich leiden.

SF-Kulturen: die „menschliche" Kultur

Die Werte der SF-Kultur sind auch Ordnung und Stabilität. Es handelt sich jedoch um eine menschliche Ordnung in dem Sinn, als nicht Grundsätze auf alle angewandt werden, sondern die Wirkung auf den Einzelnen, auf das Individuum berücksichtigt wird. Die Daten und Fakten, die eine SF-Kultur bewegen, sind daher auch andere als in der ST-Kultur. Fällt in der ST-Kultur den Führungskräften ein Rückgang bei den Erfolgsziffern auf, so erkennt man in der SF-Kultur sofort einen Rückgang in der Motivation, eine Verschlechterung des Betriebsklimas oder in zwischenmenschlichen Beziehungen. Menschliche Wertschätzung ersetzt die Anerkennung für Leistung, die in der SF-Kultur nicht so sehr im Vordergrund steht.

Information in der SF-Kultur ist sehr persönlich und informell. Neben betriebswirtschaftlich relevanten Daten spielen persönliche Informationen eine große Rolle. Gespräche machen vor privaten Dingen nicht Halt – im Gegenteil: Kenntnis privater Verhältnisse und Probleme voneinander sind gängiger Bestandteil der Konversation. Diskussionen haben überhaupt so etwas wie einen Konversationscharakter. Man soll sich dabei wohl fühlen, dient Kommunikation doch meist der Versicherung, dass auch die zwischenmenschlichen Beziehungen in Ordnung sind. Für andere Typen sind SF-Geschäftsbesprechungen eher Plaudereien, bei denen wenig herauskommt.

Obwohl Hierarchie und Bürokratie vorhanden sind, ist das allgemeine Klima freundlich. Vorgesetzte sind auch hier Vorgesetzte. Sie fühlen sich jedoch für die Mitarbeiter und deren Wohlergehen verantwortlich. Sie sind sorgend und milde gestimmt. Diese Eigenschaft der SF-Kultur macht sie oft zum patriarchalischen Unternehmen. In der patriarchalischen Familie sorgt der Vater für seine Kinder. Genauso ist es im SF-geprägten Unternehmen. Misserfolge werden verziehen – Unloyalität nicht. Was als unloyal zu gelten hat, bestimmt allerdings die Unternehmensführung nach ihren Vorstellungen von Ordnung.

Absicherung ist auch hier empfehlenswert. Sie geschieht nicht durch tadellose Leistung und Abwehr möglicher Anschuldigungen, sondern durch die Aufrechterhaltung guter Beziehungen nach oben. Man versichert sich immer wieder der „Zuneigung" des Vorgesetzten, wobei die verschiedenen Taktiken von Kultur zu Kultur variieren. „Gute Beziehungen" zu haben kann auch zu Verhaltensweisen führen, die für die Leistung sehr kontraproduktiv sind.

Auch die SF-Kultur geht von monokausalem Denken aus und neigt dazu, Komplexität bei Problemstellungen zu reduzieren. Meist wird die Ursache in einem Mangel an „guten Willen" geortet, und man redet mit den betroffenen Leuten, um die nötigen Korrekturen herzustellen. „Sanfter Druck" und „milde Härte" sorgen für die Durchsetzung der vom Management gewünschten Maßnahmen. Kritik am Management, manchmal ja auch berechtigt, wird von diesem als Undankbarkeit und Illoyalität aufgefasst. Solche Leute „passen nicht zu uns", wird argumentiert. Daher gibt es kaum Kritik. Vieles bleibt um der Harmonie willen unausgesprochen.

Wo und/oder wann sind SF-Kulturen erfolgreich?

Man kann SF-Kulturen nicht als stark leistungsorientierte Kulturen auffassen. Sie sind daher dann erfolgreich, wenn keine allzu hohe Leistung verlangt wird und auch die Mitarbeiter keine allzu hohen Ansprüche an Herausforderungen stellen. Heute sind sie nur mehr dort anzutreffen, wo zum Beispiel durch lokale Gegebenheiten oder aus anderen, meist legistischen Gründen dem Unternehmen fast etwas wie eine Monopolstellung gewährt wird. Auch dann kann man nicht so recht von Erfolg im Sinne von Leistung sprechen, sondern eher von Überlebensfähigkeit.

In der durchschnittlichen westlich geprägten Wirtschaft sind SF-Kulturen nur selten vorhanden. Ihre Schwächen sind offensichtlich und brauchen nicht mehr gesondert dargestellt werden.

Das heißt nicht, dass nicht durch das Zusammentreffen bestimmter Rahmenbedingungen einzelne Abteilungen manchmal trotz dieser Kultur Leistung erzielen können. Wir hatten einen Fall, bei dem eine F&E-Abteilung durch die Persönlichkeit ihres Leiters teilweise eine solche Kultur hatte. Allerdings waren die einzelnen Mitarbeiter meist introvertierte NT-Typen, die sich durch die guten zwischenmenschlichen Rahmenbedingungen gut versorgt fühlten und sich in ihrer Arbeit aus Eigenmotivation hervorragend entfalten konnten. Man konnte aber auch nur zum Teil von einer SF-Kultur sprechen, da der Anteil der Eigenmotivation im Sinne einer NT-Kultur für die Erzielung der Leistung sorgte.

Auswirkungen der SF-Kultur auf die Mitarbeiter

In einer SF-Kultur lässt es sich gut einrichten und (über)leben. Allerdings werden Mitarbeiter, die Herausforderung brauchen, nicht sehr glücklich werden. Leistungsmotivierte Mitarbeiter wird das Unternehmen in der Regel nicht anziehen und halten können. Die Mitarbeiter finden mitunter eine „Leistungsinsel", in der sie sich entwickeln können. Dort gibt es dann die Möglichkeit, nach eigenen Leistungskriterien schaffen zu können. In einer „Familie" spielt jedoch auch Neid immer eine Rolle. Erreicht jemand durch Leistung und nicht durch gute Beziehungen Anerkennung beim Management, kann der Neid, der dann bei anderen entsteht, ein gefährlicher Feind werden.

NT-Kulturen: die „theoretische" Kultur

Die *Werte* der NT-Kultur sind Zukunfts- und Möglichkeitsorientierung. Sie sind in dem Sinn theoretisch, als es um neue Modelle, Konzepte und Ideen geht. Alltagskram und Details des Geschäftes werden vernachlässigt. Hohen Wert in der NT-Kultur genießen die neue Idee, geistreiche Analysen und Schlussfolgerungen. Strategisches Denken kommt da natürlich nicht zu kurz. Das „In-die-Zukunft-Blicken" bietet den Reiz, den man sucht. Über die eigenen Stärken und Schwächen sehr grundsätzlich nachzudenken, immer wieder die Frage aufzuwerfen, in welchem Geschäft man eigentlich ist, welche Bedürfnisse man, möglichst tiefenpsychologisch gesehen, beim Konsumenten befriedigt, gehören in dieser Kultur zum Tagesgeschäft.

Eine gewisse Hektik zeichnet die Kultur aus. Ohne Spannung und Herausforderung sinkt die Motivation bald auf den Nullpunkt. Daher wird instinktiv auch immer für diese Hektik gesorgt, werden auch manchmal neue Bedrohungen erfunden.

Teamarbeit steht hoch im Kurs. Man legt auf eine gute Zusammenarbeit auch zwischen den Abteilungen Wert und spricht vom Nutzen synergistischer Bemühungen.

Die Strukturen sind ebenfalls von kommunikationsfördernder Vernetzung gekennzeichnet: Matrix-Strukturen sind in solchen Unternehmen typisch. Daneben gibt es Projektmanagement, und die Führungskräfte sind in normalen Zeiten mindestens in drei Projekten gleichzeitig beschäftigt. Es wird mit autonomen Arbeitsgruppen experimentiert. Berater werden in diesem Unternehmen nicht als „eiserner Besen", sondern als Ideenbringer und kritische Hinterfrager gesehen.

Ein allgemeines Interesse an allem und am Ganzen wird gefördert. Man findet auch immer Mittel, um das Unternehmensganze in das Blickfeld zu rücken, die Idee also, nicht die große Familie im Sinne von SF-Managern.

Außenorientierung ist wichtig. Es gehört zum guten Ton, die Nase in gesellschaftlichen Entwicklungen, am Markt und weiß Gott wo noch zu haben. Information ist alles. Sie geht auch kreuz und quer durch das Unternehmen. Man kennt auch nach außen meist keine Geheimniskrämerei: Der Wettbewerb entdeckt ohnehin bald unsere Neuentwicklungen, und bis dahin haben wir schon losgeschlagen. „Wir sind schneller, wir sind die Größten"; aus diesem optimistischen Selbstvertrauen heraus werden große Leistungen angestrebt.

Menschen, die sich bürokratisch geben, sich immer und überall absichern wollen und sich auf ihre Zuständigkeit oder Stellenbeschreibung berufen, sind in dieser Kultur nicht gern gesehen. Die Wertschätzung erwirbt man sich hier durch Dynamik und Leistung und nicht aufgrund des Ersitzens von Ansprüchen und hierarchischen Zuordnungen oder Firmentreue.

Unterschiedliche Meinungen in der Diskussion werden gefördert. Sie sind die Chance, neue Entwicklungen und Möglichkeiten zu erkennen. Harte, aber faire Auseinandersetzungen erzeugen nach erfolgreicher Einigung ein Hochgefühl, etwas geleistet zu haben. Die Durchführung muss dann auch erfolgen, die eigentliche Motivation kommt jedoch aus der Entwicklung der Idee. Sie ist der Motivator für die Umsetzung, nicht die erfolgreiche Umsetzung selbst.

Komplexe Probleme entsprechen dem Denkstil der Kultur. Man liebt die Analyse der Probleme und schließt schon manche Besprechung mit vielen offenen Fragen, die späterer Behandlung bedürfen, ab. Bei der

Problemdiskussion zielt man auf Grundsatzfragen ab, stellt Grundsätze auch immer wieder in Frage. Es geht oft um die Entwicklung einer „Philosophie“ oder ähnlich abstrakten Dimensionen. Für die Menschen im Unternehmen sind diese abstrakten Gebäude jedoch sehr „begrifflich“ und sie sind auch Grundlage für Handlungsorientierung.

Wo und/oder wann sind NT-Kulturen erfolgreich?

Anteile von NT-Kultur werden in zunehmendem Maß wichtiger. Die Umwelt ist widersprüchlich und turbulent geworden. Tatsächlich muss sich das Management mehr und mehr dieser so genannten abstrakten Konzepte bedienen, will es erfolgreich sein. Nur mit Handeln können die meisten Unternehmen nicht mehr das Auslangen finden. Denken und Wieder-Denken erfordert heute die Komplexität der Problemstellungen. Die Steuerung des Unternehmens durch Strategien und Entwicklung der Unternehmenskultur wird dann bedeutsam, wenn das Unternehmen dynamisch sein soll und mündige Mitarbeiter, die selbständig handeln können, durch Strategien und vorgelebte Werte gelenkt werden sollen. Der Liebe zum Detail liegt eben keine besondere Triebkraft zugrunde.

„Tempomanagement“ ist in vielen Branchen heute die Devise. Nicht mehr Preisführerschaft, Qualitätsführerschaft, sondern Tempoführerschaft entscheidet in immer mehr Branchen über den Erfolg. Das erfordert hohe Sensibilität gegenüber Trends in der Umwelt und rasches, kreatives Entscheiden. Dazu müssen diese Maßnahmen in eine Strategie eingebettet sein, um nicht in einen Zickzackkurs zu verfallen. Diese Anforderungen zu meistern ist eine Stärke der NT-Kultur.

Eine weitere Stärke ist ihre Orientierung auf die Mitarbeiterentwicklung. „Langsame“ Mitarbeiter machen Menschen in einer NT-Kultur nervös. Mitarbeiterausbildung sichert den Erfolg und wird ernst genommen. Allerdings kann es Mitarbeitern schon passieren, dass sie sich nach ihrem Besuch einer Ausbildung oder eines Seminars etwas allein gelassen fühlen: Man kümmert sich weniger um die Umsetzung und Erfolgskontrolle. Das bleibt dem Mitarbeiter überlassen. Wichtig ist, dass man weiß, dass der Mitarbeiter jetzt auch diese Konzepte kennt. Man kann mit ihm die gleiche Sprache sprechen. Die Umsetzung wird häufig seiner eigenen Motivation überlassen – und auch erwartet.

Strukturen in NT-Kulturen sind dazu da, die Erbringung von Leistung zu ermöglichen. Die Bereitschaft zu Veränderung von Strukturen und Organisationsbestandteilen sind daher ebenfalls zu den Stärken der NT-Kultur zu zählen.

Wo und/oder wann zeigt die NT-Kultur ihre Schwäche?

„Wenn alle nur Ideen haben und niemand handelt, kann nichts entstehen." Dieser Satz gibt die generelle Schwäche der NT-Kultur am besten wieder. Problemlösung kann in der theoretischen Kultur um ihrer selbst willen geschehen und nicht, um rasch Maßnahmen einzuleiten. Das Tempo drückt sich dann in Gedanken aus und nicht in Taten, Strategien werden gewälzt, ohne das Denken und Handeln im Unternehmen wesentlich zu beeinflussen.

Kosten und andere Entwicklungen müssen in jedem Unternehmen überwacht werden. Die gewisse Großzügigkeit des NT-Managements gegenüber einer effizienten Organisation, die exakte Rückmeldungen über Entwicklungen liefert, kann gefährlich werden, besonders in Zeiten des Erfolges. Spektakuläre Erfolge lenken von im Detail steckenden Schwächen ab.

Die lässige „Terminkultur" ist ebenfalls ein Symptom für das Vorliegen einer NT-Kultur. Zwänge wie Pünktlichkeit werden gerne abgelehnt – so werden Verstöße gegen Termineinhaltung kaum geahndet. (In ST-Kulturen protestieren NT-Manager manchmal „still" durch häufiges Zu-spät-Kommen bei Sitzungen, obwohl es ihnen Schlechtpunkte einbringt!)

Auswirkungen der NT-Kultur auf die Mitarbeiter

Es macht Spaß, in einer NT-Kultur zu arbeiten. Das werden jedenfalls die intuitiven Menschen finden. Aber auch andere Persönlichkeiten können in einem Klima der Freiräume ihren Arbeitsplatz und ihre Ziele gut entfalten. Schwieriger haben es Mitarbeiter, die klare Ziele und Anweisungen verlangen. Sie fühlen sich oft zu wenig geführt und angeleitet. Auch selbständige Mitarbeiter brauchen immer wieder klare Orientierungen. Die muss man sich in einer solchen Kultur oft selbst suchen. Mitunter ist das, was darüber ausgesagt wird, auch reichlich abstrakt und für die direkte Umsetzung ins Alltagsgeschäft nicht wirklich brauchbar.

Mitarbeiter in der NT-Kultur fühlen sich auch zu Recht einfach überfordert. Man denkt seitens des Managements nicht viel darüber nach, welche zusätzlichen Anforderungen die eine oder andere Änderung mit sich bringt. Das fällt manchmal unter „Details", um die man sich nicht wirklich kümmert. Es kann Situationen geben, in denen die Mitarbeiter sehr verunsichert sind, was nun in Zukunft gelten soll. Wann immer man Informationen einholen will, wird man mit vielen Ideen konfrontiert, die alle natürlich gerade im Management besprochen werden, erfährt aber nichts Konkretes. Vertröstung hilft hier nicht weiter, wenn auch solche Gespräche oft damit enden.

Man kann zum Management gehen und die Schwierigkeiten aufzeigen; in der Regel wird das auch eingesehen. Die Schwierigkeiten werden jedoch sicher wiederkommen.

Förderung erhalten die Mitarbeiter, wo sie sie brauchen. Mitarbeiterentwicklung ist nicht nur ein Lippenbekenntnis, sondern gelebte Unternehmensphilosophie. Interesse für Weiterbildung wird geschätzt und gefördert und führt nicht zu Misstrauen, wie dies in einer ST-Kultur der Fall sein kann.

NF-Kulturen: die „idealistische" Kultur

Die *Werte* der NF-Kultur sind der NT-Kultur ähnlich, was die großen Ideen und Konzepte betrifft. Sie verfolgen jedoch Ideale – manchmal auch geradezu „missionarisch". Diese Ideale sind nicht abstrakte Ideen, sondern richten sich auf eine Wirkung am Markt und auf die Mitarbeiter. Es besteht ein größeres Bewusstsein, dass man permanent durch die Wirkungen der eigenen Handlung Realität gestaltet. Wir haben dies bereits bei der Beschreibung des NF-Managers, wie er Unternehmen sieht, ausgeführt. Strukturen in der NF-Organisation sind recht verschwommen und sollen es auch sein. Die Komplexität der Strukturen ergibt sich anders als bei der NT-Kultur: Sie gründet sich auf das Vertrauen der in ihr tätigen Menschen und will jedem die Möglichkeit geben, optimale Rahmenbedingungen für seine Arbeit zu schaffen und andererseits für Veränderungen breiten Raum lassen. Dezentralisation ist das wichtigste Wort im Zusammenhang mit Organisation. „Selbstorganisation", der neue Begriff aus dem ganzheitlichen, systemischen Managementdenken, ist den NF-Managern nicht fremd; sie haben es rasch begriffen und übernommen.

In der NF-Kultur ist kaum etwas reine „Sache". Alles hat mit dem Menschen zu tun, sei er nun Mitarbeiter, Lieferant oder Kunde. Alles wird mit und durch Menschen bewirkt. Ehrlichkeit, Ethik und Verantwortung sind in einer NF-Kultur keine leeren Schlagworte. Sie lenken die strategischen Gedanken, die es natürlich in der idealistischen Kultur ebenfalls gibt und die großen Stellenwert genießen, und sind auch die Grundprinzipien, die man in der Unternehmenskultur umzusetzen versucht.

In NF-Kulturen zu leben heißt, dauernd an sich selbst zu arbeiten. Dieses An-sich-selbst-Arbeiten wird auch geschätzt und anerkannt.

Das Management begreift sich als wichtigen Teil des Unternehmens, aber eben auch als einen Teil und nicht als außerhalb stehend. Eine gewisse Bescheidenheit in Bezug auf den eigenen Beitrag zeichnet es aus. Eine Bescheidenheit, die aus der eigenen Überzeugung und Selbstsicherheit kommt. Diese Charakteristik wirkt authentisch und ehrlich auf die Mitarbeiter und verstärkt dadurch den Einfluss des Managements und seiner Ideen und Visionen. Es geht dem Management bei seiner Steuerung des Unternehmens darum, einen Beitrag zum Unternehmensganzen zu leisten, das Management versteht sich nicht als das Unternehmen. Unternehmensentwicklung besteht darin, anderen Entwicklungsraum zu geben. Motivation dazu entsteht durch das gegenseitige Ernstnehmen und Respektieren des anderen.

Wo und/oder wann sind NF-Kulturen erfolgreich?

Es zeigt sich immer mehr, dass in Zukunft NF-Anteile eine wichtige Erweiterung von Eigenschaften einer Unternehmenskultur sind. Es gibt zahllose Ansätze in Unternehmen, in diese Richtung zu gehen. Es ist nicht sinnvoll, nun 100-prozentige NF-Kulturen zu entwickeln. Wie wir noch in unserer Zusammenfassung erwähnen werden, gibt es in jedem Unternehmen so etwas wie einen „Mix" von Kulturanteilen. Die Stärkung der NF-Anteile ist für viele Unternehmen ein Gebot der Stunde. NF-Kulturen können ihre Stärken in einer sich rasch wandelnden Umwelt unter starken Wettbewerbsdruck am besten entfalten. Dort sind sie auch am erfolgreichsten, da der Sinn ihrer Prinzipien und Werte am deutlichsten zutage tritt.

Wo und/oder wann zeigen NF-Kulturen ihre Schwächen?

NF-Kulturen können sich nicht oder nur schwer kurzfristig unter Beweis stellen. In Krisensituationen fehlt die „harte" Konsequenz in der Bereinigungsphase. In solchen Situationen ist es oft ein notwendiges, wenn auch zweischneidiges Unterfangen, den Teufel mit dem Beelzebub austreiben zu müssen.

Das Management eines NF-Unternehmens kann leichter in Konflikt mit Eigentümerinteressen kommen. Besonders dann, wenn Aufsichtsrat und Aktionäre plötzlich andere Ziele haben, tritt diese Schwierigkeit auf. Ein NF-Unternehmen hat eine stärkere Eigendynamik entwickelt und ist nicht bereit, auf „Pfiff" seine Richtungen und Ausrichtungen zu ändern. Nicht aus Trägheit etwa, sondern aus einer bewussten Überzeugung heraus. Schwerwiegende Eingriffe von außen kann das Unternehmen mit dem gleichen Management ohne starken Glaubwürdigkeitsverlust des Managements bei den Mitarbeitern kaum jemals auffangen. Deswegen enden solche Entwicklungen meist mit dem Exodus des Managements.

Sind die Mitarbeiter nicht auf einem hohen Entwicklungsstand, sowohl was Fähigkeiten als auch Verantwortung und Selbständigkeit betrifft, und wirkt keine dynamische, begeisternde Unternehmensidee im gesamten Unternehmen, kann die NF-Kultur auch langsam zum einem „liebenswerten" Chaos verkommen.

Auswirkungen der NF-Kultur auf die Mitarbeiter

Obwohl die NF-Kultur für Mitarbeiter ideal erscheint, muss es natürlich nicht jedermanns Sache sein, sich in ihr wohl zu fühlen. Sie ist herausfordernd und verlangt von den in ihr tätigen Menschen viel. Die Chance ist groß, dass im Unterschied zur NT-Kultur jedoch Überforderungen vorhergesehen und vermieden oder zumindest nach Eintritt auch wieder korrigiert werden.

Introvertierte Einzelarbeiter werden, wenn sie sich von der Gemeinsamkeit im Unternehmen nicht anstecken lassen, manchmal vieles übertrieben finden und sich nach mehr Ruhe sehnen. Im Großen und Ganzen jedoch werden Mitarbeiter ihre Kultur schätzen und so viel Reife in dieser Kultur entwickeln können, um zu wissen, dass es die für jeden ideale Kultur nicht gibt.

Das Resümee: Unternehmenskultur mit Vielfalt

Die Schlussfolgerung dieser Überlegungen bietet folgenden Rat an: Wir sollten mit der Vielfalt der Werte und Präferenzen im Unternehmen nicht so verfahren wie die afrikanischen Nomadenvölker in Margret Meads afrikanischer Untersuchung.

Anstatt einen Positionierungskampf der verschiedenen Weltbilder im Unternehmen auszufechten, sollten wir an deren sinnvolle Integration denken. Wenn die Probleme und Entwicklungen, die wir zu meistern haben, eine große Vielfalt aufweisen, ist es günstig, wenn wir ihnen eine ähnliche im Unternehmen gegenüberstellen können.

Überraschend große Lern- und Erfahrungsmöglichkeiten bieten sich einem Management, das diesen Weg des gegenseitigen Verständnisses beschreiten kann.

Schon bisher fiel es zum Beispiel den „Marketeers“ oft schwer, die Kollegen der Produktionsabteilung zu verstehen. Natürlich gibt es hier widersprüchliche Ziele – die „Logik“ der Produktionsleute ist eben nicht die „Logik“ der Marketingleute. Man kann diese Sichtweisen aus den funktionalen Zielen der Abteilungen begreifen. Zusätzlich ist es natürlich oft so, dass wir in den beiden Abteilungen, in denen auch sehr unterschiedliche Fähigkeiten, Denkweisen und Perspektiven verlangt werden, unterschiedlich ausgeprägte Präferenzen vorfinden. Die verschiedenen Aufgaben ziehen verschiedene Persönlichkeitstypen an. Dies ist nur ein Beispiel, in welcher Form mit einer integrierenden Reflexion dieser Probleme begonnen werden kann.

Typologie und Teamarbeit

Ihr Typ und die Leitung von Teams

Sie haben sich soeben reflektierende Gedanken zu Ihren Ausprägungen im Zusammenhang mit Ihrer Problemlösungskompetenz gemacht. Hier können Sie mit dieser Reflexion fortfahren und in Kontakt mit Ihrer Rolle als Teamleiter kommen.

Beantworten Sie nun bitte folgende Fragen – so ehrlich, wie Sie nur können. (Sie können diese Fragen auch an Ihre Mitarbeiter stellen, die Ihnen sagen sollen, wie sie Ihr Teamverhalten und die Erwartungen an das Team erleben!)

Denken Sie an Ihren Arbeitsbereich, an die Gruppe der Ihnen direkt unterstellten Mitarbeiter:

- Wie oft gibt es in Ihrem Arbeitsbereich Teamsitzungen?
- Sind die Sitzungen in einem bestimmten Rhythmus geplant oder gibt es spontane Zusammenkünfte?
- Ist die ganze Gruppe vertreten (soweit es die Problemstellung verlangt bzw. der momentane Arbeitsanfall erlaubt)?
- Wie sehr schätzen Sie die Sitzungen?
- Welche Art von Ergebnis ist für Sie wirklich wichtig (zum Beispiel Resultate erzielen, Informationen erhalten, Stimmung in der Gruppe erspüren, Ideen entwickeln)? Bitte antworten Sie nicht spontan mit „Alles“, sondern versuchen Sie zumindest eine Reihung vorzunehmen!
- Für welche Art von Problemen berufen Sie eine Teamsitzung ein?
- Wann sind Sie mit einer Sitzung zufrieden? Was hassen Sie bei einer Teamsitzung?
- Was fürchten Sie an einer Teamsitzung?
- Wie sollte Ihrer Meinung nach die ideale Teamsitzung verlaufen?
- Was würden Sie gerne am dringendsten an Ihren derzeitigen Sitzungen ändern?

- Was würden Sie gerne unbedingt beibehalten? Was ist die Stärke Ihres Teams?
- Was ist die Schwäche Ihres Teams?
- Ist Ihr Team ein treffendes Spiegelbild des gesamten Unternehmens und aufgrund welcher Verhaltensmuster?
- Was unterscheidet Ihr Team vom Rest der Unternehmenskultur?

Und schließlich:

- Wie, glauben Sie, würden Ihre Teammitglieder diese Fragen beantworten?
- Würden alle gleich antworten?
- Wer würden andere Meinungen vertreten?
- Was fehlt denen, die die Teamarbeit wahrscheinlich anders sehen? Welche Erwartungen haben sie?
- Welcher Typ sind Sie selbst?
- Welchen Typ verkörpern die, die Ihrer Meinung nach unterschiedliche Eindrücke von der Teamarbeit haben?

Wenn Sie sich diese Fragen gut überlegen und Antworten gefunden haben, wissen Sie sicher so viel, dass Sie auch eine Diagnose der Teamarbeit in Ihrem Bereich anstellen können. Das ist dann die beste Voraussetzung, gemeinsam mit Ihrem Team eine Diskussion über die Teamkultur und ihre Stärken und Schwächen zu beginnen. Lesen Sie zunächst die folgenden Überlegungen zur Typologie und Teamarbeit und vergleichen Sie dann dazu Ihre Antworten, die Sie zu den oben stehenden Fragen gegeben haben.

Der ST-Manager als Teamleiter

Teamarbeit ist nicht unbedingt die Stärke des ST-Managers. Ein Teamprozess hat immer etwas Dynamisches an sich. Durch das freie Spiel des Meinungsaustausches können Ideen entstehen, Meinungsverschiedenheiten auftreten und viele, nicht vorhersagbare Tatsachen und Meinungen ans Tageslicht kommen. Probleme können plötzlich in einem anderen Licht erscheinen, neue Ursachen können sich aus der Diskussion ergeben und völlig neue Lösungen sinnvoll erscheinen lassen. Warum also sollte der ST-Manager Teamarbeit schätzen und fördern?

Eine Arbeitsweise, die diese Unsicherheiten mit sich bringt, liegt dem ST-Typ nicht sehr. Er bevorzugt auf jeden Fall das Zweier-Gespräch, das viel leichter zu steuern ist und weniger Dynamik zulässt. Daher ist es die Vorgangsweise des ST, viel häufiger Dinge im Zweier-Gespräch abzuhandeln, als das Team mit den Problemen zu konfrontieren.

Unter einer ST-Teamleitung finden sich meist folgende Charakteristika: Besprechungen finden in einer formalisierten Form statt. Dazu gehören wöchentliche Abteilungsbesprechungen und Ähnliches. Solche Besprechungen sind recht streng ritualisiert, und wenn man die Mitarbeiter fragt, was in den Sitzungen passiert, werden sie wahrscheinlich mit „Gar nichts" antworten. Die Sitzungen haben viel eher den Charakter von Berichterstattung und Befehlsausgabe. Würde man die Kommunikationsstruktur grafisch darstellen, bekäme man wahrscheinlich folgendes Diagramm:

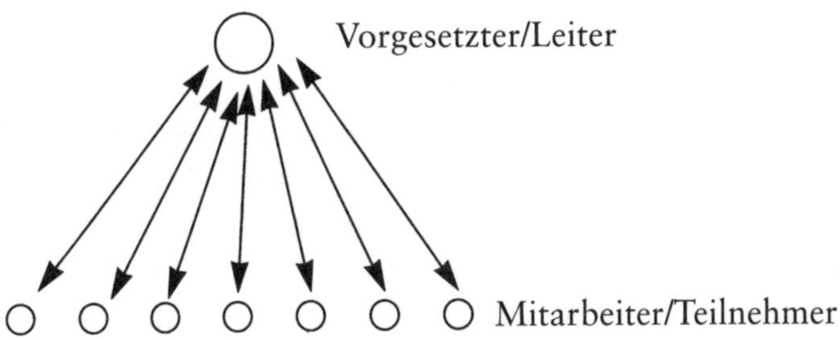

Jeder Sitzungsteilnehmer richtet sein Wort an den Sitzungsleiter; dieser antwortet auch auf jede Frage bzw. kommentiert jede geäußerte Meinung. Zwischen den übrigen Teilnehmern gibt es kaum direkte Kommunikation. Es handelt sich also weniger um eine Gruppendiskussion als um eine Reihe von *Zweier-Gesprächen „vor Zeugen"*. So hält der ST-Manager seine bevorzugte Kommunikationsstruktur auch in der Teamsituation aufrecht und kann recht gut die ganze Gruppe und den Gesprächsverlauf steuern. Er behält die Sache im Griff. Klar, dass jede Abweichung vom Thema mit dem Hinweis zur Sache gestoppt wird, wobei der Leiter bestimmt, was zur Sache gehört und was nicht. Es gibt wenig Spontaneität in solchen Sitzungen. Will man sich zu Wort melden, hebt man die Hand.

ST-Manager sind resultatorientiert. Es ist ihr Bedürfnis, dass alles richtig gemacht wird. Was richtig ist, wissen sie am besten (das schützt vor Überraschungen). Sie kommen häufig mit einer Lösung für das Problem im Kopf zur Sitzung des Teams. Natürlich haben sie auch das meiste Vertrauen in ihre eigene Lösung. Man kann es nur schwer verbergen, wenn man die Lösung bereits mit sich herumträgt. Die Kommentare und nonverbalen Reaktionen auf Beiträge der Teammitglieder werden ganz unbewusst die eigene Lösung unterstützen. Abweichende Lösungen, Vorschläge und Ideen werden manchmal ebenso unbewusst wie subtil entmutigt. Das Bedürfnis nach Kontrolle lässt den ST-Manager kaum eine Chance, die Leistungsfähigkeit seines Teams jemals kennen zu lernen, da er es recht durch den Arbeitsprozess steuert. Bei dieser Art der Teamführung gibt es kaum Motivation zur spontanen Beitragsleistung. Der Teamleiter wird nur in seiner Annahme bestärkt, dass aus dem Team ohne ihn nichts herauskommt. Er verwechselt dabei Ursache und Wirkung: Würde man die Teammitglieder befragen, würden sie sagen, dass ohne ihn nichts herauskommen *darf*.

Der Problemlösungsprozess beschränkt sich auf die Phase der Lösungserarbeitung. Das Problem steht rasch fest, und die Problemformulierung wird vom Leiter selbst eingebracht. Auch das ist eine Möglichkeit der Kontrolle und Steuerung: Solange ich bestimme, was das Problem ist, habe ich die Ergebnisse schon zur Hälfte festgelegt.

Kontrolle kann auch ausgeübt werden, indem man die Sitzungsteilnehmer sorgsam auswählt und diejenigen draußen lässt, die gezeigt haben, dass „sie sich für Sitzungsteilnahmen nicht eignen". Das sind natürlich diejenigen, die unbequem werden können. Man vergisst sie oft auch ganz „zufällig".

Wirklich wichtige Probleme werden unter einer ST-Leitung gar nicht im Team besprochen. Wenn, dann wurden alle wichtigen Punkte mit den wichtigen Mitgliedern des Teams in Zweier-Gesprächen bereits abgeklärt. Im Team wird die Entscheidung dann nur mehr abgesegnet. Das Team ist die Spielwiese für Routineprobleme und Informationsaustausch, manchmal wird es auch für eine allgemeine oder spezielle Schelte benutzt und bietet die Kulisse für die „Statuierung eines Exempels".

Sitzungen ohne Resultate sind dem STJ-Manager ein Gräuel. Sie sind in jedem Fall verlorene Zeit. Da er die Lösung ohnehin schon weiß, dem Team wenig Problemlösungsqualifikation beimisst und Diskussionen nicht sehr schätzt, gibt es in starken STJ-Kulturen kaum Anzeichen eines Teamklimas.

In einer ST-Kultur wird das Team nicht nur nicht entwickelt, sondern es wird niedergehalten. Da es keine Spontaneität, kein Leben in der Diskussion gibt, überwiegen leblose Floskeln, und Rituale steuern den ganzen Sitzungsverlauf. Alle haben das Gefühl, eine Formalität hinter sich zu bringen.

Im Übrigen gelten natürlich alle Eigenschaften der ST-Kultur ganz generell. Das betrifft die Art der Daten, die betrachtet werden, und die Verfahrensweisen im Problemlösungsprozess.

Der SF-Manager als Teamleiter

SF-Typen schätzen ein gutes Teamklima und versuchen, es zu hegen und zu pflegen. Ein gutes Teamklima ist ein Zeichen dafür, dass die Beziehungen zwischen den Menschen in Ordnung sind. Dessen möchten sie sich auch immer vergewissern und es auch durch gute Teamarbeit demonstrieren. Das Hauptaugenmerk gehört dem „Klima" und nicht so sehr der Leistungsfähigkeit des Teams. SF-Managern macht es nicht sehr viel aus, wenn manchmal keine Resultate am Ende einer Sitzung vorhanden sind. Schließlich bringt es der Gruppe immer etwas, wenn man beisammen sitzt und „die Dinge" besprechen kann.

Gibt es wichtige und eventuell konfliktträchtige Probleme, dann meiden auch SF- und ST-Manager das Team. Solche Probleme sind zu heikel, als dass man sie im Team besprechen könnte. Anders als der ST-Manager, der eine wichtige „Sache" nicht dem Team „preisgeben" wird, will der SF-Manager keine Verschlechterung der Beziehungen und meidet deswegen die Öffentlichkeit des Teams – so hält jeder, der ST- und der SF-Manager, das heraus, was für ihn von großer Bedeutung ist. Beide tun es, um ihre Art von Ordnung zu sichern.

Auch die SF-Sitzung hat eine ähnliche Kommunikationsstruktur wie die des ST-Managers, jedoch wieder aus unterschiedlichen Motiven: Der SF-Manager benützt die Zweier-Struktur im Team, um das Ausbrechen von Konflikten zu verhindern bzw. um rasch schlichtend eingreifen zu können. Konflikte werden in vertraulichen Gesprächen besprochen.

Mit der Motivation und Spontaneität bei den Beiträgen zur Gruppendiskussion ist es auch beim SF-Manager nicht gar so gut bestellt. Die „milde Härte" bei der Durchsetzung der Absichten des SF-Managers und seiner Pläne spüren die Teammitglieder doch. Rasch wird man zum Miesmacher und Querulanten gestempelt, wenn man auf unangenehme Probleme oder Schwachstellen und Fehler im Team zu sprechen kommt. Das zieht der Leiter dann sofort an sich und lenkt das Thema auf ungefährlicheres.

Leistungsorientierte Mitarbeiter empfinden SF-Teamsitzungen als ungeheuer langweilig, unproduktiv und auch unehrlich. Ihnen geht das vordergründige Vorspielen einer harmonischen, heilen Welt auf die Nerven. Die Meinung ist, dass man zwar ein gutes Gesprächsklima hat, aber die wirklich wichtigen Dinge könne man doch nicht ansprechen.

Der NT-Typ als Teamleiter

NT Sitzungen haben etwas Elitäres an sich. Sie sind exquisite Intellektuellen-Runden. Die Teamarbeit läuft dann gut, wenn es interessant und konfliktreich im Sinne einer Meinungsvielfalt ist.

Besonders der ENTP-Manager nutzt das Team gerne. Er nutzt es, um Probleme erörtern und ausloten zu können. Man ist offen, Kollegen aus anderen Bereichen einzuladen, um ihre Meinungen zu hören und „gesamthafte" Lösungen anzustreben. Er ist der Meinung, einer allein könne gar nicht so viel sehen, wissen, denken und beobachten, so dass Einzelentscheidungen niemals die Qualität von Teamentscheidungen haben können. Aber auch ENTJ-Manager überprüfen gerne ihre Entscheidungen im Team. Das tun sie umso lieber, je mehr Gleichklang sie in Bezug auf ihre Gedanken und Ideen im Team vorfinden.

Hier haben wir den typischen Unterschied zwischen den ST-, SF- und NT-Teamkulturen: Der ST-Manager nutzt das Team, um die *Umsetzung* der Entscheidung, die im Wesentlichen von ihm bereits gedanklich vorbereitet ist, abzusichern. Der SF-Manager nutzt das Team, um das zwischenmenschliche Klima abzuschätzen und gut zu erhalten.

Der NT-Manager nutzt das Team, um die Qualität der Problemlösung zu steigern. Das bedeutet auch eine ganz andere Haltung zu den Mitarbeitern. Der NT-Manager erwartet sich inhaltlich interessante Beiträge von seinen Mitarbeitern und erhält sie auch. (Der ST-Manager erwartet sich in dieser Hinsicht nicht viel, der SF-Manager hofft, es mögen nicht zu viele verschiedene Meinungen vorhanden sein, weil dies zu Konflikten führen könnte).

Der NT-Manager, speziell wenn er extravertiert ist, braucht die Meinungen anderer schon deswegen, um sich selbst durch sie inspirieren zu lassen.

Die Arbeitsweise von NT-Teams ist sehr zielorientiert und auf hohe Qualität ausgerichtet. Dabei kann man schon manchmal über das Ziel hinausschießen und sich mit Ideen beschäftigen, die zwar nicht realisierbar, aber spannend und aufregend sind. Man sieht gerne den „größeren" Horizont bei der Problemanalyse und -formulierung.

Das Gesprächsklima ist spontan und lebendig. Wenn keine „Bewegung" aufkommt, wird die Diskussion als langweilig empfunden. Deswegen kommen Routinedinge kaum in Teambesprechungen vor. Sie werden in Abstimmungsgesprächen zu zweit abgehandelt. In den Teamsitzungen kann es auch typisch sein, dass die großen Linien beschlossen werden und die Details für die Umsetzung, die Knochenarbeit, außerhalb des Teams verlegt wird. Das ist manchmal im Sinne der Effizienz sehr richtig: Dinge außerhalb des Teams im Detail zwischen denjenigen festzulegen, die dann damit betraut sind, spart dem ganzen Team Zeit. Sich mit Details der Durchführung von Entscheidungen zu beschäftigen, ist nicht die Stärke von NT-Teams. Daher birgt diese Verlockung die Gefahr in sich, dass dann gar keine Details mehr festgelegt werden und in der Folge auch nichts mehr geschieht.

NT-Leiter nehmen für sich und ihre Mitarbeiter gleichermaßen in Anspruch, dass jeder aus guten Diskussionen lernen kann. Es ist in Ordnung, die eigene Meinung anhand neuer Daten und Fakten zu ändern und hat nicht den Charakter des Gesichtsverlustes, wie dies zum Beispiel leicht in der ST-Kultur passieren kann. Diese Einstellung führt auch zur Spontaneität im NT-Team, während im ST-Team (erinnern wir uns: nur eine Sache kann richtig sein!) laufend eine Art vorsichtige Selbstzensur stattfindet. „Nur keinen Unsinn sagen“ – dieser Gedanke beherrscht die Mitglieder im ST-Team.

NT-Teams setzen Kreativitätsmethoden wie Brainstorming, Morphologischer Kasten, Analogien usw. ein, um die Kreativität zu steigern. Auch Albereien sind zur Lockerung erlaubt (ergibt sich aber manchmal auch aus einer Problemflucht oder aus Langeweile).

Der NT-Leiter bleibt bei der Steuerung des Arbeitsprozesses stark der inhaltlichen Seite des Problems verhaftet, wenn er selbst vom Problem betroffen ist. Ansonsten kann er recht gut die Rolle des unterstützenden Moderators für das Team einnehmen. Seine Fähigkeit, unterschiedliche Meinungen wahrzunehmen und wenn notwendig zu verstärken, versetzt ihn in die Lage, mehr aus dem Team herauszuholen als es allein dazu imstande wäre.

Eine NT-Kultur im Team kann sehr motivierend sein. Sie ist bereichernd für alle Mitarbeiter und fordert sie und ihre Fähigkeiten. Teammitglieder mit höheren Ansprüchen an zwischenmenschliche Wärme und an einen sehr persönlichen Kommunikationsstil (SF und NF) werden sich vielleicht manchmal etwas einsam fühlen in der letztlich doch unpersönlichen Atmosphäre, die ihre Farbe aus den Gedanken und Ideen und weniger aus dem Zwischenmenschlichen gewinnt.

Der NF-Manager als Teamleiter

Der NF-Typ ist vermutlich für viele Teamsituationen ein hervorragender Leiter und Entwickler seines Teams. Er vereinigt das Gefühl für Prozesse mit der zwischenmenschlichen Orientierung. Beides macht ihn zu einem guten Beobachter für eben die „Daten“, die ein guter Teamleiter braucht: Da er merkt, „was vor sich geht“, kann er auch entsprechend gut in den Prozess eingreifen. Daher bezieht er auch seinen Einfluss in der Gruppe: Nicht weil er sich in den Vordergrund spielt, sondern indem er als Helfer und Unterstützer des Teamprozesses auftritt. Viele Untersuchungen zeigen, dass durch diese Fähigkeit Einfluss in Gruppen entsteht, nicht etwa durch besonderes Wissen oder brillante Rhetorik (diese Fähigkeiten tragen nur kurz und speziell bei neuen Gruppen zum Einfluss bei, bei erfahrenen Teamarbeitern überhaupt nicht).

Der NF-Typ arbeitet bewusst an der Entwicklung seiner Gruppe oder hat zumindest die Fähigkeiten dazu. Er geht davon aus, dass ein gutes Team die beste Grundlage für Motivation und Leistung ist.

Seine fühlende Komponente führt dazu, dass er auch zwischenmenschliche Aspekte des Teams als Problem ansieht. Ist er ein ENFJ- oder auch ENFP-Manager, wird er sie, wenn er sich die Fähigkeiten dazu erworben hat, auch im Team ansprechen. Keinesfalls werden sie ihm entgehen. Solche Probleme sind für ihn reale und sehr wichtige Probleme, die überdies letztlich nur im Team gelöst werden können. Diese Dimension macht ihn zum eigentlichen „Teamentwickler“: Er bietet dem Team die Möglichkeit, über sich selbst und die Zusammenarbeit zu diskutieren, was Feedback-Möglichkeiten und damit Offenheit im Team schafft. Soziales Lernen wird im Team möglich und führt zu reiferen Formen der Zusammenarbeit. Da auch Konflikte nicht ausgespart werden, steigert sich die Fähigkeit im Umgang mit Konflikten bei den Teammitgliedern.

Durch seinen Respekt gegenüber anderen Personen lebt er vor, dass jede Meinung gehört werden soll und Emotionen auch ausgedrückt werden können und sollen. Er weiß, dass das Wichtignehmen aller Meinungen nicht zu einem Ausufern der Meinungen führt: Wenn Teammitglieder wissen, dass sie mit jeder Meinung ernst genommen werden, leisten sie auch entsprechend ernst zu nehmende Beiträge und brauchen nicht ihre Überlegungen und Bedenken hinter verdeckten Beiträgen zu verbergen. Man spricht die Dinge, die anliegen, offen aus.

Das erfordert oft einen längeren Entwicklungsprozess und geht nicht von heute auf morgen. Der NF-Manager ist sich auch der Notwendigkeit dieser Entwicklung bewusst und beurteilt ein Team nicht nach einer Momentaufnahme, sondern nach seinem Fortschritt in der Zeit.

Der gegenwartsbezogene Sinneswahrnehmende dagegen neigt dazu, den Moment zu beurteilen; der derzeitige Zustand ist für ihn „das Team“, aus dem er dessen Möglichkeiten ableitet; gerade das aber führt oft zur Verhinderung weiterer Entwicklung und liefert ihm wiederum die Begründung für sein Handeln.

Teamkultur-Diagnose

Gehen Sie nun zu den Fragen bzw. zu Ihren Antworten zu Beginn des Kapitels zurück: Welche Kultur herrscht in Ihrem Team vor?

Beachten Sie bitte dabei folgende Überlegungen:

- Vergessen Sie nicht den Einfluss der Kultur des gesamten Unternehmens; nicht nur Ihr eigener Stil ist für das Team kulturbestimmend. Es kann sich der Kultur des Unternehmens nicht völlig entziehen (siehe auch das noch folgende Kapitel zur Unternehmenskultur).
- Auch Sie haben einen Anpassungsprozess im Unternehmen hinter sich. Überprüfen Sie daher auch, welche Vorgangsweisen im Team Ihnen persönlich gar nicht so liegen und Sie nicht allzu sehr befriedigen, aber eben doch geschehen.

Die wenigsten Menschen sind geborene Teamleiter; und vor allem spielt im Leben eines Unternehmens Verantwortung und Zielerreichung eine große Rolle. Da ist schon oft eine gehörige Portion Selbstvertrauen und Vertrauen in die Mitarbeiter nötig, um offene Teamprozesse bei wichtigen Problemen zuzulassen.

Um dieses Selbstvertrauen zu entwickeln, ist es manchmal notwendig, mehr über Teams und seine Prozesse zu wissen und zu verstehen, um seine Rolle als Teamentwickler zu verbessern und auf eine gute Grundlage zu stellen. Wir haben Teamfähigkeit meist nirgendwo gelernt. Die NF-Ausprägung allein ist oft nicht ausreichend, es gehört Wissen und Erfahrung zu diesen Fähigkeiten. Wir glauben, dass Teamfähigkeit sehr oft erst durch Ausbildungsschritte in gruppendynamischen Seminaren „hervorgehoben“ und entwickelt werden kann, auch wenn die Veranlagungen in der Person bereits vorhanden sind.

- Wenn Ihr Unternehmen über keine Teamorientierung verfügt und eher die Merkmale einer ST-Kultur aufweist, wird es ebenfalls schwierig sein, das Selbstvertrauen aufrechtzuerhalten. Ihre Mitarbeiter haben dann nie gelernt, im Team zu arbeiten. Sie können sich oft nicht ausdrücken, es fehlt ihnen an Selbstsicherheit und Zivilcourage. In solchen Teams bewegt sich nichts – alle warten auf den Leiter, wie sie es gelernt haben. Fordert man sie auf oder heraus, ziehen sie sich zurück und werden unsicher. Sie haben nie gelernt, sich im Team wohl zu fühlen und spontan und frei zu agieren.

Diese Gründe können durchaus dazu führen, dass Sie eine von Ihrem Typ unterschiedliche Teamkultur diagnostizieren.

Veränderungen in der Teamkultur erreichen

Wollen Sie daran gehen, Veränderungen in Ihrer Teamkultur herbeizuführen, beginnen Sie am besten mit einer Analyse der Teamkultur, bei der Sie alle Ihre Teammitglieder einbeziehen. Mit den zu Anfang des Kapitels gestellten oder ähnlichen Fragen sollte das Team zu einer gemeinsamen Beschreibung gelangen, die das Team gut charakterisiert, eventuell in der Art, wie wir es für die vier Typenkombinationen gemacht haben. Natürlich mit den Worten, die in Ihrem Team üblich sind. Wichtig ist, dass sich das Team auf eine gemeinsame Beschreibung einigt. Jede Meinung soll gehört werden. Achten Sie vor allem darauf, dass Ansätze zu kritischen oder persönlichen Äußerungen nicht unter den Tisch gekehrt oder durch „hilfreiche“ Umformulierungen abgeschwächt oder so verallgemeinert werden, dass keine Aussagekraft mehr übrigbleibt. Kritische Ansätze soll man weiter hinterfragen und stützen. Damit gibt man ein wichtiges Signal, dass Offenheit erwünscht und zugelassen ist.

Wenn Sie selbst der Teamleiter sind, sollen Sie möglichst die Rolle eines Moderators bei dieser Arbeit einnehmen. Zu Beginn eines solchen Prozesses ist ein externer Gruppenmoderator wahrscheinlich günstiger. Sie sind ein Teil der Gruppe und ihrer Kultur. Sie haben sie entscheidend mitgeprägt. Aus dieser Position fällt es manchmal schwer, die Rolle des neutralen Leiters zu übernehmen (was Sie ja auch niemals sein können, weil Sie der Teamleiter sind, und das können die Teammitglieder nicht einfach ignorieren).

Überlegungen, die bei der Analyse helfen können

1. Welche Typausprägungen sind in Ihrem Team vorhanden?
Die Kultur Ihres Teams ist auf komplexe Weise aus einer Vielzahl von Faktoren entstanden: Die Kultur des Unternehmens und die eventuell spezifischere Ihres Unternehmensbereiches spielen hier mit, Ihre Branche hat eine bestimmte Charakteristik (so ist zum Beispiel das Image eines Software-Entwicklungshauses ein völlig anderes als das eines Monopolherstellers von Speisesalz, um zwei Extreme zu benennen), Ihr Typ und der daraus resultierende Führungsstil, die Aufgaben Ihrer Abteilung (Administration, Verkauf, Produktion), die unterschiedliche Anforderungen stellen, der Entwicklungsstand Ihrer Mitarbeiter und natürlich auch deren Typenausprägungen. Diese Aufzählung ist nicht komplett, man könnte sich noch Gedanken über die Geschichte Ihrer Gruppe bis hin zu der des Unternehmens machen usw. Aus dieser komplexen Mischung ist Ihre Teamkultur entstanden.

Eine so umfassende Analyse ist natürlich nicht möglich, auch wenn nur Teile daraus annähernd untersucht werden würden. Die Präferenzen und deren Ausprägungen von Ihnen selbst und die Ihrer Teammitglieder sind jedoch ein sehr bedeutender Faktor im Hinblick darauf, wie jeder im Team die derzeitige Wirklichkeit wahrnimmt und wie befriedigend die Kultur des Teams und des Unternehmens für ihn ist. Das sind sehr wichtige und aktuelle Daten für die Verbesserung der Zusammenarbeit jedes Teams. Dieser Rahmen der Analyse ist für das Team überschaubar und auch bearbeitbar.

Betrachten Sie zunächst gemeinsam im Team, welche Typenausprägungen vorhanden sind. Der Vorteil der Typologie besteht ja gerade darin, dass Sie damit ein Modell zur Verfügung haben, das es erlaubt, die persönlichen Unterschiede besser verstehen und begreifen zu können. Viele Aspekte der Teamkultur und der Kommunikation im Team können über solche Erkenntnisse viel rascher und direkter erklärt werden.

Bei Diskussionen über die Qualität der Teamarbeit ist häufig eine „Entlastungstendenz“ beobachtbar: Da natürlich Rahmenbedingungen für die Arbeit jedes Teams auch immer eine Rolle spielen, liegt es nahe, die Ursachen für Mängel in der Teamarbeit dort und nicht im Team zu suchen. Wenn Sie diese Neigung im Team erkennen, sollten Sie dem Team bewusst machen, dass es bei dieser Analyse um die Persönlichkeiten im Team und deren Zusammenarbeit geht. Rahmenbedingungen sollten bei dieser Arbeit nur soweit betrachtet werden, als jeder Persönlichkeitstyp sie unterschiedlich erleben und mit ihnen unterschiedlich umgehen kann. Daher ist eine Einigung über den Umgang mit solchen Rahmenbedingungen im Team durchaus ein sinnvolles Ziel in der darauf folgenden Maßnahmenplanung. Gegenstand der Diskussion sind die Persönlichkeiten der Teammitglieder und die daraus ableitbaren unterschiedlichen Sichtweisen und Ziele.

Sie können reihum besprechen, welche Typenausprägung die anderen Teammitglieder jeweils bei jedem Mitglied erkennen können. Dann fragt man die/den Betreffenden, wie seine Sicht über den eigenen Typ ist. Man soll bedenken, dass sich die Typen natürlich jeweils aus ihrer eigenen Typ-Perspektive beurteilen!

In dem Licht der Typenverteilung sollen dann auch die Stärken und Schwächen gesehen werden, die jedes Teammitglied im Team beobachtet. In den Beschreibungen über die verschiedenen Ausprägungen in den vorhergehenden Kapiteln finden Sie für diese Überlegungen viel Material und Anhaltspunkte.

Es ist *nicht* immer sinnvoll, am Ende einer ersten Teamsitzung zu diesem Thema gleich einen radikalen Maßnahmenkatalog zu entwickeln. Besser ist es oft, zunächst alle Erkenntnisse zu verdauen und sich dafür Zeit zu nehmen. Wichtig ist es allerdings, einen Termin für die Weiterarbeit festzulegen und ihn dann auch einzuhalten.

2. Vielfalt der Typen und Problemlösungsprozess

Eine der besten Möglichkeiten, die Teamkultur zu diagnostizieren, ist, sich das typische Vorgehen des Teams beim Analysieren und Lösen von Problemen anzusehen (siehe das Kapitel zur Problemlösung).

Welche Phasen das Team gut beherrscht und welche fast immer zu kurz kommen, charakterisiert meist sehr treffend die gesamte Teamkultur.

Welche Personen haben im Team den größeren Einfluss auf die gewählten Vorgangsweisen? Wie deckt sich das mit ihrer Typausprägung?

(Es deckt sich normalerweise mit den bevorzugten Phasen des Problemlösungsprozesses).

Hier kann man auch erkennen, dass es für die Leistung einer Gruppe günstig ist, wenn sie eine Vielfalt von Typen aufweist. Erst eine Typenvielfalt bringt alle Fähigkeiten in ein Team ein, die für effektive Problemanalysen und Entscheidungen nötig sind.

Wenn ein Team die Typen und Fähigkeiten erkennt, die in ihm stecken, kann es sie auch besser nutzen. Die Analyse soll ja zwei Ziele integrieren helfen: Je besser die persönlichen Stärken der Teammitglieder genutzt werden, desto besser ist die Motivation und desto besser auch die Qualität der Teamarbeit. Man kann die Stärken des „theoretischen Spinners" (der Intuitive, gesehen von den ST-Typen im Team) besser nutzen, genauso wie die des „kleinlichen Tüftlers" und „Bürokraten" (der ST-Typ, gesehen von den Intuitiven, Wahrnehmenden) und des „oberflächlichen Patentlösers" (der STJ-Typ, gesehen von mehreren anderen Typen). Alle haben in den verschiedenen Phasen ihre Stärken. Das soll nun nicht zu einer phasengerechten Arbeitsteilung führen („Also, ihr seid ja die Intuitiven, nun mal los mit euren tollen Ideen!"), sondern in der Form, dass jeder von jedem lernt: Anstatt abzuschalten oder die Augen (zumindest innerlich) zu verdrehen, kann man die Perspektiven besser einschätzen und Beiträge von dieser Warte aus zu sehen versuchen. Alles nach dem Motto: Vielfalt ist besser als Einfalt!

Weist ein Team eine große Homogenität auf, ist die Palette seiner Stärken nicht so breit. Es fehlen ihm bei bestimmten Problemen die entsprechenden Fähigkeiten bei der Analyse, oder es achtet zum Beispiel zu wenig auf die Umsetzungsplanung oder hat Schwierigkeiten, sich zu Entscheidungen durchzuringen.

„Homogene" Teams sind nicht selten. Das beginnt oft schon bei der Personalaufnahme, bei der der Abteilungsleiter immer instinktiv einen bestimmten Typ aufnimmt. Oft entspricht der Typ natürlich seinem eigenen.

Wir hatten ein Klientenunternehmen in der Beratung, in dem die gesamte Nachwuchsmannschaft einen gleichen bestimmten Typ aufwies. Die Gruppe, die wir mit einem Testinstrumentarium in ihren Ausprägungen messen konnten, hatte zwar einige wenige „Abweichler". Aber auch die Abweichungen waren nur in Form von „Inkonsistenzen" vorhanden, das heißt, dass ihre Typenausprägung nicht ganz „rein“ war. Im Wesentlichen entsprachen auch sie der allgemeinen Gruppe. Die gesamte Gruppe verkörperte exakt den Typ des Vorstandsvorsitzenden, der die Nachwuchskräfte auch aufgenommen hatte. Es war der Typ, den er sich für die zukünftigen „schlagkräftigen“ und „tüchtigen“ Manager seines Unternehmens vorstellte. Leider handelte es sich dabei um den ST-Typ. Man muss sich um das Führungsklima des Unternehmens auch in Zukunft Sorgen machen.

Wenn Gruppen in ihrer Typologie sehr homogen sind, kann das eine äußerst verstärkende Dynamik entwickeln. Der Typ tritt, da jeder „Ausgleich“ fehlt, überstark hervor. Natürlich übernehmen einige Teammitglieder Funktionen, die unbedingt wahrgenommen werden müssen, obwohl sie nicht unbedingt ihren Stärken entsprechen. Sich beispielsweise um das Zustandekommen einer Entscheidung zu kümmern oder auf die negativen Auswirkungen von Entscheidungen auf Mitarbeiter aufmerksam zu machen. Tendenziell scheint es unserer Erfahrung nach so zu sein, dass eher fehlende S-Funktionen ersetzt werden als fehlende N-Funktionen.

Häufiger resultiert Homogenität aus erfolgter Anpassung an Teamleitung und herrschende Unternehmenskultur. Das ist die eigentliche Chance für die Teamentwicklung in der Praxis: diese Vielfalt zutage treten zu lassen und dadurch auch auf die gesamte Unternehmenskultur zu wirken. Hier ist die Verbindung zur Entwicklung der Unternehmenskultur, die, wie wir am Schluss des betreffenden Kapitels hervorgehoben haben, durch einen entsprechenden „Kultur-Mix“ größere Flexibilität und Lernfähigkeit entwickeln kann.

Es geht also um die Vielfalt der Fähigkeiten in einem Team. Auch im allgemeinen organischen Leben wird hartnäckige Einseitigkeit von Fähigkeiten im Verlauf des evolutionären Prozesses meist durch Untergehen und Aussterben „bestraft“.

Die im Unternehmen auftretenden Probleme sind vielfältig. Mal geht es um Technologien, mal um Qualität, mal um Menschen. Alles durch die gleiche Brille sehen wird der Unterschiedlichkeit der Probleme nicht gerecht. Wir müssen der Vielfalt des Lebens eine Vielfalt in unseren Entscheidungsgremien gegenüberstellen.

Selbsttest

Wenn Sie die ersten Kapitel dieses Buches gelesen haben, werden Sie sich wahrscheinlich schon in der einen oder anderen Beschreibung wieder gefunden haben. Vielleicht sind Ihnen sogar Beschreibungen gegensätzlicher Verhaltensausprägungen zutreffend erschienen. Da jeder Mensch gegensätzliche Anteile in sich vereinigt, können natürlich auch gegensätzliche Verhaltensausprägungen auftreten.

Jede E-Persönlichkeit zeigt auch introvertierte Züge, und so verhält es sich auch mit den anderen Einstellungen und Funktionen. Der Persönlichkeitstypus entsteht durch das relative Überwiegen einer Präferenz.

Auf den nächsten Seiten haben wir für Sie einen Selbsttest zusammengestellt, der es Ihnen ermöglichen soll, mehr Klarheit über Ihren Persönlichkeitstypus zu erhalten. Das Ergebnis dieses Selbsttests ist sicherlich nicht so valid wie das Ergebnis des MBTI-Fragebogens. Trotzdem glauben wir, dass Sie daraus eine brauchbare Orientierung erhalten können.

Gehen Sie bei der Beantwortung der Fragen spontan vor. Denken Sie nicht daran, welches Verhalten für einen Manager passender wäre, und lassen Sie sich auch nicht davon leiten, wie Sie sich selbst gerne sehen würden. Beziehen Sie sich nicht auf konkrete Situationen in Ihrem Berufs- oder Privatleben, sondern entscheiden Sie so, wie Sie sich verhalten, wenn Sie frei darüber entscheiden können.

Bitte beantworten Sie die Fragen zuerst, bevor Sie sich dem Auswertungsraster zuwenden. Nach dem Motto „Mut zum eigenen Typ“ geht es ja darum, Ihre natürlichen Präferenzen kennen zu lernen und nicht die Ausprägungen eines bestimmten Managertypen zu treffen.

Wenn Sie sich bei einer Frage nicht entscheiden können, ob die Aussage auf Sie zutrifft oder nicht, gehen Sie zur nächsten Frage weiter. Wir empfehlen aber, nicht mehr als fünf Fragen unbeantwortet zu lassen, da sonst die Aussagekraft des Ergebnisses zu sehr eingeschränkt ist.

	Ja
1. Gestaltungsfreiheit und Abwechslung in meiner Arbeit sind für mich sehr wichtig.	☐
2. Bei meinen Entscheidungen achte ich darauf, dass sie klar und nachvollziehbar sind und mit anderen Entscheidungen im Einklang stehen.	☐
3. Ich bin bereit, mich auf Wünsche anderer einzustellen, wenn ich entsprechend vorher darüber informiert werde.	☐
4. Wenn ich Ideen oder Pläne entwickle, achte ich immer auch darauf, dass sie umsetzbar sind.	☐
5. Ich brauche etwas Zeit, um mich auf eine neue Umgebung einzustellen.	☐
6. Vertrauen entbindet nicht von der Verpflichtung zur Kontrolle.	☐
7. Ich habe gerne Menschen um mich.	☐
8. In Konflikten sehe ich die Sache im Vordergrund, die Person eher im Hintergrund.	☐
9. Anerkennung und Lob gehören für mich zu den wichtigsten Führungsinstrumenten.	☐
10. Ich finde es wichtig, anstehende Probleme zu lösen, bevor ich mich zukünftigen oder grundsätzlichen Themen zuwende.	☐
11. Ich brauche Abwechslung in meinem Leben, das heißt, ich möchte immer wieder Neues kennen lernen und erfahren.	☐
12. Ich lasse mich gerne von der Arbeit ablenken, wenn ich etwas Neues kennen lernen kann.	☐
13. Ich halte mich nicht gerne mit Einzelheiten und Details auf.	☐

Ja

14. Ich interessiere mich für verschiedenste Dinge und engagiere mich in vielen Bereichen.

15. Wenn ich mich auf eine Sache konzentriere, passiert es häufig, dass ich meine Umwelt völlig ausblende.

16. Ich plane meine Aufgaben so, dass ich sie termingerecht abschließen kann.

17. Ich verhalte mich in der Regel neutral und zeige nur selten Emotionen.

18. Meinen Geburtstag feiere ich am liebsten alleine oder im engsten Kreis.

19. Erfolge in der Gegenwart sind für mich Meilensteine auf dem Weg zu noch größeren Errungenschaften in der Zukunft.

20. Ich bilde mir rasch eine Meinung und überprüfe sie im Nachhinein.

21. Wenn eine Sache zu viel Zeit in Anspruch nimmt, werde ich ungeduldig.

22. Ich verlasse mich lieber auf Aufzeichnungen und Protokolle, bevor ich versuche, alles im Gedächtnis zu behalten.

23. Je neuartiger und komplexer eine Aufgabe ist, desto mehr Reiz übt sie auf mich aus.

24. Ich komme oft unter Zeitdruck, weil ich Dinge bis zur letzten Minute aufschiebe.

25. Um gute Leistungen erbringen zu können, muss ich mich mit meiner Arbeit und meiner Firma identifizieren können.

26. Ich bin eher realistisch und stehe mit beiden Beinen im Leben.

Ja

27. Meiner Meinung nach lassen sich Persönlichkeit und menschliches Verhalten nicht systematisieren und in ein Schema pressen. ☐

28. Ich scheue mich nicht, Entscheidungen zu treffen. ☐

29. Die besten Ideen entwickle ich im Gespräch mit anderen. ☐

30. Bei der Lösung von Aufgaben vertraue ich auf meine Erfahrung. ☐

31. Ich verbringe lieber Zeit mit dem Ausloten von Handlungsmöglichkeiten als mit der Erörterung der Ausgangssituation. ☐

32. Ich treffe Entscheidungen eher im Sinne der Sache als mich von den betroffenen Personen beeinflussen zu lassen. ☐

33. Ich versuche, Dingen auf den Grund zu gehen, auch wenn das für mich unangenehm sein kann. ☐

34. An Diskussionen beteilige ich mich nur, wenn ich etwas Neues einzubringen habe, mir meiner Sache sicher bin oder ein bestimmtes Ziel erreichen möchte. ☐

35. Ich übernehme gerne eine Aufgabe, wenn klar ist, welche Maßnahmen erforderlich sind, wenn sie überschaubar ist und wenn klar ist, was von mir erwartet wird. ☐

36. Es ist auch wichtig, das Leben zu genießen und sich selbst für gute Leistungen zu belohnen. ☐

37. Wenn es um Entscheidungen geht, lasse ich mich nicht gerne drängen. ☐

38. Ich orientiere mich in meinem Leben an Grundsätzen, die für mich unabhängig von Situationen und Personen gültig sind. ☐

Ja

39. Die Meinung anderer Menschen interessiert mich. Ich versuche, sie nach Möglichkeit in meine Überlegungen und Handlungen mit einzubeziehen. ☐

40. Wenn ich meine Meinung gebildet habe, lasse ich mich von der Meinung anderer Menschen nur selten beeinflussen. ☐

41. Die intensive Beschäftigung mit einer Sache macht mir Spaß und stellt eine Herausforderung dar, bis ich sie für abgeschlossen erachte. ☐

42. Ich erledige Angelegenheiten lieber schriftlich als dass ich persönlichen Kontakt aufnehme. ☐

43. Eine Sache ist für mich dann klar, wenn ich alle Einflussfaktoren kenne und diese analysiert habe. ☐

44. In meinem Arbeitsbereich gibt es einige Angelegenheiten, die einstweilen provisorisch gelöst sind. ☐

45. Oft agiere ich als Vermittler zwischen gegensätzlichen Meinungen. ☐

46. Manchmal bin ich überrascht, welche Wirkung meine Aussagen bzw. Handlungen bei anderen auslösen. ☐

47. Bei Anlässen, wo viele Menschen versammelt sind, ermüde ich rasch und habe das spontane Bedürfnis, mich zurückzuziehen. ☐

48. Probleme, die mich persönlich betreffen, kann ich sehr nüchtern betrachten und analysieren. ☐

49. Ich beginne mehr Arbeiten und Aufgaben als ich zu Ende bringe. ☐

50. Der Reiz des Lebens liegt für mich in der Veränderung. ☐

51. Besprechungen, die keine konkreten Ergebnisse bringen, bereiten mir Unbehagen. ☐

Ja

52. Neuigkeiten erfahre ich immer als einer der letzten. ☐

53. Ich erledige meine Angelegenheiten nach dem Grundsatz „Eines nach dem anderen". ☐

54. Es fällt mir leicht, Menschen von meinen Ansichten zu überzeugen. ☐

55. Ein Problem bei der Wurzel anzupacken ist für mich wichtiger als kurzfristige Lösungen anzustreben. ☐

56. Ich vertrete meine Meinung auch dann, wenn Widerstände anderer Menschen zu erwarten sind. ☐

57. Meine Entscheidungen basieren auf Tatsachen, nicht auf Meinungen oder subjektiven Einschätzungen. ☐

58. Unvorhergesehene Unterbrechungen in der Arbeit betrachte ich als Bereicherung des Tagesablaufs. ☐

59. Es fällt mir nicht schwer, meine Wertschätzung für andere Menschen zum Ausdruck zu bringen. ☐

60. Ich kann mich gut auf andere Menschen einstellen, und ich vermittle Ihnen das Gefühl, sie zu verstehen. ☐

61. Bei meinen Entscheidungen orientiere ich mich an den situativen Gegebenheiten. ☐

62. Bei Entscheidungen vertraue ich sehr stark auf mein Gefühl. ☐

63. Gute Beziehungen zu meinen Kollegen sind wichtig, damit ich selbst gute Leistungen erbringen kann. ☐

64. Ich kann den Zeitaufwand für meine Aufgaben und Tätigkeiten gut abschätzen. ☐

65. Ich biete meinen Kollegen häufig Unterstützung und Hilfe an. ☐

66. Lieber eine Entscheidung, die nicht hundertprozentig ideal ist, als lange Entscheidungsprozesse. ☐

Ja

67. In Diskussionen fällt mir immer wieder auf, dass ich mir meine Meinung erst im Gesprächsverlauf bilde. ☐

68. Ich passe meine Ziele im Leben immer wieder an veränderte Gegebenheiten an. ☐

69. Ich versuche, alle Menschen gleich zu behandeln und ihnen die gleichen Chancen zu geben, unabhängig davon, ob sie mir sympathisch sind oder nicht. ☐

70. Auf meinem Schreibtisch bzw. in meinen Unterlagen finde nur ich selbst mich zurecht. ☐

71. Ich nehme Einfluss auf meine Umwelt, ich gestalte und verändere sie gerne. ☐

72. Ich konzentriere mich eher auf das, was ich erreichen möchte, als auf Wege und Mittel dahin. ☐

73. Ich überlege mir genau, was ich sage und welche Konsequenzen mein Verhalten hervorrufen könnte. ☐

74. Viele meiner Handlungen setze ich aufgrund einer Eingebung des Augenblicks. ☐

75. Wenn ich über meine Zeit frei verfügen kann, erledige ich zuerst die Dinge, die mir im Moment am meisten Spaß machen. ☐

76. Dinge, die für mich nicht unmittelbar relevant sind, übersehe ich häufig oder vergesse sie. ☐

77. Wenn es um meine Zukunft und meine Karriere geht, setze ich klare Prioritäten. ☐

78. Der Grundstein zum Erfolg sind gute Planung und systematische Vorgehensweise. ☐

79. Ich freue mich, wenn ich eine Sache oder ein Projekt abgeschlossen habe. ☐

80. Bei Besprechungen bin ich in der Regel gut vorbereitet und habe die nötigen Informationen bereit. ☐

Auswertung des Selbsttests

Für jede Frage, die Sie mit Ja beantwortet haben, tragen Sie nun bitte in den Auswertungsraster auf der folgenden Seite bei der entsprechenden Fragennummer in der Spalte „Punkte“ eine „1“ ein.

Addieren Sie nun in jeder Spalte die Einsen, und tragen Sie die Summe in der letzten Zeile ein. Das Summenergebnis einer Spalte entspricht dem Wert für einen Buchstaben (E, S, T, J, I, N, F, P). Vergleichen Sie anschließend die Werte für jedes Buchstabenpaar (E – I, S – N, T – F, J – P) und markieren Sie den Buchstaben, dessen Wert höher ist als der Wert seines Gegenstücks. Die so markierten Buchstaben ergeben die Buchstabenkombination Ihres Persönlichkeitstyps (zum Beispiel ISFJ).

Wenn die Werte für ein Buchstabenpaar gleich hoch sind, zum Beispiel 5 für E und 5 für I, ist durch den Selbsttest keine klare Präferenz feststellbar. In diesem Fall empfehlen wir, die Beschreibungen der beiden in Frage kommenden Typen in der Mitte des Buches zu lesen. Aufgrund dieser Beschreibung erhalten Sie dann wahrscheinlich mehr Klarheit, welcher Typ Ihnen mehr entspricht, das heißt, Ihre Persönlichkeit und Ihr Verhalten besser charakterisiert. Wenn der Unterschied in den Werten zweier gegensätzlicher Ausprägungen sehr gering ist, empfehlen wir ebenfalls, dass Sie beide entsprechenden Beschreibungen lesen und aufgrund dieser Beschreibungen Ihren Typ identifizieren.

Selbsttest Auswertung

E		I	
Frage	*Punkte*	*Frage*	*Punkte*
4		5	
7		15	
11		18	
14		34	
21		40	
29		41	
39		42	
58		47	
67		52	
71		73	
Summe		**Summe**	

S		N	
Frage	*Punkte*	*Frage*	*Punkte*
10		13	
26		19	
30		20	
35		23	
36		31	
43		55	
53		62	
57		72	
64		74	
80		76	
Summe		**Summe**	

T		F	
Frage	*Punkte*	*Frage*	*Punkte*
2		9	
8		25	
17		27	
32		45	
33		54	
38		59	
46		60	
48		61	
56		63	
69		65	
Summe		**Summe**	

J		P	
Frage	*Punkte*	*Frage*	*Punkte*
3		1	
6		12	
16		24	
22		37	
28		44	
51		49	
66		50	
77		68	
78		70	
79		75	
Summe		**Summe**	

Kurzprofile der 16 Typen

ISTJ

Reihung der Funktionen

1. S (Sinneswahrnehmung)
2. T (Denkende Entscheidungen)
3. F (Fühlende Entscheidungen)
4. N (intuitive Wahrnehmung)

ISTJ-Manager sind gründlich, gewissenhaft, systematisch und arbeitsam.

Beitrag zum Unternehmen

ISTJ-Manager

- sind beständig und termintreu in der Arbeit,
- haben besondere Stärke in der Detailarbeit,
- haben alles rechtzeitig am richtigen Ort,
- sind verlässlich in ihren Zusagen,
- ziehen geplante Dinge durch,
- kommen mit Organisationsstrukturen gut zurecht.

Führungsstil

ISTJ-Manager

- ziehen Erfahrungen und Faktenwissen als Entscheidungsgrundlage heran,
- schätzen Verlässlichkeit und beständiges Leistungsniveau,
- schätzen konventionelle und hierarchische Ansätze,
- belohnen die, die ihre Arbeit unter Einhaltung aller Richtlinien befolgen,
- richten ihre Aufmerksamkeit auf unmittelbare und konkrete Bedürfnisse des Unternehmens.

Bevorzugte Arbeitsumgebung

ISTJ-Manager

- besteht aus hart arbeitenden Menschen, die sich mit Fakten und Ergebnissen beschäftigen,
- bietet Sicherheit,
- belohnt beständigen Arbeitseinsatz,
- gibt klare Aufgabenstellung, ist strukturiert, das heißt klare Über- und Unterordnungen,
- ist aufgabenorientiert,
- ist ordentlich,
- erlaubt ungestörtes Arbeiten.

Mögliche Gefahren

ISTJ-Manager

- können durch die Konzentration auf das Tagesgeschäft langfristige Konsequenzen übersehen,
- können sich in ihren Gewohnheiten und Sichtweisen sehr festfahren und werden dann von anderen als sehr unflexibel erlebt,
- achten zuweilen zu wenig auf Aspekte der Motivation und das Vermitteln von Wertschätzung,
- neigen zu Formalismus und blockieren dadurch anstehende Veränderungen.

Vorschläge für Entwicklung

- Mehr Geduld mit anderen, die herkömmliche Vorgangsweisen ignorieren, um neue Wege auszuprobieren,
- neue Alternativen ausprobieren, um nicht in eingefahrenen Bahnen stecken zu bleiben,
- die menschliche Komponente berücksichtigen und verdiente Anerkennung aussprechen,
- über die sichtbaren Probleme hinaus auch deren „Verästelungen“ beachten.

ISTP

Reihung der Funktionen

1. T (Denkende Entscheidungen)
2. S (Sinneswahrnehmung)
3. N (intuitive Wahrnehmung)
4. F (Fühlende Entscheidungen)

ISTP-Manager haben Situationen gut im Griff. Sie sind sich der Tatsache bewusst, sind rege und realistisch. Sie können nur durch logische Argumente überzeugt werden.

Beitrag zum Unternehmen

ISTP-Manager

- sind gute Krisenmanager, die die Erfordernisse der Situation erkennen und dementsprechend handeln,
- sind wandelnde Datenbanken,
- erledigen Dinge trotz Vorschriften und nicht aufgrund von Vorschriften,
- bleiben ruhig in Krisensituationen und wirken beruhigend auf andere,
- können ein angeborenes Talent für technische Dinge haben.

Führungsstil

ISTP-Manager

- führen durch vorbildhaftes Handeln,
- sind Verfechter von Gleichheit, auch in hierarchischen und autoritär geführten Organisationen,
- handeln schnell, wenn Schwierigkeiten auftreten,
- lassen Mitarbeitern viel Freiraum und üben ein Mindestmaß an Kontrolle aus,
- sind in ihrer Tätigkeit sehr handlungsorientiert.

Bevorzugte Arbeitsumgebung
für ISTP-Manager

- besteht aus handlungsorientierten Menschen, die sich auf das Hier und Jetzt konzentrieren,
- ist projektorientiert,
- ist nicht eingeschränkt durch Vorschriften,
- bietet viele neue, plötzlich auftretende Probleme, die gelöst werden müssen,
- ermöglicht, selbst „Hand anzulegen“,
- ist handlungsorientiert,
- fördert Unabhängigkeit.

Mögliche Gefahren
ISTP-Manager

- behalten wichtige Dinge für sich,
- können sich neuen Dingen zuwenden, bevor noch frühere Anstrengungen Erfolg gezeigt haben,
- erscheinen unentschlossen und ziellos.

Vorschläge für Entwicklung

- Sich gegenüber anderen öffnen, Informationen und Sorgen mit anderen teilen,
- Ausdauer entwickeln,
- planen und die notwendige Energie einsetzen, um die gewünschten Ergebnisse zu erreichen,
- angewöhnen, sich Ziele zu setzen.

ESTP

Reihung der Funktionen
1. S (Sinneswahrnehmung)
2. T (Denkende Entscheidungen)
3. F (Fühlende Entscheidungen)
4. N (intuitive Wahrnehmung)

ESTP-Manager sind handlungsorientierte, pragmatische, einfallsreiche und realistische Persönlichkeiten, die am liebsten den effizientesten Weg gehen.

Beitrag zum Unternehmen
ESTP-Manager

- verhandeln und suchen Kompromisse, um Dinge im Laufen zu halten,
- setzen Ideen um,
- wählen realistische Ansätze,
- sind bereit, Risiken einzugehen,
- behalten Fakten und Daten im Auge und im Kopf.

Führungsstil
ESTP-Manager

- übernehmen die Führung in Krisensituationen,
- überreden andere,
- haben ein direktes und überzeugendes Auftreten,
- wählen den kürzesten Weg,
- sind handlungs- und ergebnisorientiert.

Bevorzugte Arbeitsumgebung
für ESTP-Manager

- besteht aus lebendigen, ergebnisorientierten Menschen, die Erfahrungen aus erster Hand schätzen,
- ist unbürokratisch,
- ermöglicht auch Spaß,
- lässt Flexibilität in der Ausführung der Arbeit zu,

- ist technisch ausgerichtet,
- reagiert auf aktuelle Bedürfnisse.

Mögliche Gefahren

ESTP-Manager

- können auf andere derb und unsensibel wirken, wenn sie rasch handeln,
- können sich zu sehr auf Improvisationen verlassen und so die weiterreichenden Auswirkungen ihrer Handlungen nicht erkennen,
- widmen sich neuen Problemen auf Kosten des Durchziehens eines Projektes,
- können leicht dem Materialismus verfallen.

Vorschläge für **Entwicklung**

- Gefühle anderer mehr berücksichtigen,
- über kurzfristige Lösungen hinausschauen, vorausplanen und mögliche Auswirkungen berücksichtigen,
- Entwicklung des Durchhaltevermögens,
- über die materialistischen Freuden des Lebens hinausschauen.

ESTJ

Reihung der Funktionen

1. T (Denkende Entscheidungen)
2. S (Sinneswahrnehmungen)
3. N (intuitive Wahrnehmung)
4. F (Fühlende Entscheidungen)

ESTJ-Manager sind logisch, analytisch, entscheidungsfreudig, entschlossen und fähig, im Voraus Fakten und Abläufe zu organisieren.

Beitrag zum Unternehmen

ESTJ-Manager

- sehen Fehler im Voraus,
- bauen ihre Kritik logisch auf,
- organisieren Abläufe, Produkte und Menschen,
- kontrollieren, ob die Arbeit gemacht wurde,
- gehen in der Umsetzung Schritt für Schritt vor.

Führungsstil

ESTJ-Manager

- streben die Führung direkt an und übernehmen sie schnell,
- wenden frühere Erfahrungen an, um Probleme zu lösen,
- dringen direkt zum Kern von Dingen vor,
- treffen schnell Entscheidungen,
- führen in traditioneller Weise, respektieren die Hierarchie.

Bevorzugte Arbeitsumgebung

für ESTJ-Manager

- besteht aus hart arbeitenden Menschen, die ergebnisorientiert sind,
- ist aufgabenorientiert,
- ist organisiert und strukturiert,
- ist stabil und vorhersehbar,
- ist auf Effizienz ausgerichtet,
- belohnt Zielerreichung.

Mögliche Gefahren

ESTJ-Manager

- können Entscheidungen zu schnell treffen,
- übersehen die Notwendigkeit für Veränderungen,
- übersehen die schönen Dinge im Leben, um die Arbeit fertig zu machen,
- können von ihren Werten und Gefühlen überwältigt werden, wenn sie diese zu lange nicht beachten.

Vorschläge für Entwicklung

- Vor Entscheidungen alle relevanten Faktoren berücksichtigen, auch das menschliche Element,
- sich selbst dazu zwingen, die Vorteile von Veränderungen zu sehen,
- Wertschätzung für die Bemühungen anderer zeigen,
- mehr Zeit, um eigene Werthaltungen und Gefühle zu erkennen und zu reflektieren.

ISFJ

Reihung der Funktionen

1. S (Sinneswahrnehmung)
2. F (Fühlende Entscheidungen)
3. T (Denkende Entscheidungen)
4. N (intuitive Wahrnehmung)

ISFJ-Manager sind mitfühlend, loyal und rücksichtsvoll. Sie nehmen viel Mühe auf sich, um anderen die Unterstützung brauchen, zu helfen.

Beitrag zum Unternehmen

ISFJ-Manager

- berücksichtigen die Bedürfnisse anderer Menschen,
- arbeiten beständig an der Umsetzung von Unternehmenszielen,
- sind sehr verantwortungsbewusst und genau mit Details und Routinearbeiten,
- geben sich Mühe, andere zu unterstützen,
- haben alles am richtigen Ort zur rechten Zeit.

Führungsstil

ISFJ-Manager

- sind eher nicht bereit, Führung zu übernehmen, tun es aber, wenn sie darum gebeten werden,
- erwarten von sich selbst und anderen, sich den Unternehmenszielen, Strukturen und Hierarchien unterzuordnen,
- verwenden ihren persönlichen Einfluss hinter den Kulissen,
- halten sich bewusst an hergebrachte Abläufe und Regeln,
- streben nach konkreten Ergebnissen.

Bevorzugte Arbeitsumgebung

für ISFJ-Manager

- besteht aus gewissenhaften Menschen, die an gut strukturierten Aufgaben arbeiten,
- vermittelt Sicherheit,
- ist klar strukturiert,

- ist ruhig,
- ist effizient,
- respektiert Privatsphäre,
- ist dienstleistungsorientiert.

Mögliche Gefahren

ISFJ-Manager

- können die Zukunft sehr pessimistisch sehen,
- können unsicher wirken, wenn sie ihre Meinung präsentieren,
- können aufgrund ihrer unaufdringlichen Art unterschätzt werden,
- sind vielleicht nicht so flexibel wie andere oder wie die Umstände erfordern.

Vorschläge für Entwicklung

- Die Zukunft positiver, aus einem weiteren Blickwinkel sehen,
- im Umgang mit anderen selbstsicheres und direkteres Auftreten,
- eigene Leistungen bekannt machen,
- für Neues aufgeschlossen sein.

ISFP

Reihung der Funktionen
1. F (Fühlende Entscheidungen)
2. S (Sinneswahrnehmung)
3. N (intuitive Wahrnehmung)
4. T (Denkende Entscheidungen)

ISFP-Manager sind sanft, rücksichtsvoll, mitfühlend und sind in ihrer Einstellung offen und flexibel.

Beitrag zum Unternehmen

ISFP-Manager

- kümmern sich um die jeweiligen Bedürfnisse der Menschen im Unternehmen,
- setzen sich für das Wohl der anderen ein,
- arbeiten mit stiller Freude,
- koordinieren Menschen und Aufgaben auf ihre natürliche kooperative Weise,
- kümmern sich um die menschlichen Aspekte von Organisationen.

Führungsstil

ISFP-Manager

- bevorzugen einen gleichberechtigten und kooperativen Team-Ansatz,
- verwenden ihre persönliche Loyalität als Motivation für andere,
- sprechen eher Lob aus als Kritik,
- wachsen durch die Situation und passen sich den Erfordernissen an,
- überreden andere, indem sie an die guten Vorsätze appellieren.

Bevorzugte Arbeitsumgebung

für ISFP-Manager

- besteht aus kooperativen Menschen, denen die Arbeit Freude macht,
- freundlichen und höflichen Kollegen,

- ermöglicht Privatsphäre,
- ist flexibel,
- ist ästhetisch,
- ist menschenorientiert.

Mögliche Gefahren

ISFP-Manager

- können zu großes Vertrauen haben und leichtgläubig sein,
- sind eher dazu geneigt, notwendige Kritik nicht anzubringen und zu selbstkritisch zu sein,
- können verabsäumen, Dinge im größeren Kontext zu sehen,
- können zu leicht verletzbar sein und ziehen sich dann zurück.

Vorschläge für Entwicklung

- Mehr Skepsis und Analyse von Informationen,
- lernen, wie man negatives Feedback gibt und eigene Erfolge sehr schätzt,
- eine zukunftsorientierte Perspektive entwickeln,
- selbstbewusster und direkter im Auftreten gegenüber anderen werden.

ESFP

Reihung der Funktionen
1. S (Sinneswahrnehmung)
2. F (Fühlende Entscheidungen)
3. T (Denkende Entscheidungen)
4. N (intuitive Wahrnehmung)

ESFP-Manager sind freundlich, aufgeschlossen, fröhlich, sympathisch und fühlen sich zu Menschen hingezogen.

Beitrag zum Unternehmen
ESFP-Manager

- stimulieren Enthusiasmus und Kooperation,
- vermitteln anderen ein positives Bild von Unternehmen,
- wirken integrierend,
- nehmen und behandeln Menschen so, wie sie sind.

Führungsstil
ESFP-Manager

- führen, indem sie den guten Willen und Teamwork fördern,
- können gut Krisen bewältigen,
- lösen Spannungen auf, indem sie Gegensätze vereinen,
- konzentrieren sich auf unmittelbare Probleme,
- fördern effektive Interaktionen zwischen Menschen.

Bevorzugte Arbeitsumgebung
für ESFP-Manager

- besteht aus energiegeladenen, umgänglichen Menschen, die auf die Gegenwart ausgerichtet sind,
- ist lebendig,
- ist handlungsorientiert,
- ist harmonisch,
- ermöglicht intensive Auseinandersetzung mit Menschen.

Mögliche Gefahren

ESFP-Manager

- können subjektive Informationen überbewerten,
- handeln, ohne vorher nachzudenken,
- lieben Geselligkeit, die auf Kosten der Arbeit und Zielerreichung gehen kann,
- beenden nicht immer alles, was sie anfangen.

Vorschläge für Entwicklung

- Logische Überlegungen sollten im Entscheidungsprozess auch berücksichtigt werden,
- erst planen, dann durchführen,
- Prioritätensetzung,
- besseres Zeitmanagement mag erforderlich sein.

ESFJ

Reihung der Funktionen
1. F (Fühlende Entscheidungen)
2. S (Sinneswahrnehmung)
3. N (intuitive Wahrnehmung)
4. T (Denkende Entscheidungen)

ESFJ-Manager sind hilfreich, mitfühlend und ordnungsliebend. Harmonische zwischenmenschliche Beziehungen sind ihnen sehr wichtig.

Beitrag zum Unternehmen

ESFJ-Manager
- sind gute Teamarbeiter,
- beachten Wünsche und Bedürfnisse anderer,
- beenden ihre Aufgaben rechtzeitig und ordentlich,
- respektieren Vorschriften und Autorität,
- erledigen das Tagesgeschäft sehr effizient.

Führungsstil

ESFJ-Manager
- führen, indem sie anderen Aufmerksamkeit schenken,
- motivieren durch gute persönliche Beziehungen,
- halten alle Menschen gut informiert,
- setzen selbst ein Beispiel für gewissenhafte Arbeit und Durchhaltefähigkeit,
- pflegen unternehmensspezifische Traditionen.

Bevorzugte Arbeitsumgebung

für ESFJ-Manager
- besteht aus gewissenhaften, kooperativen Menschen, die sich gegenseitig helfen,
- ist organisiert,
- ist freundlich,
- besteht aus Menschen, die Dankbarkeit zeigen und sensibel sind,
- bietet genaue Daten und Fakten.

Mögliche Gefahren

ESFJ-Manager

- vermeiden eher Konflikt und kehren Probleme unter den Teppich,
- orientieren sich zu wenig an ihren eigenen Prioritäten,
- nehmen für sich in Anspruch, am besten zu wissen, was für die anderen und das Unternehmen gut ist,
- haben nicht immer das gesamte Bild vor Augen, wenn sie Entscheidungen treffen.

Vorschläge für Entwicklung

- Konflikte positiver sehen und bewältigen,
- eigene Bedürfnisse mehr berücksichtigen,
- gut zuhören, was andere wirklich brauchen und wollen,
- Entscheidungen logischer angehen und umfassender sehen.

INFJ

Reihung der Funktionen
1. N (intuitive Wahrnehmung)
2. F (Fühlende Entscheidungen)
3. T (Denkende Entscheidungen)
4. S (Sinneswahrnehmung)

INFJ-Manager vertrauen ihrer eigenen Vision, üben ruhig Einfluss aus, haben tiefes Mitgefühl und Verständnis und suchen Harmonie.

Beitrag zum Unternehmen

INFJ-Manager

- bringen zukunftsorientierte Einsichten, die auf menschliche Bedürfnisse ausgerichtet sind, ein,
- sind sehr verantwortungsbewusst,
- arbeiten integer und beständig,
- bevorzugen Tätigkeiten, die Einsamkeit und Konzentration erfordern,
- organisieren komplexe Beziehungen zwischen Menschen und Aufgabe.

Führungsstil

INFJ-Manager

- führen durch ihre Vision, getragen vom Wohl für den Einzelnen und das Unternehmen,
- gewinnen Kooperation eher, als sie sie fordern,
- handeln ruhig und konsequent,
- arbeiten daran, ihre Vorstellungen umzusetzen,
- inspirieren andere mit ihren Idealen.

Bevorzugte Arbeitsumgebung

für INFJ-Manager

- besteht aus Menschen, die von humanitären Idealen geleitet werden,
- ermöglicht Kreativität,

- ist harmonisch,
- ist ruhig,
- ist organisiert,
- hat persönlichen Flair,
- lässt Zeit und Raum für Reflexion.

Mögliche Gefahren

INFJ-Manager

- finden ihre Ideen nicht ausreichend beachtet und geschätzt,
- sind in ihrer Kritik nicht immer direkt und klar,
- sind eher zurückhaltend im Umgang mit anderen und behalten daher zu viel für sich,
- arbeiten so konzentriert an einer Sache, dass sie die Notwendigkeit für andere Dinge übersehen.

Vorschläge für Entwicklung

- Für die Durchsetzung von Idealen ist politisches Denken und überzeugendes Auftreten erforderlich,
- regelmäßiges, konstruktives Feedback für andere,
- Überprüfen der eigenen Vision gemeinsam mit anderen,
- realistischere Einschätzung, was in der momentanen Situation möglich ist.

INFP

Reihung der Funktionen
1. F (Fühlende Entscheidungen)
2. N (intuitive Wahrnehmung)
3. S (Sinneswahrnehmung)
4. T (Denkende Entscheidungen)

INFP-Manager sind aufgeschlossen, idealistisch und flexibel. Sie wollen zu etwas Bedeutendem beitragen.

Beitrag zum Unternehmen
INFP-Manager
- sind bemüht, für jeden Menschen im Unternehmen einen geeigneten Platz zu finden,
- lassen sich beeinflussen, was ihre Ideale betrifft,
- sammeln Menschen um ein gemeinsames Ziel herum,
- suchen neue Ideen und Möglichkeiten für das Unternehmen,
- drängen sanft nach Werten für das Unternehmen.

Führungsstil
INFP-Manager
- übernehmen die Rolle eines Moderators,
- bevorzugen eher unkonventionelle Führungsrollen,
- arbeiten unabhängig in der Verfolgung ihrer Visionen,
- loben andere eher, als sie sie kritisieren,
- ermutigen andere, ihren Idealen entsprechend zu agieren.

Bevorzugte Arbeitsumgebung
für INFP-Manager
- besteht aus angenehmen und engagierten Menschen, die die Werte anderer achten,
- bietet kooperative Atmosphäre,
- ermöglicht Privatsphäre,
- ist flexibel,
- ist unbürokratisch,

- ist ruhig,
- lässt Zeit und Raum für Reflexion.

Mögliche Gefahren

INFP-Manager

- können durch ihren Perfektionismus in der Erfüllung ihrer Aufgaben behindert werden,
- können zu viele Menschen auf einmal zufrieden stellen wollen,
- bringen Visionen nicht mit den Tatsachen in Einklang,
- verbringen mehr Zeit mit Nachdenken als mit Handeln.

Vorschläge für Entwicklung

- Lernen, sich auf die Wirklichkeit einzustellen, anstatt auf perfekte Gegebenheiten zu warten,
- „nein sagen“ lernen,
- in den persönlichen Werten auch Tatsachen berücksichtigen,
- Aktionspläne entwickeln und umsetzen.

ENFP

Reihung der Funktionen
1. N (intuitive Wahrnehmung)
2. F (Fühlende Entscheidungen)
3. T (Denkende Entscheidungen)
4. S (Sinneswahrnehmung)

ENFP-Manager sind enthusiastisch, verständnisvoll, innovativ, vielseitig und unermüdlich in der Verfolgung neuer Möglichkeiten.

Beitrag zum Unternehmen

ENFP-Manager
- leiten Veränderungen ein,
- konzentrieren sich auf Möglichkeiten, besonders für Menschen,
- stimulieren andere durch ihren ansteckenden Enthusiasmus,
- schätzen andere.

Führungsstil

ENFP-Manager
- führen mit Energie und Enthusiasmus,
- sind gerne für die Projektstart-Phase verantwortlich,
- setzen sich für humanitäre Werte ein,
- integrieren andere und unterstützen sie in ihrer Arbeit,
- berücksichtigen Motivationsfaktoren anderer.

Bevorzugte Arbeitsumgebung

für ENFP-Manager
- besteht aus phantasievollen Menschen, für die andere Menschen wichtig sind,
- ist farbenfroh,
- bietet partizipative Atmosphäre,
- bietet Abwechslung und Herausforderung,
- ist ideenorientiert,
- schränkt Mitarbeiter nicht ein,
- ist lebendig.

Mögliche Gefahren

ENFP-Manager

- beginnen neue Projekte, ohne bereits begonnene fertig zu stellen,
- können wichtige Details leicht übersehen,
- können sich zu viele Dinge auf einmal vornehmen,
- können ins Trödeln verfallen.

Vorschläge für Entwicklung

- An der Durchhaltefähigkeit arbeiten,
- wichtige Details berücksichtigen,
- Prioritätensetzung; nicht alles beginnen, das attraktiv erscheint,
- Zeitmanagement.

ENFJ

Reihung der Funktionen

1. F (Fühlende Entscheidungen)
2. N (intuitive Wahrnehmung)
3. S (Sinneswahrnehmung)
4. T (Denkende Entscheidungen)

ENFJ-Manager sind verständnisvoll, tolerant, gewandt in zwischenmenschlichen Beziehungen und aufmerksam.

Beitrag zum Unternehmen

ENFJ-Manager

- bringen ihre Ideale ein, wie Organisationen Menschen behandeln sollten,
- führen und arbeiten gerne mit Teams,
- fördern Kooperation,
- vermitteln Werte des Unternehmens,
- bringen Angelegenheiten gerne zu einem fruchtbaren Abschluss.

Führungsstil

ENFJ-Manager

- führen durch persönlichen Enthusiasmus,
- sind Anhänger eines partizipativen Führungsstils,
- reagieren auf die Bedürfnisse der Mitarbeiter,
- setzen sich im Unternehmen ein, um Handeln und Werte in Einklang zu bringen,
- stimulieren Veränderungen.

Bevorzugte Arbeitsumgebung

für ENFJ-Manager

- besteht aus Menschen, die sich für Veränderungen zum Wohl von Menschen einsetzen,
- ist menschenorientiert,
- ist unterstützend und gesellig,
- bietet Harmonie,

- ermutigt Selbstverwirklichung,
- ist etabliert und geordnet.

Mögliche Gefahren

ENFJ-Manager

- können andere idealisieren und in blinder Loyalität gefangen sein,
- können in Konfliktsituationen dazu neigen, Probleme unter den Teppich zu kehren,
- können Aufgaben zugunsten von Beziehungen vernachlässigen,
- können Kritik sehr persönlich nehmen.

Vorschläge für Entwicklung

- Die Grenzen von Menschen erkennen und sich vor unhinterfragter Loyalität hüten,
- die positiven Aspekte von Konflikten erkennen und Konflikte produktiv bewältigen,
- den Details von Aufgaben ebenso Beachtung schenken wie den Menschen,
- auf objektive Informationen in Feedbacks achten und Selbstkritik hintanstellen.

INTJ

Reihung der Funktionen

1. N (intuitive Wahrnehmung)
2. T (Denkende Entscheidungen)
3. F (Fühlende Entscheidungen)
4. S (Sinneswahrnehmung)

INTJ-Manager sind unabhängig, individualistisch und entschlossen. Sie vertrauen auf ihre Sicht der Dinge, unabhängig davon was ihre Umwelt meint.

Beitrag zum Unternehmen

INTJ-Manager

- haben stark ausgeprägte konzeptionelle Fähigkeiten,
- übersetzen Ideen in Maßnahmenpläne,
- räumen Hindernisse aus dem Weg,
- haben klare Visionen von der Zukunft des Unternehmens,
- setzen sich mit dem Zusammenwirken der Unternehmensteile auseinander und versuchen dieses Verständnis weiterzuvermitteln.

Führungsstil

INTJ-Manager

- treiben sich selbst und andere zur Erreichung der Unternehmensziele an,
- sind stark im Bereich von Ideen und Konzepten,
- sind durchsetzungskräftig,
- entwerfen und entwickeln neue Modelle,
- sind bereit, immer wieder das ganze System zu reorganisieren.

Bevorzugte Arbeitsumgebung

für INTJ-Manager

- besteht aus intellektuell herausfordernden Menschen, die sich mit der Umsetzung langfristiger Visionen beschäftigen,
- bietet genügend Raum für Reflexion,

- ist effizient,
- beschäftigt effektive, produktive Menschen,
- fördert und unterstützt Autonomie,
- bietet Möglichkeiten für Kreativität,
- ist aufgabenzentriert.

Mögliche Gefahren

INTJ-Manager

- können so unzugänglich erscheinen, dass andere abgeschreckt werden,
- können in der Verfolgung ihres Ideals andere zu sehr kritisieren,
- können sich schwer von unpraktischen Ideen trennen,
- können die Auswirkungen ihrer Ideen und ihres Verhaltens auf andere übersehen.

Vorschläge für Entwicklung

- Feedback und Vorschläge von anderen einholen,
- andere schätzen lernen,
- lernen, wann man eine Idee aufgeben sollte,
- darauf achten, welchen Eindruck Ideen bei anderen machen.

INTP

Reihung der Funktionen

1. T (Denkende Entscheidungen)
2. N (intuitive Wahrnehmung)
3. S (Sinneswahrnehmung)
4. F (Fühlende Entscheidungen)

INTP-Manager sind rational, neugierig, theoretisch, abstrakt und organisieren lieber Ideen als Situationen und Menschen.

Beitrag zum Unternehmen

INTP-Manager

- entwerfen logische und komplexe Systeme,
- haben Wissen und Erfahrung im Umgang mit komplexen Problemen,
- besitzen kurz- und langfristiges intellektuelles Verständnis,
- wenden Logik, Analyse und kritisches Denken an,
- dringen direkt zum Kern von Angelegenheiten vor.

Führungsstil

INTP-Manager

- führen durch die konzeptionelle Analyse von Problemen und Zielen,
- wenden logisches Systemdenken an,
- bevorzugen unabhängige Mitarbeiter und suchen auch für sich selbst Autonomie,
- knüpfen Beziehungen zu anderen auf der Basis von Erfahrung und nicht aufgrund von Position,
- knüpfen Beziehungen auf der intellektuellen Ebene eher als auf der emotionellen.

Bevorzugte Arbeitsumgebung

für INTP-Manager

- besteht aus autonomen Denkern, die sich mit der Lösung komplexer Probleme beschäftigen,

- gewährt Privatsphäre,
- fördert Unabhängigkeit,
- ist flexibel,
- ist ruhig,
- ist unstrukturiert,
- belohnt Selbstbestimmung.

Mögliche Gefahren

INTP-Manager

- können zu abstrakt sein und daher unrealistisch bezüglich anstehender operativer Arbeiten,
- können zu intellektuell und theoretisch in ihren Erklärungen sein,
- können sich auf Kleinigkeiten versteifen auf Kosten von Teamarbeit und Harmonie,
- können ihre kritische und analytische Denkfähigkeit auf Menschen richten und daher unpersönlich wirken.

Vorschläge für Entwicklung

- Details in der Umsetzung mehr Beachtung schenken,
- versuchen, Dinge einfacher auszudrücken,
- Wertschätzung für den Input anderer zeigen,
- persönliche und berufliche Seiten in Einklang bringen.

ENTP

Reihung der Funktionen

1. N (intuitive Wahrnehmung)
2. T (Denkende Entscheidungen)
3. F (Fühlende Entscheidungen)
4. S (Sinneswahrnehmung)

ENTP-Manager sind innovativ, individualistisch, vielseitig unanalytisch. Sie fühlen sich vom unternehmerischen Gedankengut angezogen.

Beitrag zum Unternehmen

ENTP-Manager

- sehen Grenzen als Herausforderung,
- zeigen neue Wege auf,
- bringen Dinge miteinander in Verbindung,
- sind initiativ und spornen andere an,
- lieben komplexe Herausforderungen.

Führungsstil

ENTP-Manager

- planen theoretische Systeme, um auf Bedürfnisse des Unternehmens einzugehen,
- fördern die Autonomie bei anderen,
- wenden logisches Systemdenken an,
- haben bestechende Begründungen für ihre Vorhaben,
- agieren als Katalysatoren zwischen Menschen und Systemen.

Bevorzugte Arbeitsumgebung

für ENTP-Manager

- besteht aus autonomen Menschen, die sich mit komplexen Problemlösungen beschäftigen,
- ist flexibel,
- ist veränderungsorientiert,
- vereint kompetente Menschen,
- belohnt Risikobereitschaft,

- fördert Autonomie,
- ist unbürokratisch.

Mögliche Gefahren

ENTP-Manager

- können sich in Modellen verlieren, ohne gegebene Realitäten zu berücksichtigen,
- können Konkurrenzdenken zeigen und Beiträge anderer zurückdrängen,
- können sich in zu vielen Bereichen engagieren,
- haben möglicherweise Schwierigkeiten, sich an Standards anzupassen.

Vorschläge für Entwicklung

- Der gegenwärtigen Situation mehr Beachtung schenken,
- Beiträge von anderen zur Kenntnis nehmen und deren Wert anerkennen,
- realistische Prioritäten und Termine setzen,
- lernen, auch innerhalb des Systems zu arbeiten, um Projekte umzusetzen,
- mehr Augenmerk auf Aspekte der Umsetzung lenken.

ENTJ

Reihung der Funktionen

1. T (Denkende Entscheidungen)
2. N (intuitive Wahrnehmung)
3. S (Sinneswahrnehmung)
4. F (Fühlende Entscheidungen)

ENTJ-Manager sind logisch, organisiert, strukturiert und objektiv. Sie sind sehr entschlossen, wenn sie von der prinzipiellen Richtigkeit ihres Standpunktes überzeugt sind.

Beitrag zum Unternehmen

ENTJ-Manager

- entwickeln wohldurchdachte Pläne,
- bringen Strukturen in das Unternehmen,
- entwickeln Strategien zur Zielerreichung,
- übernehmen Verantwortung,
- versuchen Klarheit und Effizienz in das Unternehmen zu bringen.

Führungsstil

ENTJ-Manager

- sind energiegeladen und handlungsorientiert,
- bringen in das Unternehmen eine langfristige Vision ein,
- sind direkt und entschlossen in ihrem Ansatz,
- lieben komplexe Problemstellungen.

Bevorzugte Arbeitsumgebung

für ENTJ-Manager

- besteht aus ergebnisorientierten autonomen Menschen, die sich mit der Lösung komplexer Probleme beschäftigen,
- ist zielorientiert,
- fördert effiziente Systeme und Menschen,
- ist herausfordernd,
- belohnt Entscheidungsfreude,

- beinhaltet entschlossene Menschen,
- ist strukturiert.

Mögliche Gefahren

ENTJ-Manager

- können Bedürfnisse von Menschen übersehen, wenn sie sich zu sehr auf die Aufgabe konzentrieren,
- können praktische Überlegungen und Rahmenbedingungen übersehen,
- können Entscheidungen zu schnell treffen und ungeduldig und dominierend erscheinen.
- können eigene Gefühle ignorieren und unterdrücken.

Vorschläge für Entwicklung

- Das menschliche Element mehr beachten und die Beiträge anderer schätzen,
- vor Beginn einer Tätigkeit die zur Verfügung stehenden Ressourcen überprüfen,
- vor Entscheidungen alle Aspekte und mögliche Auswirkungen überlegen,
- Gefühle bewusst machen und wertschätzen.

Literaturverzeichnis

Attems, Rudolf und Holzer, Adalbert
Spitzenleistungen in die Praxis umsetzen
Verlag Carl Ueberreuter, Wien 1989

Bates, Marilyn und Keirsey, David W.
Please Understand Me
Prometheus Nemesis, Del Mar, 1984 (4. Aufl.)

Franz, Marie Louise von
Psychotherapie
Daimon Verlag, Einsiedeln 1990

Franz, Marie Louise von und Hillman, James
Zur Typologie C. G. Jungs
Schriftenreihe des C. G. Jung Instituts Zürich
Verlag Adolf Bonz GmbH, Fellbach-Oeffingen 1980

Heimel, Franz
Gestaltung und Steuerung von betrieblichen Veränderungsprozessen: Konstruktiver Umgang mit Widerstand
Dissertation, Sozial- und wirtschaftswissenschaftliche Fakultät Universität Wien, 2000

Jacobi, Jolande
Die Psychologie von C. G. Jung
Eine Einführung in das Gesamtwerk
Fischer Taschenbuch Verlag GmbH, Frankfurt 1978

Jung, C. G.
Gesammelte Werke, Band VI (Psychologische Typen)
Walter Verlag AG, Olten 1986, 15. Auflage

Jung, Emma
Animus und Anima
überarbeitet und herausgegeben von Lilly Jung-Merker und Elisabeth Rüf
Verlag Adolf Bonz GmbH, Fellbach-Oeffingen, 3. Auflage 1988

Krebs Hirsh, Sandra
Using the Myers-Briggs Type Indicator in Organizations
Consulting Psychologists Press, Inc., Palo Alto 1985

Kroeger, Otto und Thuesen, Janet M.
Type Talk
Delacorte Press, New York 1988

Kroeger, O.; Thuesen, J. M. und Rutledge, H.
Type Talk at Work
Random House, Updated and revised edition, 1993

Lang, Rudolf W.
Schlüsselqualifikationen
Deutscher Taschenbuch Verlag, München, 1. Auflage, 2000

Lawrence, Gordon
People Types and Tiger Stripes
The Center for Application of Psychological Type, Inc., Gainsville 1982

Lem, Stanislaw
Robotermärchen
Suhrkamp Verlag, Frankfurt 1973

McCaulley, Mary H.
Jung's Theory of Psychological Types and the Myers-Briggs Type Indicator
The Center for Application of Psychological Type, Inc., Gainsville 1981

Mitroff, Ian I.
Stakeholders of the Organizational Mind
Jossey-Bass Inc., San Francisco 1983

Myers, Isabel Briggs
Gifts Differing
Consulting Psychologists Press, Inc., Palo Alto 1980

Rattay, Günter
Führung von Projektorganisationen
Linde Verlag, Wien 2003

Rosenstiel, Lutz von, Regnet, Erika und Domsch, Michel (Hrsg.)
Führung von Mitarbeitern
Schäffer-Poeschel Verlag, Stuttgart, 5. Auflage, 2003

Schemel, George J. und Borbely, James A.
Facing Your Type
Typrofile Press, Wernersville 1982

Suresh, Srivastva and Associates
The Executive Mind
Jossey-Bass Inc., San Francisco 1983

Tieger, P. D. und Barron-Tieger, B.
Do What You Are
Little Brown and Company, 2001

Watzlawick, Paul
Vom Schlechten des Guten
Piper Verlag, München 1986

Die Autoren

Dr. Rudolf Attems

Beratungsarbeit in Österreich und Deutschland, USA, Malaysia und Uganda. Spezielle Ausbildung (u. a.) in Gruppendynamik, gestalttherapeutischen Methoden, systemischer Beratung, MBTI und in struktureller Beratung (Structural Consulting). Beruflich mehrjährige Erfahrungen in einem internationalen und einem österreichischen Konzernunternehmen in leitenden Positionen; Hernstein International Institute; selbständiger Berater; mehrere Jahre Geschäftsführer des Management-Instituts der Industrie (MDI). Derzeit Geschäftsführer der Attems & Weber Managemententwicklung und Organisationsberatung OEG, ein Unternehmen, das mit seinem Beratungsansatz „Creating Leadership Organisation®" auf Strategie- und Leadership-Entwicklung spezialisiert ist.

Mag. Dr. Franz Heimel

ist seit 1986 in der Unternehmensberatung tätig. Er gründete 1996 die Firma VIP Consulting for Human Resources und ist einer der geschäftsführenden Gesellschafter; seit 1995 Lehraufträge an verschiedenen Universitäten, derzeit Lektor an der Wirtschaftsuniversität Wien (Institut für Personalmanagement).
Seine Beratungsprojekte in nationalen und internationalen Unternehmen umfassen Potenzialanalysen/Assessment Center, systematisches Management Development, Betriebsklima- und Organisationsanalysen sowie Change-Mangement-Prozesse zur Potenzialnutzung und Effektivitätssteigerung.

Den original MBTI-Fragebogen samt Auswertung sowie umfassende Beratung über den Einsatz der Typologie für die Entwicklung Ihres Unternehmens erhalten Sie bei:

Attems & Weber Managemententwicklung und Organisationsberatung OEG
E-Mail: office@attems-weber.at
Website: www.attems-weber.at

VIP Consulting for Human Resources
Baumgart, Heimel & Schuh Unternehmensberatung OEG
E-Mail: office@vipconsult.at
Website: www.vipconsulting.at

Typenübersicht

Klappen Sie dieses Blatt nach außen, dann haben Sie beim Lesen die 16 verschiedenen Typen ständig im Griff.

ISTJ

I	Introversion *(Introversion)*
S	Sinneswahrnehmung *(Sensing)*
T	Denkende Entscheidung *(Thinking)*
J	Beurteilende Einstellung *(Judging)*

IS**T**P

I	Introversion *(Introversion)*
S	Sinneswahrnehmung *(Sensing)*
T	Denkende Entscheidung *(Thinking)*
P	Wahrnehmende Einstellung *(Perceiving)*

E**S**TP

E	Extraversion *(Extraversion)*
S	Sinneswahrnehmung *(Sensing)*
T	Denkende Entscheidung *(Thinking)*
P	Wahrnehmende Einstellung *(Perceiving)*

ES**T**J

E	Extraversion *(Extraversion)*
S	Sinneswahrnehmung *(Sensing)*
T	Denkende Entscheidung *(Thinking)*
J	Beurteilende Einstellung *(Judging)*

ISFJ

I	Introversion *(Introversion)*
S	Sinneswahrnehmung *(Sensing)*
F	Fühlende Entscheidung *(Feeling)*
J	Beurteilende Einstellung *(Judging)*

IS**F**P

I	Introversion *(Introversion)*
S	Sinneswahrnehmung *(Sensing)*
F	Fühlende Entscheidung *(Feeling)*
P	Wahrnehmende Einstellung *(Perceiving)*

E**S**FP

E	Extraversion *(Extraversion)*
S	Sinneswahrnehmung *(Sensing)*
F	Fühlende Entscheidung *(Feeling)*
P	Wahrnehmende Einstellung *(Perceiving)*

ES**F**J

E	Extraversion *(Extraversion)*
S	Sinneswahrnehmung *(Sensing)*
F	Fühlende Entscheidung *(Feeling)*
J	Beurteilende Einstellung *(Judging)*

INFJ

I	Introversion *(Introversion)*
N	Intuitive Wahrnehmung *(iNtuition)*
F	Fühlende Entscheidung *(Feeling)*
J	Beurteilende Einstellung *(Judging)*

IN**F**P

I	Introversion *(Introversion)*
N	Intuitive Wahrnehmung *(iNtuition)*
F	Fühlende Entscheidung *(Feeling)*
P	Wahrnehmende Einstellung *(Perceiving)*

E**N**FP

E	Extraversion *(Extraversion)*
N	Intuitive Wahrnehmung *(iNtuition)*
F	Fühlende Entscheidung *(Feeling)*
P	Wahrnehmende Einstellung *(Perceiving)*

EN**F**J

E	Extraversion *(Extraversion)*
N	Intuitive Wahrnehmung *(iNtuition)*
F	Fühlende Entscheidung *(Feeling)*
J	Beurteilende Einstellung *(Judging)*

INTJ

I	Introversion *(Introversion)*
N	Intuitive Wahrnehmung *(iNtuition)*
T	Denkende Entscheidung *(Thinking)*
J	Beurteilende Einstellung *(Judging)*

IN**T**P

I	Introversion *(Introversion)*
N	Intuitive Wahrnehmung *(iNtuition)*
T	Denkende Entscheidung *(Thinking)*
P	Wahrnehmende Einstellung *(Perceiving)*

E**N**TP

E	Extraversion *(Extraversion)*
N	Intuitive Wahrnehmung *(iNtuition)*
T	Denkende Entscheidung *(Thinking)*
P	Wahrnehmende Einstellung *(Perceiving)*

EN**T**J

E	Extraversion *(Extraversion)*
N	Intuitive Wahrnehmung *(iNtuition)*
T	Denkende Entscheidung *(Thinking)*
J	Beurteilende Einstellung *(Judging)*

Die fetten Buchstaben bezeichnen die Hauptfunktion.